国家自然科学基金重点项目（71633006）资助

国家自然科学基金面上项目（72074228）资助

湖南省教育厅创新平台开放基金项目（20K133）资助

|国家金属资源安全丛书|

丛书主编　　黄健柏

JINRONGHUA SHIJIAOXIA YOUSE JINSHU JIAGE
BODONG WEIGUAN JILI JI HANGYE XIAOYING YANJIU

金融化视角下有色金属
价格波动微观机理及行业效应研究

谌金宇　著

中国财经出版传媒集团

经济科学出版社
Economic Science Press

图书在版编目（CIP）数据

金融化视角下有色金属价格波动微观机理及行业效应
研究/谌金宇著 . —北京：经济科学出版社，2020.11
（国家金属资源安全丛书）
ISBN 978 - 7 - 5218 - 2041 - 6

Ⅰ.①金…　Ⅱ.①谌…　Ⅲ.①有色金属 - 物价波动 -
研究 - 世界　Ⅳ.①F416.32

中国版本图书馆 CIP 数据核字（2020）第 213580 号

责任编辑：李　雪　袁　溦
责任校对：蒋子明
责任印制：王世伟

金融化视角下有色金属价格波动微观机理及行业效应研究
谌金宇　著
经济科学出版社出版、发行　新华书店经销
社址：北京市海淀区阜成路甲 28 号　邮编：100142
总编部电话：010 - 88191217　发行部电话：010 - 88191522
网址：www.esp.com.cn
电子邮箱：esp@esp.com.cn
天猫网店：经济科学出版社旗舰店
网址：http://jjkxcbs.tmall.com
北京季蜂印刷有限公司印装
710 × 1000　16 开　17.75 印张　240000 字
2020 年 11 月第 1 版　2020 年 11 月第 1 次印刷
ISBN 978 - 7 - 5218 - 2041 - 6　定价：68.00 元
（图书出现印装问题，本社负责调换。电话：010 - 88191510）
（版权所有　侵权必究　打击盗版　举报热线：010 - 88191661
QQ：2242791300　营销中心电话：010 - 88191537
电子邮箱：dbts@esp.com.cn）

序　言

　　党的十八届三中全会决定成立国家安全委员会，全面维护新时期复杂环境下的国家安全。2014年4月，习近平主席首次提出总体国家安全观，系统提出"11种安全"，引起了世界广泛的关注。这11种安全议题首次包括了有关资源利用的安全议题，即资源安全。这是在国家层面上首次提出并确认的安全议题。金属资源是国民经济建设的重要物质基础，金属资源安全事关国家安全。

　　据中国地质科学院测算，2025年前后，我国铜、铝、铅等金属资源需求顶点将陆续到来，但需求总量将在相当长的时间内保持较高水平；铍、锶、锗、镓、铟等战略性金属资源需求则会持续增长。但我国金属资源的基本条件决定了国内资源的自我保障能力较差，加之未来10~15年仍将是我国矿产资源消费的增长阶段，使得我国重要矿产品种的总量保障明显不足，资源结构性矛盾突出，大宗矿产资源的对外依存度将进一步上升，同时资源分布与工业布局不匹配问题也将变得更加突出（国务院发展研究中心，2013）。矿业联合会的研究表明，到

2020 年，我国已探明储量的金属矿产资源中，铁、铝土矿、锰、锡、铅、镍、锑、金等将处于短缺状态，铜、锌、铬、钴及铂族元素将严重短缺。而金属产业中低端冶炼产能则将出现严重过剩。2012～2014 年，我国钢铁、电解铝的产能利用率仅维持在 72%～75%。未来十年，我国主要金属资源需求将陆续达到峰值，面临资源洪峰与产业转型的双重压力。

中国金属资源供给的这样一种基本状况，要求我们不得不寻求更广范围的世界资源。进入 21 世纪以来，我国开始从以往的"自给自足"的资源战略转变为立足国内、资源国际化经营的新战略。充分利用"国内国外两种资源、两个市场"的战略举措，一定程度上缓解了中国金属资源供给短缺瓶颈，但并没有从根本上改善金属资源供给的经济性、稳定性和持续性。据矿业联合会统计，中国海外矿业投资的成功率不到 20%。许多海外矿山投资项目不仅没有为企业带来利润，甚至成为拖累企业业绩的包袱。跨国矿业巨头早年圈地的先发优势、全球资源民族主义抬头、资源所在国的政治动荡及文化与语言差异是我国矿业企业海外开发受阻的直接原因。而国内监管和审批制度烦琐、投资项目预研和论证不充分、缺乏收购和管理技巧，以及政策驱动性过强、盲目要求控股则是海外矿业投资失败的内在原因。从未来发展形势来看，中国金属资源的主要来源国印度尼西亚、赞比亚、蒙古国、澳大利亚等相继加强了资源控制，跨国矿业公司垄断格局难以打破，美国亚太再平衡战略加大了海外资源运输通道安全的压力。这些地缘政治和经济因素的影响，使得中国矿业企业走出去困难重重，金属资源的全球化配置风险日益突出。这些问题需要理论界和实务界的同仁们共同探讨，走出一条符合中国国情的金属资源国际化经营的路子。

在世界矿业资源竞争日益激烈的背景下，中南大学于2012年11月成立金属资源战略研究院，依托学校在金属资源领域的学科优势，搭建起金属资源硬科学与软科学交叉融合的开放式研究平台，专注于国家金属资源重大战略问题的研究。研究院成立至今，围绕着产能过剩与产业转型升级、资源安全战略与产业政策、资源节约与环境保护，以及资源价格与矿业金融等金属资源领域的重大问题形成了稳定的研究团队和研究方向。本系列丛书既是对研究院现有研究成果的一个总结和展示，同时也是研究院在国家金属资源安全的视角下，对我国金属资源领域的重大战略问题的思考和解析。

当前，受国际形势和行业产能过剩影响，我国金属资源产业开始由"高速增长"转入"中低速增长"。经济增长放缓对金属资源的供需规模演变将产生重要影响；新一轮技术革命将加快对金属资源供需结构的调整；政府与市场关系的重塑、"走出去"战略的成果释放、国家"一带一路"倡议及其他重大战略的实施都将对我国金属资源战略带来制度层面的重大变革。金属资源产业正处于深度调整时期，国家金属资源安全战略、管理体系和政策需要进一步重构。为此，也希望本系列丛书的出版能够为金属资源领域的经济管理决策部门、企业及所有关心金属资源产业发展的各界人士提供有益的借鉴和参考。

黄健柏

2015 年 12 月

前　　言

随着有色金属金融化趋势的增强，在金融化市场条件下，投机资金大量涉足有色金属期货市场，助推有色金属价格大涨大跌成为有色金属市场的新现象。在此背景下，有色金属的定价机制发生重大变化，以期货价格为定价基准的铜、铝等有色金属价格波动已经超越供需基本面范畴，金融化因素在定价机制中的作用越来越凸显。同时，我国在资源利用战略与政策上长期采取"国内国外两种资源、两个市场"的指导方针，虽然一定程度上保障了国内有色金属供给安全，但也导致一些主要有色金属供给严重依赖国际市场，形成较高的对外依存度。在高依存度下，大量金融投机行为将有色金属市场的价格波动风险通过全球有色金属价格的联动，传递和输入到国内，给国内有色金属行业带来了极大的困难和挑战，形成了巨大的市场风险。在国际有色金属市场金融化趋势和有色金属高对外依存度的双重夹击之下，国际有色金属波动的影响效应将深度呈现，日益成为我国经济运行的一个重要的不稳定因素。

本书针对金融化背景下有色金属定价机制发生重大改变，

金融化因素变得越来越重要这一新形势，将金融化因素纳入传统供需分析范式，深入考察有色金属价格波动金融化因素的微观机理，并从宏观经济层面探讨金融化因素导致的有色金属价格波动对有色金属行业的理论传导效应，为有效解释有色金属金融化提供了新的思路与分析工具，也对于完整理解有色金属价格形成机制，丰富和完善金属矿产资源价格理论，均具有重要的理论价值。同时，本书在理论分析基础上，进一步采用实证分析判别影响有色金属价格波动的主导金融化因素，实证检验金融化因素的两大作用机制，在此基础上，还评估金融化因素导致的有色金属价格波动对我国有色金属行业影响的相对重要性及时变效应，并结合我国经济新常态特征以及有色金属行业下行这一新趋势，提出与设计有效规避有色金属金融化不利影响、防范和化解有色金属价格波动风险的政策组合，这无疑对增强我国有色金属资源金融定价权，维护我国金属资源安全与经济安全具有重要的现实意义。

本书立足宏微观相结合的视角，紧紧围绕金融化背景下有色金属价格波动这一关键问题展开理论分析与实证分析。在理论层面，提炼金融投机、利率冲击、美元汇率以及原油价格等关键金融化因素，构造有色金属价格波动金融化影响因素的非线性理论模型；在此基础上，建立金融化因素导向和放大作用的分析范式，具体提出了金融化因素影响有色金属价格波动的作用机制，以深入考察有色金属价格波动金融化因素的微观机理。此外，本书将金融化因素纳入有色金属价格波动冲击体系，在宏观层面重点考察金融化因素导致的有色金属价格波动的行业传导机制。

在实证层面,主要基于 VAR 方法体系,在对有色金属金融化进行测度的基础上,首先采用 MS – VAR 模型分析金融化因素对有色金属价格波动的非线性动态影响,考察金融化因素在不同市场走势中影响效应的差异性;其次采用标准 VAR 模型与 MS – VAR 模型实证检验以股票价格为中介的导向作用以及以羊群行为为中介的放大作用;最后,将金融化因素与各个宏观经济变量纳入一个统一的 SVAR 分析框架,考察金融化因素导致的有色金属价格波动对上中下游行业影响的相对重要性,并采用 TVP – SVAR – SV 模型评估金融化因素导致的有色金属价格波动对我国有色金属上中下游行业的时变效应。在综合理论分析与实证分析结果的基础上,有针对性提出有效应对有色金属金融化趋势,防范和化解有色金属价格波动风险,维护我国金属资源安全与经济安全的政策建议。

本书的边际贡献在于,突破以往线性模型研究框架以及主要聚焦上行周期的局限性,将有色金属价格波动及其金融化影响因素的区制转换特征考虑在内,构造有色金属价格波动金融化影响因素的非线性框架,利用 MS – VAR 模型分析国际有色金属价格涨跌等不同区制中,各金融化因素的影响效应及其差异性,同时建立了金融化因素导向和放大作用的分析范式,实证检验了不同区制中金融化因素影响有色金属价格波动的微观作用机制。这些工作与构建的非线性计量经济模型为有效解释有色金属金融化及深入考察有色金属价格波动的微观机理提供了新的思路与分析工具。

同时，本书针对现有文献主要从微观层面考察有色金属金融化问题的局限性，将金融化因素纳入有色金属价格冲击体系，构建多结构冲击和多经济变量的 SVAR 分析框架，基于产业链视角，从宏观层面重点量化了考虑金融化因素的有色金属价格波动对我国有色金属上中下游行业影响的相对重要性及差异性。此外，为准确地刻画考虑金融化因素的有色金属价格波动对有色金属上中下游行业影响的时变性，本书进一步采用 TVP – SVAR – SV 模型，通过允许 SVAR 模型参数动态时变，构建动态影响效应图，模拟有色金属市场金融化行业效应的时变特征，从而为从细分行业角度动态应对有色金属金融化，防范和化解有色金属价格波动风险，维护我国有色金属行业产业安全做出了一定贡献。

总而言之，本书立足宏微观相结合的视角，围绕有色金属价格波动金融化因素的微观机理，以及考虑金融化因素的有色金属价格波动行业传导效应两大基本问题，提出要以国家总体安全观为指导，在国家层面加强顶层设计与战略布局，以加强国际投机资金管控、防控金融风险为着力点，以提升我国期货市场国际影响力为突破口，着力应对有色金属金融化趋势，并提升我国有色金属定价权。

作者
2020 年 10 月

目　　录

第1章

引 言

1.1 研究背景及意义

1.1.1 研究背景

能源是国民经济的血液，有色金属是国民经济的骨骼，为国民经济各部门和国防军工提供关键材料，根据我国工业和信息化部的数据显示，2016 年我国 10 种常用有色金属产量为 5 283 万吨，表观消费量则约为 5 788 万吨，产量和消费量连续 15 年位居世界第一。作为全球第一有色金属生产与消费大国，当然希望国际有色金属价格维持稳定状态，然而随着大宗商品金融化趋势的增强，在金融化市场条件下，投机资金大量涉足有色金属期货市场，助推有色金属价格大涨大跌成为有色金属市场的新现象，此时有色金属价格已经严重偏离市场均衡价格，传统供需理论对有色金属价格波动也已不能进行完全有效解释（尹力博等，2016），各种跨国公司国际资本以及投资基金大量进入有色金属期货市场，所产生的投机行为与价格操纵将导致有色金属供需扭曲和价格波动剧烈，有色金属的定价机制发生重大变化，以期货价格为定价基准的铜、铝等有色金属价格波动已经超越供需基本面范畴，金融化因素在定价机制中的作用越来越凸显。

与此同时，我国在资源利用战略与政策上长期采取"国内国外两种资源、两个市场"的指导方针，虽然一定程度上保障了国内有色金属供给安全，但也导致一些主要有色金属供给严重依赖国际市场，形成较高的对外依存度，从进口来看，2016 年铝土矿为 47%，铜矿高达 71%。在高依存度下，大量金融投机行为将有色金属市场的价格波动风险通过全球有色金属价格的联动，将风险传递和输入到国内，给国内有色金属行业带来了极大的困难和挑战，形成了巨大的市场风险。在国际有色金属市场金融化趋势和有色金属高对外依存度的双重夹击之下，国际有色金属波动的影响效应将深度呈现，日益成为我国经济运行的一个重要的不稳定因素。这个问题也引起了我国政府的高度关注与重视，2011 年，时任国务院副总理的李克强针对国际大宗市场呈现的价格剧烈波动这一新现象，提出要"推动形成长期、稳定、可预期的大宗商品供求关系和合理的价格机制"；2012 年，时任国家主席的胡锦涛提出要"防止大宗商品过度投机和炒作"；2017 年，习近平总书记强调要"突出抓好经济安全等各方面安全工作"。我国政府的高度重视反映出有色金属等商品市场金融化问题的严重性，为了应对有色金属金融化问题，中国先后上市了铜铝铅锌锡镍六种有色金属期货，并提出建设"有色金属国际定价中心"的重要任务，着重通过发展期货市场来应对有色金属价格波动，但相关措施并没有取得预期效果，这主要是因为相关措施缺乏对金融化视角下有色金属价格波动形成机理的深入剖析，在本质上没有厘清金融化因素的影响效应与作用机制，也缺乏对有色金属市场金融化行业传导效应并最终影响宏观经济的路径考察，因此政策缺乏着力点，不具针对性。

可以预计的是，随着商品指数基金、高频交易方式以及电子信息技术的进一步发展，有色金属金融化趋势增强仍是大概率事件，有色金属资源安全已由"生产—供应"型的"供给安全"模式向"贸易—金融"型的"价格安全"模式转变。同时，金融化因素造成的有色金属价格波动涉及价格操纵问题，国际资本与大型金融机构采取主动投机与金融杠杆的方式，在多市场联动条件下进行隐蔽性价格操纵（许拟，2015），这进一步增大了有色金属金融化问题的复杂性。因此，理解有色金属价格波动必须深入考察金融化因素的微观作用机理；而未来十年，虽然中国铜铝等有色金属资源的需求增速将放缓，但需求总量仍将长期维持较高水平，高对外依存度在短期内不可逆转，中国有色金属资源的紧缺性和不安全性导致有色金属未来价格可能存在剧烈波动，而有色金属价格波动涉及有色金属资源行业的产业安全和国家经济安全，所以有必要从宏观经济层面探究金融化因素导致的有色金属价格波动的行业影响效应。基于此，本书在金融化背景下，立足宏微观相结合的视角，深入考察有色金属价格波动金融化因素的微观机理，同时在宏观层面评估金融化因素导致的有色金属价格波动对我国有色金属上中下游行业的动态影响效应及其差异性，这对于在经济新常态下针对性规避有色金属金融化不利影响，防范和化解有色金属价格波动风险，构建可持续发展视野下的金属资源安全与经济安全战略具有重要的现实意义。

1.1.2　研究意义

1. 理论意义

针对金融化背景下有色金属定价机制发生重大改变，金融化因素变得越来越重要这一新形势，本书依据商品价格金融决定论，将金融化因素纳入传统供需分析范式，构造有色金属价格波动金融化影响因素的非线性理论模型，同时提出金融化因素导向和放大作用的具体作用机制，以深入考察有色金属价格波动金融化因素的微观机理。在此基础上，还从宏观经济层面探讨金融化因素导致的有色金属价格波动对有色金属行业的理论传导效应，所有这些，为有效解释有色金属金融化提供了新的思路与分析工具，也对于完整理解有色金属价格形成机制，丰富和完善金属矿产资源价格理论，均具有重要的理论意义。

2. 现实意义

本书在理论分析基础上，进一步采用实证分析判别影响有色金属价格波动的主导金融化因素，分析比较不同市场周期中金融化因素影响效应的差异性，同时实证检验金融化因素的两大作用机制，在此基础上，还评估金融化因素导致的有色金属价格波动对我国有色金属行业影响的相对重要性及时变效应，并结合我国经济新常态特征以及有色金属行业下行这一新趋势，提出与设计有效规避有色金属金融化不利影响、防范和化解有色金属价格波动风险的政策组合，这无疑对促进我国经济平稳发展，增强我国有色金属资源金融定价权，维护我国金属资源安全与经济安全具有重要的现实意义。

1.2　研究对象与概念的界定

1.2.1　有色金属

有色金属有广义与狭义之分，狭义的有色金属又称非铁金属，是铁、锰、铬以外的所有金属的统称，依据交易量、使用量、适用范围三个维度，有色金属可以划分为基本金属和小金属两类。基本金属一般具有成熟的期货市场，并以期货价格作为定价基准，而小金属则主要是现货定价，买卖双方通过讨价还价确定最终价格。

在本书中的有色金属主要指基本金属，在具体分析中，主要以期货定价为最主要定价模式的铜、铝为研究对象，这两种金属是战略性金属，对国民经济的支撑意义大，且在各有色金属品种中上市时间较早，在成交量与流动性方面具有优势，因此本书以铜、铝为例展开分析。

1.2.2 有色金属金融化

何为"金融化"？学术界目前对其并没有形成一个系统的、统一的定义，综合目前的研究，学者们主要是从宏微观两个维度来对其进行界定。

从宏观维度来讲，主要是基于经济金融化的概念，将其应用到商品市场，通过考察金融化因素对商品市场的影响来定义金融化。比如克瑞普纳（Krippner，2005）认为金融化是指在社会经济活动中，各个经济决策者通过金融途径来影响商品生产和需求。帕莱（Palley，2007）则指出如果金融化因素对社会经济的影响日益凸显，则这个过程称之金融化；还有黄先明（2012）也持类似观点，他定义商品金融化为：商品同时具备商品属性与金融属性，商品价格不完全由供需基本面决定，金融化因素所起的作用越来越大。

从微观角度来讲，主要将商品视作投资品。多曼斯基（Domanski，2007）将大型金融机构涉足商品期货市场并进行过度投资的过程定义为"金融化"；汤柯和熊伟（Tang and Xiong，2012）发展了这一观点，他们将商品等同股票、债券等金融资产，并认为投资商品的过程就是"商品金融化";伊博森（Ibbotson，2013）认为"商品金融化"本质是"资产证券化";张成思等（2014）、尹力博等（2016）也给出了基于微观维度的定义：当商品价格超越供需基本面的范畴，并且在价格波动特征上呈现出与股票、债券等金融资产高度相关性的现象，即为"商品金融化"。由于商品期货对构建投资组合具有独特的优势，导致商品期货市场与金融市场的联动性与溢出效应显著增强，呈现出较强的金融属性，因此本书采用张成思等（2014）、尹力博等（2016）从微观层面的界定，认为"有色金属金融化"是指有色金属成为金融市场的投资品，从以往的单一的商品属性向兼具金融属性和商品属性转变，其价格形成机制发生变化，与金融市场的联动性愈加紧密。

1.3　文　献　综　述

1.3.1　有色金属等商品金融化的测度

有色金属金融化的出现主要基于有色金属期货构建投资组合的优势，在早期，由于有色金属期货与股票等金融资产相关性较低，因此投资者纷纷将有色金属等商品期货纳入资产配置，以分散风险，许多学者也纷纷对此进行研究（Satyanarayan et al.，1994；Gorton et al.，2006；Chong et al.，2010）。然而，随着有色金属金融化的发展，有色金属等商品期货与股票等金融资产的联动模式发生了重大变化，有色金属等商品期货和股票等金融资产之间呈现出较高的相关性。因此，国内外许多学者从商品和金融市场联动性视角为商品金融化提供证据（Tang and Xiong，2012）。乔伊和哈穆德（Choi and Hammoudeh，2010）考察了铜、黄金、白银等商品期货与标准普尔 500 指数的相关性，发现两者之间相关系数从 2006 年开始表现出上升趋势。克蕾缇等（Creti et al.，2013）以 25 种商品期货为研究对象，发现在国际金融危机后其与标准普尔 500 指数的相关系数达到峰值。西尔文诺伊宁和索普（Silvennoinen and Thorp，2013）基于 DSTCC - GARCH 模型研究发现商品期货与主要经济体（美国、英国、德国和法国）股市和债市间的相关性从 2000 年开始出现并在 2008 年金融危机期间达到峰值。德拉特和洛佩兹（Delatte and Lopez，2013）也得出了相似结论。巴尔和哈穆德（Bhar and Hammoudeh，2011）、陈锦芳等（Chan et al.，2011）考察了不同市场状态下商品期货与股票等金融资产之间相关系数的差异性，结果发现在金融危机时期，两者之间的相关性更高。此外，李晓明等（Li et al.，2012）、安娜斯蒂娜和苏珊（Annastiina and Susan，2013）、布尤卡辛和罗伯（Buyuksahin and Robe，2014）也通过实证检验发现商品期货和股票之间的相关性已经表现出系统性的上升，预示着大宗商品金融化趋势日益凸显。

然而，上述文献集中于研究国外大宗商品市场，在国内研究相对较少，早期如张雪莹等（2011）采用 BEKK - GARCH 模型研究了我国有色金属等商品期货与股票资产之间的相关性，结果发现相关性较低，预示着金融化趋势不显著；与之相反，田利辉和谭德凯（2014）通过实证研究发现股票价格收益率对我国有色金属等商品现货存在单向格兰杰因果关系；田利辉等（2015）也支持了上述结论。尹力博和柳依依（2016）通过研究中国商品期货市场在 2006～2015 年与国际代表性股票市场的时变溢出效应来考察中国商品期货市场的金融化问题；朱学红等（2016）、刘映琳（2017）通过构建 DCC - MVGARCH 模型，发现中国大宗商品存在金融化现象，不同品种金融化程度出现分化，其中有色金属的金融化程度较高。

1.3.2　有色金属定价机制

在有色金属金融化背景下，有色金属定价机制发生重大改变，因此对现有的定价机制进行研究是研究金融化问题的一个切入点。铜铝等有色金属定价主要基于期货定价，理论依据主要为仓储理论与风险溢价理论。仓储成本理论的核心要点在于仓储成本的界定，一般认为，仓储成本主要由仓储的便利收益、仓储费用以及利息成本三部分构成，它也等于期现货价格之差。风险溢价理论主要基于无套利定价，安德森（Anderson，1983）研究发现，当买卖双方套保力量失衡时，将会形成风险溢价，当市场套利不存在的价格即为期货价格，此时风险溢价也为零。然而特尔赛（Telser，1958）、库特纳（Cootner，1960）、赫内弗（Hirshleifer，1990）、莫拉迪尔和施密特（Motladiile and Smit，2003）、莫瓦萨格和莫杰塔赫迪（Movassagh and Modjtahedi，2005）等对风险溢价进行研究发现，期货价格相对无套利均衡价格具有偏差。为此，也有学者对风险溢价理论进行了改进，本斯（Benth，2008）定量考察了期货定价与套保者风险态度的相关性，对风险溢价进行了显性化表达。

在定价机制研究的基础上，学者们基于微观视角，在信息溢出层面进一步对不同商品期货市场的定价效率与定价能力进行了考察，相关研究主要集中在收益溢出与波动溢出两个层面：

一是商品期货市场之间的收益溢出。平狄克和诺特博格（Pindyck and Rotemberg，1990）考察了铜、黄金等七种商品期货收益率的联动性，发现它们之间存在过度联动，超越了宏观经济因素所能有效解释的范畴。莱比斯（Labys，1999）以伦敦金属交易所金属期货价格为研究对象，发现1971～1995年间各个金属期货品种之间的相关性很弱，但铜期货价格在各个金属期货品种中起着领先作用。蒋序标和周志明（2004）、华仁海和陈百助（2004）对 LME 金属价格与 SHFE 金属价格的相关性进行了研究，发现两者之间存在长期稳定关系。华仁海等（2008）采用信息共享模型考察了 LME、SHFE、NYMEX 三大交易所铜期货价格的收益联动关系，并且进一步采用共因子模型定量考察了定价能力，结果发现伦敦市场在国内外期铜定价体系中处于主导地位。与平狄克和诺特博格（1990）的研究结论相反，莱斯卡鲁（Lescaroux，2009）、阿鲁加（Aruga，2011）发现商品期货之间存在价格联动性，并且可以用供需因素进行有效解释。盛卫峰等（2011）采用溢出指数模型对 LME 与 SHFE 铜期货市场之间的收益溢出关系进行了定量考察，结果发现两大铜期货市场之间的溢出指数值为 15.6%，具有较强的收益溢出效应。邵燕敏和汪寿阳（2012）则采用门限向量误差修正模型对 LME 与 SHFE 铜期货市场之间的收益溢出关系进行了研究，结果发现两者之间存在门限协整关系。伊莎贝尔等（Isabel et al.，2010）、徐国祥和李文（2012）对金属期货市场的价格发现功能进行了探讨。黄健柏等（2012）则考察了基于石油和美元汇率冲击下铜、黄金及白银三类金属期货价格之间的互动关系；李志斌和张维（2014）以贵金属为研究对象，发现黄金价格在贵金属中处于先导地位；董珊珊等（2016）采用 VECM 模型考察了黄金与白银期货市场的价格发现功能，发现两者都具备了价格发现能力，并具有较快的定价效率。钟代立等（2018）发现中国铁矿石期货价格与国内外现货价格之间存在高度关联性和长期均衡关系，已具备风险规避功能，但尚不具备有效的价格发现功能。

二是商品期货市场之间的波动溢出。如冯鸿基（Fung，2003）采用 GARCH 模型研究了中美铜期货市场之间的波动溢出效应，结果发现美国铜期货市场对我国铜期货市场存在波动溢出效应。许晓晴和冯鸿基（Xu and Fung，2005）也通过采用 EGARCH 模型研究发现，TOCOM 铜期货市场与 NYMEX 铜期货市场之间的波动溢出效应十分显著。刘向丽等

（2008）考查了铜期现货市场之间的波动溢出效应，结果发现波动溢出效应是双向的。吴文锋等（2007）、高金余等（2007）、刘庆富等（2008）、韦镇坤（2008）、方毅（2008）、郭树华等（2010）、宋琳等（2012）纷纷采用 GRACH 族模型对 LME 铜期货市场与 SHFE 铜期货市场之间的波动溢出效应进行了考察，得出了两者之间存在双向波动溢出效应的一致性结论，但是效应强度上 LME 铜期货市场处于主导地位。刘庆富和安云碧（Liu and An，2011）通过构建 M‐GARCH 模型来考察我国铜期现货市场以及与美国铜期货市场之间的互动溢出关系，结果发现两两之间存在较为显著的波动溢出效应，但相较而言，在溢出强度上美国铜期货市场处于主导地位。佩里（Perry，2014）通过构建 VARMA‐AGARCH 考察铜等商品期货之间的波动溢出效应，结果发现这些商品期货的波动溢出效应在 2008 年后呈现增强趋势。岳意定等（Yue et al.，2015）通过构建 VAR‐DCC‐GARCH 模型发现 LME 金属市场对中国金属期货市场存在较大的影响力，而中国金属期货市场仅铅期货市场对 LME 金属市场的影响较为显著。

此外，也有学者将收益溢出与波动溢出相结合，如韩立岩和郑葵方（2008）通过构建 AR（1）‐非对称 GARCH 模型系统考察了 LME 期铜市场与 SHFE 期铜市场之间的收益溢出效应与波动溢出效应，结果发现上海铜期货市场对伦敦铜期货市场的收益及波动溢出效应均较为显著。张海亮和饶永恒（2015）发现与国际稀有金属市场相比，我国稀有金属市场整体具备了定价能力，信息溢出效应呈现增强趋势，同时在不同稀有金属品种中，钨处于信息先导地位，其他稀有金属处于从属地位。徐国祥和代吉慧（2015）基于 VAR‐MGARCH 和 MGARCH‐DCC 模型，首次从市场整体角度，从期货和现货两个层面，在一个完整框架内分析了中国与国际大宗商品市场的溢出关系和动态相关性。朱学红等（2016）以 SHFE、LME、COMEX 三大期铜市场为例，对 1994～2015 年间中外期铜市场的动态联动性进行了研究,结果发现中外期铜市场的收益溢出效应要强于波动溢出效应,同时两者在路径上具有差异性。桑洪康等(Sang et al.,2017)采用多元 DECO - GARCH 模型,发现贵金属市场之间存在双向收益和波动性溢出效应,并在后金融危机期间发现了更为明显的趋势。卡拉纳索斯等(Karanasos et al.,2018)发现铜和黄金期货收益率的相应条件波动率在危机期间表现出随时间变化的持续性,特别是与低波动性相比,这种持续性在高波动期间增加,采用双变量 GARCH 模型进行进一步估计表明,在危机的不同阶段,这些收益率回报之间存在时变波动溢出效应。

1.3.3 有色金属价格波动的影响因素

有色金属稀缺性、重要战略性、供求在空间上分离、需求价格弹性小等特性决定了有色金属价格极易呈现波动态势,有色金属储采比、供求平衡脆弱以及地缘政治局势和突发政治事件等战略因素对有色金属价格波动具有一定的推动作用,但这些因素的影响与频繁而剧烈的有色金属价格波动相比显得微不足道。事实上,有色金属作为战略商品,具有双重属性即商品属性和金融属性,使得有色金属价格波动不仅要反映供需基本面,还要体现金融化需求。因此,学者们关于有色金属价格波动影响因素的研究,也主要从供需基本面与金融面两个层面进行。

1. 供需基本面因素

德亚顿和拉洛克(Deaton and Laroque,1992)从供需基本面对商品价格的影响因素进行了系统研究,他们首先对商品出清价格进行了定义,将其分解为可获得性与总需求两部分,并用函数进行了显性化表达。其中可获得性主要指商品供给,而总需求则主要由存储需求、当前需求以及资产需求三个成分构成。库尼（Cooney，2008）以美国铜等有色金属价格的波动情况为研究对象，发现 2000～2008 年间有色金属价格的上涨主要归因于供需基本面，并且上涨是一个长期现象，新兴国家的工业化进程起到了重要作用。汉弗莱（Humphreys，2010）也从供需基本面对 2003～2008 年间的金属价格波动进行了系统分析，从供给面来讲，由于亚洲金融危机以及电子信息技术的发展，使得对金属矿业投资不足，造成供给相对不足；从需求面来讲，主要是全球经济的快速发展推升了对金属资源的需求，供需基本面的供不应求造成金属价格上涨，这一结论也得到蒂尔顿（Tilton，2006）的支持。在国内，相关学者也研究了供需基本面对有色金属价格波动的影响，如成金华等（2017）通过采用面板数据向量自回归（PVAR）模型，发现在长期内国际有色金属价格波动主要由供需基本面主导。

随着 20 世纪末以来新兴经济体经济的快速发展，许多学者认为以金砖国家为代表的新兴国家主导了有色金属需求，在全球范围造成有色金属供不应求，整体推动了有色金属价格上涨（Kilian，2009；Kilian and Hicks，2009；Arbatl and Vasishtha，2012）。加之有色金属的不可再生性以及生产规模调整的长周期性更加加剧了有色金属价格波动（Breitenfellner et al.，2009）。塞维克和西迪克（Cevik and Sedik，2011）首次比较分析了发达国家和新兴国家需求对有色金属等商品价格的影响，结果发现，1998～2010 年间相对 1990～1997 年间，新兴市场需求对有色金属等商品价格的影响有着明显上升的趋势。张和莫林等（Cheung and Morin，2007）将收入水平、利率、滞后价格等变量纳入一个统一框架，构建起一个完整的商品价格理论模型，并应用这个理论模型进行实证研究发现，亚洲新兴国家需求对有色金属等商品价格的影响在 1997 年后呈现显著上升的趋势。

随着中国工业化与城镇化的快速发展，许多学者将目光转向中国，认为中国经济的迅猛发展所导致的巨大需求推动了有色金属价格的上涨，并将之命名为"中国因素"。斯特里菲尔（Streifel，2006）系统搜集了中国等新兴国家的金属消费数据，并着重分析了金属价格上涨的主导因素，他发现，2003 年以来的金属价格上涨主要归因于美元贬值、供给不足以及需求上升三个因素，其中中国金属需求的增加起到了决定性作用。博斯基和皮耶罗尼（Boschi and Pieroni，2009）以铝为研究对象，对主导铝金属价格快速上涨的原因进行了剖析，发现中国需求在其中起到了重要作用。须贺川（Sukagawa，2010）系统总结了 20 世纪 60 年代以来铁矿石定价机制的演变，并梳理了影响铁矿石价格波动的影响因素，发现中国作为第一铁矿石进口国，中国需求对当前铁矿石价格波动的影响十分显著。埃里克森等（Ericsson et al.，2010）进一步研究了中国因素与铁矿石定价机制改变的关联性，发现中国因素与铁矿石年度、季度定价的相关性较高，在某种程度上是造成定价方式发生改变的主要因素。黄健柏和李琼鹤（2012）从长短期两个视角考察了国际期铜价格波动与主要中国因素如工业总产值、货币供应量之间的关系，结果发现中国因素在国际期铜价格变动中起到了重要作用。拉蒂和韦斯皮尼亚尼（Ratti and Vespignani，2013）在凯丽安（Kilian，2009）供需理论模型的基础上进一步将代表中国因素的工业产出以及流动性变量纳入，比较研究中国因素对商品价格的影响，结果发现，中国因素推升了商品价格的上涨。罗彻（Roache，2012）比较研究了中国因素以及美国因素对商品价格影响的差异性，结果发现在时间趋势上中国因素的影响力正逐步增强，但影响力度在整体上小于美国，并且中国因素对不同商品品种的影响具有显著差异性。王志刚（2013）采用理论分析与实证分析相结合的方法，着重考察了中国经济周期与国际铜期货价格的内在关联，结果发现两者在趋势上具有高度的相关性，中国因素对铜价波动具有不可忽视的影响力。安祖伊尼等（Anzuini et al.，2013）也以有色金属为研究对象，得出了类似结论。谭小芬和任洁（2014）进一步系统研究了中国因素对商品价格的影响效应及作用机制，并比较分析了中国因素在各个影响因素中的相对重要性，结果发现，国际商品价格波动主要归因于总需求，其中中国需求的影响力逐步增强，但与发达国家需求相比，影响力稍显不足，在作用机制上，主要通过需求路径，流动性路径的传导作用不显著。此外，中国因素的影响作用具有品种差异性，中国需求的显著作用主要表现在铜、铝、锌等有色金属品种上。朱学红等（2015）通过构建可变参数的状态空间模型，采用2001～2013年的月度数据，对影响国际有色金属价格的"中国需求"进行了分解，系统考察了国际有色金属价格与主要"中国需求"因素、工业总产值、进口总额及货币供应量之间的动态关系，结果显示："中国需求"对国际有色金属价格的动态影响轨迹在2009年5月发生结构性变化；从2009年5月开始，"中国需求"对国际有色金属价格的影响渐趋稳定。

2. 金融化因素

21世纪以来，随着全球货币政策整体趋向宽松，全球流动性呈现泛滥趋势，这无疑推动了有色金属金融化趋势的增强，也对有色金属价格波动产生了重要影响。西村（Nishimura，2011）发现，随着大型金融机构与国际资本涉足商品期货市场，导致金融需求在2003～2011年间急剧膨胀，与商品相关的资产价值由130亿美元迅猛增加到4500亿美元，增长了约34倍。在此背景下，有色金属价格已经不完全由供需基本面决定，金融面的作用越来越大，价格波动趋势呈现出与金融资产高度相关的趋势（张成思等，2014）。同时，学者们也纷纷将研究重点放在金融化因素层面，这些因素具体有资本投机、美元汇率、利率以及原油价格等。首先，关于美元汇率对有色金属价格波动影响的研究，由于在国际贸易中，美元是有色金属的计价和结算货币，因此美元汇率的变动会直接影响有色金属等商品价格波动（McCalla，2009；Harri，2009；冯辉等，

2012；Zou et al.，2009）。尤为值得一提的是，自 2008 年美国金融危机爆发以来，美国连续推出量化宽松货币政策，使得美元呈现贬值趋势，也导致以美元计价的有色金属价格呈现上涨趋势。卡丁顿等（Cuddington et al.，2003）和陈美秀（Chen，2010）比较分析了自由汇率与固定汇率下的有色金属价格波动行为，结果发现，自由汇率会加剧有色金属价格的波动幅度。沃特金斯和麦卡利尔（Wakins and McAleer，2005）以铜和铝为研究对象，通过构建 AR（1）- GARCH（1，1）模型模拟了有色金属价格的波动特征，结果发现美元汇率等宏观经济变量对有色金属价格波动的影响显著。图利和露西（Tully and Lucey，2007）将美元汇率纳入多维度 APGARCH 模型，系统考察了黄金价格的波动特征，结果发现黄金价格的波动主要受美元汇率的主导。斯塔德（Sjaastad，2008）也检验了国际上主要货币汇率变动对黄金价格波动的影响，结果发现浮动汇率制度是影响国际黄金价格波动的主要因素。安舒尔和萨亚尔（Anshul and Sajal，2013）考察了印度贵金属价格变动与汇率之间的联系，结果发现印度贵金属价格波动主要归因于汇率变动。也有学者得出了相反结论，如埃尔布和哈维（Erb and Havey，2013）发现，当以真实价格来代替黄金价格时，汇率变化对黄金价格的影响并不显著。汪玉山和成艳玲（Yu and Yen，2013）发现在长期内，利率影响美元，并进而影响石油与黄金价格。朱学红等（Zhu et al.，2015）研究发现汇率则只在短期内对贵金属价格产生影响。安东纳基斯和凯泽依斯（Antonakakis and Kizys，2015）研究发现瑞士法郎/美元，英镑/美元汇率有助于解释铂金和原油现货的收益和波动。

其次，关于资本投机对有色金属价格波动的影响研究，由于 21 世纪以来，大型金融机构与国际资本开始涉足有色金属期货市场，它们通过投机操纵有色金属价格，造成有色金属价格大涨大跌（Masters，2008；Du et al.，2017）；吉尔伯特（Gilbert et al.，2008）考察了 2006～2008

年间国际期铜价格暴涨的驱动因素，发现商品指数基金起到了重要作用，考夫曼和乌尔曼（Kaufmann and Ullman，2009）也得出了类似结论；凯莉安和墨菲（Kilian and Murphy，2014）、鲁茨和托马斯（Lutz and Thomas，2013）将供给因素、需求因素、价格因素以及投机因素纳入一个统一框架，通过构建 SVAR 模型系统考察石油等商品价格波动影响因素的动态特征，结果发现投机因素主导了 2012 年的油价波动；尤维纳利斯和彼得雷拉（Juvenal and Petrella，2011）进一步扩充样本，采用 FAVAR 模型进行全视角分析，发现投机行为对 2004 ~ 2008 年间的油价波动影响显著。曼内拉等（Manera et al.，2012）将投机行为进行细分，分解为四个部分，分别研究了各个投机因素对油价波动影响的差异性，发现投机因素对 21 世纪以来的油价波动整体影响显著，其中短期投机因素尤为突出。谢飞和韩立岩（2012）则具体考察了对冲基金对商品价格波动的影响，结果发现两者的相关性十分紧密。马林等（2011）探讨了套利行为对矿产品定价以及矿产品价格波动的影响。穆塔福卢等（Mutafoglu et al.，2012）以非商业头寸作为投机行为的替代变量，发现它对贵金属价格波动具有正向影响。邵留国等（Shao et al.，2013）通过构建 GARCH(1，1) - M 以及 EGARCH(1，1) - M 模型系统考察了基金投机下的期铜价格波动特征，结果发现投资基金对期铜价格波动的影响不显著，相反对期铜价格波动起到减缓作用。边璐等（2014）也以稀有金属为研究，考察了投机因素与稀土价格波动的关联性，结果发现这种联系十分紧密。杨艳军和费然（2015）也采用 Geweke 分解考察了基金投机对国际期铜价格的影响。魏宏杰和刘锐金（2016）发现投机行为引起大宗商品价格与供需基本面脱离，起到了推涨助跌的作用，加剧大宗商品价格波动。

再次，关于利率变动对有色金属价格波动的影响研究，克里钦（Krichene，2008）通过研究发现，低利率与商品价格上涨具有紧密联系，利率变动可部分解释商品价格波动。弗兰克尔（Frankel，2008）、阿克拉姆（Akram，2009）和罗彻（2008）一致得出利率变动与商品价格波动具有紧密联系的结论。赫斯等（Hess et al.，2008）、雷切尔和罗西（Roache and Rossi，2010）将中央银行利率纳入宏观经济变量体系，实证考察了其对金属价格的影响。贝尔克等（Belke et al.，2013）基于全球尺度，从货币流动性与利率两个层面考察了其对商品价格的影响，结果发现流动性对商品价格具有正向影响，而利率对商品价格具有负向影响。郑尊信和徐晓光（2013）进一步考察了利率对商品价格的作用机制，结果发现利率主要通过影响便利收益对商品价格产生影响。孙泽生等（2014）研究了货币变量对我国有色金属现货价格的影响，发现在长期内两者存在协整关系，并且货币流动性对有色金属价格波动的影响为正。戴孟宜等（Tai et al.，2014）发现国际农产品期货会在突然增加的货币供给冲击下做出价格调整；苏治等（2015）证明了考虑金融因素情况下量化宽松政策对国际大宗商品市场的直接影响以及量化宽松通过金融市场对国际大宗商品市场的间接溢出效应。张天顶（2015）研究表明国际大宗商品价格的共同成分与全球流动性过剩之间存在着长期均衡以及非对称调整关系。晁增义和谌金宇（2015）研究发现狭义货币供给量M1在短期内对大宗商品价格的影响较显著，而利率调整对大宗商品价格的影响较弱。王天祥和常清（2015）通过构建马尔科夫区制转换模型，研究了不同市场状态下中美货币政策对商品价格的影响，发现不同区制状态下，商品价格的主导货币因素具有差异性。皮耶尔齐奥克等（Pierdzioch et al.，2016）发现实际利率可以作为真实黄金价格波动的预测指标。

最后，关于原油价格对有色金属价格的影响，由于石油与有色金属同属重要的大宗商品组别，同时石油也是有色金属行业成本的重要组成部分，因此两者具有价格联动性，一般来讲，原油价格与有色金属价格会呈现同涨同跌的趋势（Baffes，2007；Hammoudeh et al.，2008；Soytas et al.，2009；Reboredo et al.，2016）。在研究对象上，现有研究主要关注石油价格对贵金属价格的影响，如莎丽等（Sari et al.，2007）以发达市场为研究对象，发现了石油与白银之间存在短期联系的证据。纱丽等（2010）进一步考察了影响石油与贵金属内在关联的主导因素，发现两者的联动性主要受汇率变动、通胀以及经济危机等因素的影响。张跃军和魏一鸣（Zhang and Wei，2010）通过实证研究发现，黄金价格与石油价格具有协整关系，并且两者的相关性非常高，相关系数达到 0.9 以上。西尔斯曼（Salesman，2013）也指出自布雷顿森林体系解体后，美元与黄金脱钩，但黄金价格与石油价格的相关性仍保持较高趋势。朱学红等（2012）也发现石油冲击对黄金、铜、铝三种金属都有正影响；李志斌和张维（2014）在长短期两个尺度上考察了石油价格波动对贵金属价格波动的影响，结果发现在两个时间尺度上，原油价格的影响作用都十分显著。

3. 供需基本面与金融面的结合

也有学者将基本面与金融面结合进行整合研究，如韩立岩和尹力博（2012）将实体经济因素与投机因素纳入一个统一框架，在长短期两个时间尺度上系统研究了商品价格波动的影响因素，结果发现商品价格波动在长期内主要归因于实体经济，而在短期则主要受金融投机的影响，此外，他们还发现中国因素主要通过间接作用对商品价格波动产生影响。张峻晓和谭小芬（2015）在此基础上，进一步将货币因素纳入这一框架，系统比较分析了三类因素影响作用的相对重要性及时变特征，结果发现，2003～2014 年间，商品价格波动主要归因于实体经济因素，投机行为是影响 2006～2008 年间商品价格上涨的主要因素，而对于 2009～2011 年间的商品价格恢复性上涨，货币政策起到了重要作用；对 2011 年以来的商品价格下行趋势，主要原因在于商品市场需求增速放缓以及美元强势。刘建（2013）、李智等（2014）、田利辉和谭德凯（2015）、谭小芬和张峻晓（2015）、谭小芬等（2015）将供需基本面、金融投机行为等因素纳入统一框架，系统比较分析了供需因素与金融投机在石油等大宗商品价格波动中的相对重要性。钟美瑞等（2016）基于 MSVAR 模型，发现铜价波动存在显著的区制转换特征，即膨胀期、平稳期、低迷期三种状态；三种状态下，金融因素都可以很好地解释期铜价格波动，但作用机制明显不同，而"中国因素"则被明显夸大。贾瑞和乔家君（2017）通过构建 MS - VAR 模型比较分析了不同市场状态下实体经济因素和货币因素对商品价格影响的差异性及相对重要性。实证结果表明，在经济环境面临较大下行压力时，实体经济因素和货币因素对大宗商品价格的影响更加显著；成金华等（2017）从供需、实体经济和货币金融三个维度选取变量，运用国家之间构成的面板数据，建立 PVAR 模型，分析四种有色金属价格的波动及其影响因素，研究发现实体经济及货币因素的影响主要集中在铜、铝、铅、锌四种有色金属，供需因素对有色金属价格产生长期的影响，货币供给量对有色金属价格的影响短暂而剧烈。

1.3.4 有色金属等商品价格波动对宏观经济的影响

有色金属作为重要的生产要素和大宗商品类别，其价格波动关系到一国行业发展和经济稳定。因此，国内外学者主要从宏观经济与行业层面研究有色金属等商品价格冲击的传导效应。在宏观经济层面，主要考察有色金属等商品价格冲击对一国产出与物价水平的影响。如汉密尔顿（Hamilton，1983）采用向量自回归模型（VAR）考察了国际石油价格与美国 GNP 的关系，发现国际油价冲击对经济增长具有负向影响；库纳多和格雷西亚（Cunado and Gracia，2003）以 14 个欧洲国家为研究对象，

考察了油价冲击对工业产量与 CPI 的影响；吴振信等（2011）、赵琳等
（Zhao et al., 2016）、魏彦峰和郭晓英（Wei and Guo, 2016）则研究了
石油价格冲击对我国宏观经济的影响；艾哈迈德（Ahmed, 2018）发现
研究样本中的每个国家对石油价格冲击的反应不同。丁志华等（2013）
以煤炭价格为研究对象，在长、短期两个时间尺度上考察了其对我国产
出的影响，结果显示在短期内煤炭价格波动与产出负相关，在长期则转
为正向影响；李文博等（2015）则发现煤炭价格波动对我国经济增长具
有不对称效应。一些学者还探讨了国际有色金属价格冲击对中国宏观经
济的影响。朱学红等（2016）指出，国际有色金属价格冲击对中国通货
膨胀的传导效应随着时间的推移逐渐发生变化，并在 2008 年第三季度出
现结构性变化；黄健柏等（2017）的研究表明，中国经济增长的惯性可
以在短期内减少有色金属价格波动对产出的负面影响。此外，也有学者
突破从微观层面探讨金融化影响的局限性，考察商品市场金融化的宏观
经济效应，如张翔等（2017）通过构建 SVAR 模型发现在商品市场金融
化的宏观经济效应在国际金融危机前后呈现出差异性，而美国量化宽松
政策是造成差异性的主要原因。

　　也有学者将大宗商品价格冲击分解为供给冲击、需求冲击以及特定
需求冲击，从不同来源研究其对宏观经济的影响，如凯丽安（2009）发
现，相对需求冲击，供给冲击引起的油价上涨对美国 GDP 和通胀的影响
要小；侯乃堃和齐中英（2009）发现供给冲击和预防性需求冲击引起的
油价上涨对我国经济增长具有负向影响，经济需求冲击则具有拉动作用；
孙薇和齐中英（2011）发现我国 2000~2008 年进口价格波动主要是油
价冲击和国内经济需求冲击共同作用的结果；莫哈迪斯等（Mohaddes et
al., 2014）发现供给驱动的油价冲击与需求驱动的油价冲击对宏观经济
影响不同，并且在石油出口国与进口国也表现出差异性；库纳多和格雷
西亚（2015）则发现石油供给冲击对日本、韩国、印度以及印度尼西亚

等亚洲四个主要石油消费国家 GDP 的影响较小，而需求冲击则对四国经济都具有正向影响；索托德和沃辛顿（Sotoudeh and Worthington，2016）发现全球经济活动带来的油价上涨对澳大利亚货物出口有显著影响，并且影响持续时间超过一年。赛克和林姆（Sek and Lim，2016）指出，石油供应冲击可能是石油进口国通胀的决定因素，但石油需求冲击对大多数国家的通货膨胀的影响则非常有限。克鲁斯等（Cross et al.，2017）认为，石油供应冲击和特定石油需求冲击通常对中国 GDP 增长产生负面影响，而石油需求冲击则具有积极影响。

由于各行业产业结构、生产技术和消费习惯等存在差异，很多学者发现大宗商品价格冲击具有行业差异性，因此近年来不少学者从细分行业角度来展开相关研究，如李纪硕等（Lee et al.，2002）的研究表明，油价上涨对部分行业的产出价格具有推动作用，而对另一些行业则具有抑制作用；吉姆内斯罗德里格斯（Jiménez – Rodríguez，2008）以法国、德国等六个 OECD 国家为例，发现油价冲击的影响同样存在行业差异性；刘建和蒋殿春（2010）发现国际原油价格波动对生产资料价格以及石化行业等高耗能行业具有重要影响；金洪飞和金荦（2010）发现国际石油价格与中国石油和天然气行业的股票收益率存在显著正相关，对汽车和零件行业等七个行业的股票收益率则具有显著的抑制作用；钱浩祺等（2014）发现上游产业受油价冲击的影响主要表现为成本效应，下游产业则主要受需求冲击影响；谭小芬等（2015）系统考察结构性油价冲击对中国工业部门的影响，发现工业行业对不同结构性油价冲击的反应具有差异性，同时不同工业行业对同一种油价冲击的反应也是不同的；蔡春丽（Tsai，2015）发现在后国际金融危机时代，能源密集度低的制造业股票回报率对油价冲击的反应比能源密集度高的行业要小；苏梽芳等（2015）采用 GVAR 模型发现国际原材料价格冲击的影响主要集中在冶金等部门。利用线性和非线性自回归分布滞后（ARDL）模型，赛克

（2017）的研究显示，油价对 PPI 的影响可能因行业而异。

1.3.5 研究述评

从现有文献来看，国内外学者对于商品金融化的测度、有色金属价格波动的影响因素以及有色金属价格波动的宏观经济效应等已经有了一定程度的研究，并得出了许多有意义的结论。如从股票市场与有色金属等商品市场联动性角度对金融化进行测度；伴随大宗商品金融化趋势的增强，也从供需基本面与金融面对有色金属价格的形成机制作了深入全面的探讨，也有学者基于金融化视角对大宗商品价格波动的宏观经济效应作了一些分析，形成了一些成果，但总体来讲，现有研究仍存在以下不足：

（1）现有研究侧重于探讨有色金属金融化的测度以及金融化因素的结构性影响，而缺乏从宏观角度关注金融化因素导致的有色金属价格波动的行业效应，在考察有色金属价格波动机理时局限于金融化因素影响效应分析，而没有深入分析微观作用机制。

从现有文献看，关于有色金属等商品金融化的研究，主要是探讨金融化的测度以及金融化因素对有色金属价格波动的影响，在进行金融化测度时，往往选取一国股票市场与商品市场，从市场联动性角度进行测度，而缺乏将一国市场纳入全球市场联动体系中，从多维度、多层次信息溢出的视角对有色金属金融化进行测度；在考察有色金属波动的金融化因素时，往往基于线性视角，即把有色金属价格波动特征及其影响因素视作一个区制（钟美瑞等，2016）。但在有色金属金融化背景下，不仅仅要考虑供需因素，更要考虑金融化因素以及金融化因素与供需因素的相互关系，因此有色金属价格波动机理更为复杂，日益呈现出非线性波动模式，此时传统线性框架的模拟效果便大打折扣，需要从不同市场状态下考虑金融化因素对有色金属价格波动的非线性影响效应。同时，缺乏深入考察金融化因素对有色金属价格波动的微观作用机制，使得研究有色金属价格波动金融化因素的微观机理缺乏系统性与完整性；最后从宏观经济层面对有色金属市场金融化影响的研究尚缺乏研究，有色金属是重要的生产要素，价格波动涉及一个国家的经济稳定与行业发展。因此，在全球化背景下，有必要从宏观层面进一步探索金融化因素导致的有色金属价格波动的行业效应。

（2）现有文献主要基于静态、线性视角，缺乏对金融化背景下有色金属价格波动问题的动态分析与非线性分析。

在研究方法上，现有文献主要通过构建 VAR 和 SVAR 等线性模型，并且假设有色金属价格波动与各金融化因素以及宏观经济之间的关系是静态的。然而，在有色金属价格波动出现周期性特征的情况下，加之金融化因素与供需因素交织影响，传统 VAR 以及 SVAR 等线性模型的模拟效果便大打折扣，无法准确捕捉不同市场状态下所获得影响因素对有色金属价格波动的非线性影响。此外，最近的研究已经记录了商品价格与宏观经济变量之间的动态关系（Valcarcel et al.，2013；Baumeister et al.，2013；Riggi et al.，2015；Aye et al.，2015；Ozturk et al.，2016；Gong et al.，2018）。鉴于中国经济增长的快速扩张以及有色金属消费的增长，进一步考察有色金属市场金融化对中国宏观经济的影响是否也随时间变化将变得十分必要。

1.4　研究思路与方法

1.4.1　研究思路

本书依据商品价格金融决定论，以有色金属中采用期货定价为最主要定价模式的铜、铝为研究对象，立足宏微观相结合的视角，紧紧围绕金融化背景下有色金属价格波动这一关键问题展开理论分析与实证分析（如图 1-1 所示）。在理论层面，提炼金融投机、利率冲击、美元汇率

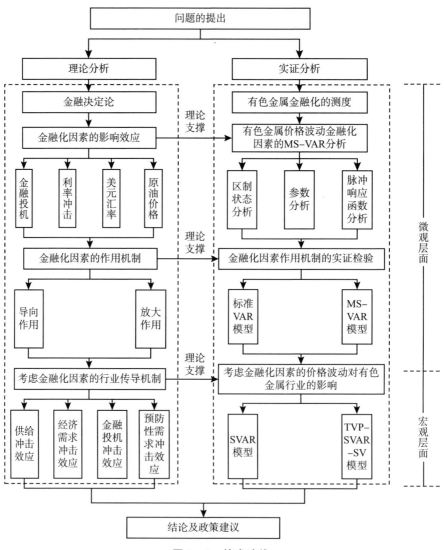

图 1-1　技术路线

以及原油价格等关键金融化因素，构造有色金属价格波动金融化影响因素的非线性理论模型；在此基础上，建立金融化因素导向和放大作用的分析范式，具体提出了金融化因素影响有色金属价格波动的作用机制，以深入考察有色金属价格波动金融化因素的微观机理，此外，本书将金融化因素纳入有色金属价格波动冲击体系，在宏观层面重点考察金融化因素导致的有色金属价格波动的行业传导机制。在实证层面，主要基于 VAR 方法体系，在对有色金属金融化进行测度的基础上，首先采用 MS－VAR 模型分析金融化因素对有色金属价格波动的非线性动态影响，考察金融化因素在不同市场走势中影响效应的差异性；其次采用标准 VAR 模型与 MS－VAR 模型实证检验以股票价格为中介的导向作用以及以羊群行为为中介的放大作用；最后将金融化因素与各个宏观经济变量纳入一个统一的 SVAR 分析框架，考察金融化因素导致的有色金属价格波动对上中下游行业影响的相对重要性，并采用 TVP－SVAR－SV 模型评估金融化因素导致的有色金属价格波动对我国有色金属上中下游行业的时变效应。在综合理论分析与实证分析结果的基础上，有针对性提出有效应对有色金属金融化趋势，防范和化解有色金属价格波动风险，维护我国金属资源安全与经济安全的政策建议。

1.4.2　研究方法

在研究方法上，本书基于理论分析与实证分析相结合，实证分析章节与理论分析章节层层对应，着力将本书的实证结果与研究结论建立在扎实的理论基础与规范化的实证分析范式之上。

本书以矿产资源价格理论的基本分析工具为基础，并结合商品价格金融决定论的相关研究成果，从理论上对金融化视角下的有色金属价格波动微观机理与行业传导机制进行研究。并进一步结合计量经济学中的方法与工具，通过构建 VAR 方法体系，实证分析有色金属价格波动金融化因素的影响效应以及作用机制，并实证考察考虑金融化因素的有色金属价格波动对有色金属行业的影响，具体包括以下计量方法和非线性方法：

首先，借助 VAR 方法体系中的溢出指数模型对有色金属金融化进行测度，并考察我国有色金属金融化的来源；其次，针对有色金属价格波动呈现周期性特征与金融化因素及供需因素交织影响的新特点，采用 MS - VAR 模型构建有色金属价格波动金融化影响因素的非线性模型，实证分析在不同市场走势中金融化因素对有色金属价格波动的影响机制及差异性；再次，关于有色金属价格波动金融化因素作用机制的实证检验，本书采用标准 VAR 模型与 MS - VAR 模型进行对比检验；最后，本书将金融化因素纳入有色金属价格冲击体系，构建多结构冲击和多经济变量的 SVAR 分析框架，考察金融化因素导致的有色金属价格波动的行业影响效应及相对重要性，为考察影响效应的时变性及在不同时点影响效应的差异性，本书还采用 TVP - SVAR - SV 模型进行模拟，并最终提出建立在严谨实证分析基础上的有效应对有色金属金融化趋势、防范和化解有色金属价格波动风险的对策和建议。

1.5　研究内容

依据本书的研究目标与研究思路，共分为 7 章，具体内容安排如下：

第 1 章为引言。阐明了本书的研究背景和意义，并从有色金属等商品金融化的测度、有色金属定价机制、有色金属价格波动的影响因素及有色金属等商品价格波动对宏观经济的影响四个层面对国内外相关研究进行了文献综述，并进行了述评，以为后续研究提供文献依据。在此基础上指出了本书的研究方法、研究内容及主要创新点。

第 2 章为金融化视角下有色金属价格波动的理论分析。本章依据商品价格金融决定论，首先厘清了有色金属金融化形成的内在机理，并对传统存货模型进行拓展，构建了考虑金融化的有色金属市场定价模型，从金融投机、利率冲击、美元汇率以及原油价格四个维度梳理了金融化因素对有色金属价格波动的理论影响效应；在此基础上，建立金融化因素导向和放大作用的分析范式，具体提出了金融化因素影响有色金属价格波动的作用机制，以深入考察有色金属价格波动金融化因素的微观机理，此外，本书将金融化因素纳入有色金属价格波动冲击体系，在宏观层面重点考察金融化因素导致的有色金属价格波动的行业传导机制，这些理论分析工作为下文开展实证分析奠定了基础与前提。

第 3 章为有色金属金融化的测度及实证检验。本章主要是为了回答"有色金属金融化了吗"这一问题，为此，基于 DCC - MVGARCH 模型，通过模拟分析有色金属与股票的动态相关系数及其时变特征来对有色金属金融化进行测度，同时将中国有色金属期货市场置于全球股票市场框架中，通过提炼双边信息溢出指数，定量测度中国有色金属期货市场与国际金融市场间的信息传递效应，全景式考察中国有色金属期货市场金融化的来源与渠道，并采用滚动回归分析方法刻画中国有色金属金融化的动态特征。在此过程中，本书还以国际有色金属期货市场为参照，对比分析国内外有色金属期货市场金融化程度、来源及时变特征的差异性。

第 4 章为有色金属价格波动金融化因素影响效应的实证分析。本章基于上章有色金属存在金融化趋势这一前提，从有色金属的金融属性出发，选取金融投机、利率冲击、美元汇率、石油价格作为金融化因素的代理变量，考虑到有色金属价格波动的周期性特征及金融化因素与供需因素交织影响的新特性，通过 MS - VAR 模型构建了金融化因素影响国际有色金属价格波动的非线性框架，实证分析金融化因素对国际有色金属价格的非线性动态影响，并考察不同市场走势中金融化因素影响的相对重要性及差异性，从而为有针对性提出有效应对有色金属金融化政策建议提供政策着力点。

第 5 章为有色金属价格波动金融化因素作用机制的实证检验。本章在第 4 章考察金融化因素对有色金属价格波动影响效应的基础上，进一步回答"金融化因素是如何影响有色金属价格波动"的，为此，结合第 2 章构建的金融化因素导向作用与放大作用的作用机制，首先采用标准 VAR 模型与 MS – VAR 模型，以股票价格为中介，通过检验不同区制下金融化因素对股票价格收益率与波动率影响的显著性来检验导向作用的存在性；接着采用标准 VAR 模型与 MS – VAR 模型，以羊群行为为中介，通过检验不同区制下金融化因素对羊群行为影响的显著性来检验放大作用的存在性，并依据构建的有色金属价格波动金融化因素作用机制对有色金属价格波动进行现实解释。

第 6 章为考虑金融化因素的有色金属价格波动行业传导效应分析，本章在第 4、第 5 章的分析有色金属价格波动微观机理的基础上，从宏观经济角度，将金融化因素纳入有色金属价格冲击体系，通过构建 SVAR 模型，将有色金属价格波动分解为供给冲击、经济需求冲击、金融投机冲击及预防性需求冲击，着重考察金融化因素导致的有色金属价格波动对有色金属行业影响的相对重要性，在此基础上，为考察不同时间约束的差异性及有色金属价格波动的结构突变特征，本书进一步利用带有随机波动的时变参数因子结构向量自回归（TVP – SVAR – SV）模型，对金融化因素导致的有色金属价格波动对有色金属上中下游行业影响的时变特征进行了考察。

第 7 章为金融化视角下应对有色金属价格波动的政策建议，本章结合我国经济新常态特征，有针对性提出有效应对有色金属金融化不利影响，防范和化解有色金属价格波动风险，维护我国金属资源安全与经济安全的政策建议。

1.6　主要的创新点

本书的创新之处可以归纳为以下三个方面:

(1) 突破现有文献两两分析的局限性,基于多维度、多层次及动态视角来对有色金属金融化进行测度。

本书突破以往两两分析的局限性,设计一个动态分析框架,将中国市场纳入全球市场联动体系中,从多维度、多层次的视角考察有色金属市场与国际股票市场的信息溢出效应,并采用溢出指数模型定量考察信息溢出的强度和规模,以此作为有色金属金融化测度的依据,在此基础上,还采用滚动回归分析方法建立动态溢出效应图,提炼有色金属金融化的时变特征,得出的结论也更为精确,如结果显示我国有色金属市场的"加拿大化"与"美国化"现象十分显著,这对先前学者们得到的"美国化"结论进行了修正,同时检测到的不同有色金属品种之间存在的金融化程度分层现象也为差异化应对有色金属金融化趋势提供了依据。

(2) 突破以往线性模型研究框架以及主要聚焦上行周期的局限性,基于非线性视角考察有色金属价格波动金融化因素的影响效应及作用机制。

在有色金属价格波动出现周期性特征,加之金融化因素与供需因素交织影响的新情况下,传统 VAR 以及 SVAR 等线性模型的模拟效果便大打折扣,无法准确捕捉不同市场状态下金融化因素对有色金属价格波动的非线性影响,因此,本书突破以往线性模型研究框架以及主要聚焦上行周期的局限性,将有色金属价格波动及其金融化影响因素的区制转换特征考虑在内,构造有色金属价格波动金融化影响因素的非线性框架,利用 MS – VAR 模型分析国际有色金属价格涨跌等不同区制中，各金融化因素的影响效应及其差异性，同时建立了金融化因素导向和放大作用的分析范式，实证检验了不同区制中金融化因素影响有色金属价格波动的作用机制。这些工作与构建的非线性计量经济模型为有效解释有色金属金融化及深入考察有色金属价格波动的微观机理提供了新的思路与分析工具。

（3）将金融化因素纳入含宏观经济变量的多结构性冲击体系，基于产业链视角全面量化了金融化因素导致的有色金属价格波动对我国有色金属行业影响的相对重要性、差异性及时变性。

针对现有文献主要从微观层面考察有色金属金融化问题的局限性，本书将金融化因素纳入有色金属价格冲击体系，构建多结构冲击和多经济变量的 SVAR 分析框架，基于产业链视角，从宏观层面重点量化了考虑金融化因素的有色金属价格波动对我国有色金属上中下游行业影响的相对重要性及差异性。同时，为准确地刻画考虑金融化因素的有色金属价格波动对有色金属上中下游行业影响的时变性，本书进一步采用 TVP – SVAR – SV 模型，通过允许 SVAR 模型参数动态时变，构建动态影响效应图，模拟有色金属市场金融化行业效应的时变特征，从而为从细分行业角度动态应对有色金属金融化，防范和化解有色金属价格波动风险，维护我国有色金属行业产业安全做出了一定贡献。

第2章

金融化视角下有色金属
价格波动的理论分析

2.1 商品价格金融决定论

随着投机资金大量涉足商品市场，商品价格已不完全由供需基本面决定，投机行为对商品价格波动的影响越来越重要，在现实生活中，商品是消费品的同时，更成为了人们眼中的投资品，这个现象被称之为商品金融化，在此背景下，商品价格金融决定论也应运而生，在这个理论下，其核心思想主要为以下三点（如图2-1所示）：

（1）在传统经济学框架中，商品只有商品属性，商品价格完全由供需基本面决定，在完全竞争市场上，此时不存在垄断者，无数的生产者和消费者通过竞价和博弈，形成了商品均衡价格，当商品供不应求时，价格上涨，当商品供过于求时，价格下跌，商品价格由价值规律驱动，某一时点的供求关系成为预测未来价格的重要依据。

（2）在大宗商品成为投资品，具备了金融属性后，大宗商品的交易模式发生重大改变，买卖双方开始聚集于一个固定场所，实行标准化、同质化、统一化交易，并衍生出了远期交易，使得商品具备了远期价值，但买卖双方可以根据标准标的物进行当前交易，这无疑会影响当前现货价格。同时商品期货合约的出现也使商品价格发现功能得到发挥，通过未来信息不断对当前现货价格产生影响，使得期货价格在价格体系中逐渐占据主导地位，现货价格逐渐参照期货定价。

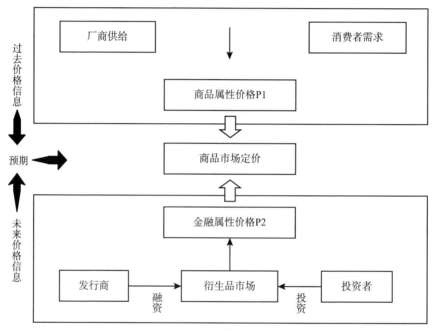

图 2 – 1　商品价格金融决定论

（3）传统交易主要是实物交易，交易标的主要为流通商品，实行实物交割，然而随着商品金融属性的增强，各跨国银行、投机基金等大型金融机构大量涉足商品期货市场，它们通过资金对冲方式进行交割，突破了以往的实物交割模式，在此背景下，金融投机力量的作用越来越大，金融化因素对商品价格的影响也越来越重要，甚至在短期内会决定商品价格波动。

　　有色金属具有生产周期长、消费需求弹性低等特性，依据商品价格金融决定论，其很容易被投机资金炒作。加之近年来随着投机资金大量涉足有色金属期货市场，以及国内外市场联动程度的增强，更是增加了投机资金炒作的频率和力度。在有色金属金融化不断深化的背景下，有色金属价格波动是供需基本面、金融化因素等多种力量综合作用的结果，其内在机理如图2－2所示。

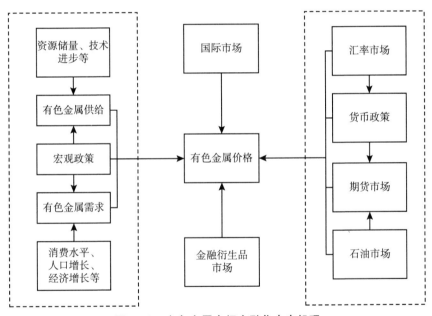

图2－2　有色金属市场金融化内在机理

　　从图2－2可知，有色金属市场金融化的内在机理主要包含以下四点：

　　（1）有色金属市场存在吸引一些投机资金炒作的特性。

　　首先，依据先前学者（如 Gorton and Rouwenhorst，2006）的研究，有色金属等大宗商品与股票等金融市场呈现出不相关或低相关的特性，依据投资组合理论，在投资组合中纳入商品期货可以有效分散股票等传统金融资产的风险，从而起到对冲作用；其次，有色金属等大宗商品的收益率与通货膨胀呈现正相关，相较于其他资产，可以更有效对冲通胀风险；最后，有色金属等大宗商品在国际贸易中主要以美元计价和结算，导致其价格走势与美元汇率高度负相关，当美元升值时，会引起有色金属价格呈现下跌趋势，而当美元贬值时，则会推升有色金属价格，这种特性使得有色金属等大宗商品被投资者看重，用来对冲美元汇率风险。正是有色金属具备上述特性，逐渐被投资者重视，成为进行资产配置与风险分散的重要品种，随着有色金属等大宗商品投资属性的增强，投机资金大量涉足有色金属期货市场，逐渐成为有色金属期货市场的新现象。

（2）有色金属期货市场的发展和金融衍生工具的层出不穷为资本进入创造了有利条件。

有色金属期货市场的迅猛发展为投机资本进入有色金属市场创造了场所条件。随着有色金属期货交易品种的不断增多，交易规模呈现快速增长态势。以我国为例，进入 21 世纪以来，我国有色金属上市新品种不断取得进展与突破，2007 年，上海期货交易所推出锌期货交易，2011 年推出铅期货交易，2015 年 3 月 27 日，镍、锡期货正式挂牌交易。这些有色金属期货品种的成功上市交易，不仅丰富了有色金属期货品种，同时也使交易规模迅猛增长，以铜为例，2015 年我国铜期货市场累计成交量 8 831.86 万手，成交额 17.59 万亿元，同比分别增长 25% 和 4.2%。这些都大大增加了有色金属期货市场的流动性，为大量有色金属投资者提供了对冲风险、套期保值的场所，使其成为有色金属市场金融化的主要推动力量，此外，各个金融衍生工具与套期保值工具也层出不穷，在信息技术与电子工具快速发展的背景下，投机资本进入有色金属期货市场的门槛逐渐降低，从而为打通有色金属市场与资本市场的联系开辟了路径。

（3）国内外市场联动程度的增强为有色金属金融化开拓了空间。

自 2001 年加入世贸组织以来，中国有色金属贸易快速增长，对国际有色金属市场的依赖程度也不断加深。目前，中国作为最大的有色金属消费国和进口国，在国际有色金属市场上的地位举足轻重，国际市场信息会通过联动性路径影响国内市场；此外，随着国内外市场有色金属期货价格的趋同性程度的不断提高，国内有色金属期货市场也间接体现国际货币政策的冲击、国际投机力量的炒作等信息。这种信息冲击也随国内有色金属等大宗商品市场与金融市场的整合机制与传染机制迅速表现在其资产价格上。总之，国内外有色金属市场联动程度的增强进一步加剧了国内市场外部环境变化的不确定性，为投机资金进入有色金属市场短期逐利起到了推波助澜的作用。

（4）货币流动性的泛滥为有色金属金融化提供了良好的流动性环境。

有色金属金融化与全球流动性泛滥呈现出紧密联系。自 2004 年以来，全球货币流动性呈现超发趋势，从而为投机炒作提供了良好的资金条件，特别是美国为应对次贷危机，先后推出三轮量化宽松货币政策，这种非常规操作更增加了流动性，导致美元贬值，这些富余资金大量涉足黄金、铜等有色金属期货市场，增大了有色金属价格的波动幅度；与此同时，为了应对由于国际金融危机爆发所导致的经济增速下滑，我国政府启动了 4 万亿经济刺激计划，这也加速了货币供给量的迅速增加，2008 年 M2 存量为 47.5 万亿元，而到 2016 年底，这一数字已经达到 155.01 万亿，平均年增长速度达到 15.9%。此外，在全球范围内的利率水平也较低，可以有效降低投机资金的炒作成本，在此背景下，有色金属金融化趋势逐步增强。

2.2　考虑金融化因素的有色金属期货定价理论模型

2.2.1　有色金属市场传统定价模型

由于存货在某种程度上能有效反映供给方与需求方对价格的均衡影响（Merino et al.，2005），有色金属存货水平的变化能够反映有色金属价格走势的短期变化。因此，传统的有色金属定价模型主要基于供需基本面，是为存货模型。

存货水平对有色金属价格影响的机理如下：存货是有色金属整体供求差额的一种存在形式，它的存在，可以促进有色金属市场供求平衡。当存货是被主动增加时，存货就视为一种需求变化，会增加市场上的有效需求，而此时供给不变，那么有色金属价格将随着上涨；而当存货减少时，存货就变成一种供给形式，会增加市场上的有效供给，而此时需求未发生变化，因此有色金属价格将随之下降。

平狄克（Pindyck，1994）提出了一个纳入供给、需求等变量的存货模型，本书依据此模型来考察其对有色金属等大宗商品价格的影响，当有色金属等大宗商品市场需求增加时，也会导致存货需求增加，持有一定存货可以使生产者在应对市场变化时，降低生产调整成本并保证货物充足供应，也就是说，当市场需求增加时，生产者就会出售部分存货来降低生产成本，需求下降时，则倾向增加库存。因此，库存可以充当供给与需求不匹配时的一个缓冲器。

在此存货模型中，市场出清价格由供给、需求以及存货综合决定。根据存货模型，市场出清价格是由生产、消费和存货水平变化共同决定。

其中，现货价格由相对存货（RIN_t）估计得到（Ye et al.，2002），而相对存货等于实际存货（IN_t）与最优存货（IN_t^*）的差值，用公式表示为：

$$RIN_t = IN_t - IN_t^* \qquad (2-1)$$

在此理论模型中，一个重要的假设是市场价格变化是由供需不匹配决定的，也就是说相对存货的变化会导致价格波动。价格变化与相对存货水平间的关系可以用如下公式表示：

$$P_t = \alpha + \sum b_i RIN_{t-1} + \varepsilon_t \qquad (2-2)$$

其中，ε_t 是误差项，代表除供需因素以外的其他因素影响（Pindyck，1994），也被梅里诺和奥尔蒂斯（Merino and Ortiz，2005）命名为价格溢价。

将上述理论模型应用于有色金属，可以发现，有色金属价格变动既取决于现货市场，也取决于存货市场，是两者均衡的结果。在现货市场上，由于存货的存在性，市场出清价格是现货价格与存货水平共同作用的结果；而在存货市场上，边际便利收益（即持有存货的获利）与存货需求共同决定了均衡价格。

图2-3刻画了现货市场和存货市场中出清价格的形成机制。在现货市场中，当有色金属市场需求增加时，会导致净需求函数向上移动，从 F_1 移动到 F_2，此时市场出清价格取决于存货水平：当进行生产规模调整以匹配市场需求时，在净需求不变的情况下，价格将由 P_1 上升至 P_3；若不调整生产规模，由于存货水平的市场缓冲作用，价格则只由 P_1 上升至 P_2。而在存货市场中，由于存货需求对现货市场价格较为敏感以及市场未来不确定性的增加，会使得存货需求曲线上移，此时便利收益取决于存货变化，当存货水平维持不变时，便利收益将由 ψ_1 上升至 ψ_2；当存货水平倾向于增加时，则最终的便利收益将定格在 ψ_1 与 ψ_2 之间。

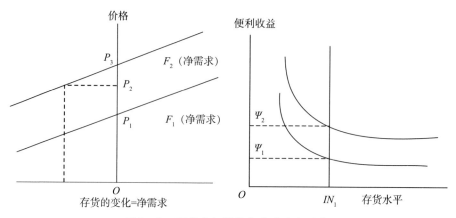

图 2 - 3　现货市场均衡与存货市场均衡

在综合前人研究的基础上，平狄克（2001）厘清了存货水平（IN_t）、现货价格（P_t）与期货价格（F_t）三者之间的作用关系。通过引入便利收益，便利收益 = 期货价格 -（现货价格 + 存货价格）（Pindyck，1994）。依据净便利收益的符号变化，期货价格可能高于现货价格，也可能低于现货价格。当然，上述构建的存货模型一个重要前提是市场参与者都是理性的，然而在现实中，往往存在一些投机行为等非理性因素，这些非理性行为的影响包含在误差项 ε_t 中（Pindyck，2001）。

2.2.2　有色金属金融化对定价机制的影响

有色金属的传统定价机制主要依赖供需平衡，随着有色金属金融化趋势的增强，有色金属定价机制发生了重大转变，这主要表现为期货定价逐渐成为有色金属的主导定价方式，期货市场通过价格发现功能的发挥，引导有色金属现货价格。

随着投机资本大举涉足有色金属期货市场，有色金属期货市场与现货市场的界限逐步消失，有色金属期货价格与现货价格的联动性逐步增强，由于金融投机现象的出现以及有色金属市场金融化趋势的增强，仅考虑供需基本面因素的传统存货模型很难有效解释有色金属价格波动。投机者的行为与套期保值者的行为模式不同，套期保值者重在锁定或对冲风险，而投机者则通过单向买进或卖空有色金属期货合约或衍生品，通过有色金属绝对价格波动短期牟利。在此背景下，期货价格决定于多空两方面的力量对比，在交易实践中，实际供需信息也会成为交易的参考，但在实物交割比重较小的情况下，有色金属期货价格已经脱离供需基本面，供需基本面信息的决定性作用在减弱，金融投机行为对有色金属期货价格的影响作用不断扩大，也就是说，有色金属期货市场的持仓量、交易量等新因素会对有色金属期货价格产生重要影响。总之，由于金融化现象的出现，传统存货模型须纳入金融化因素，才能有效解释有色金属期货价格波动。

2.2.3　考虑金融化因素的存货模型的改进

接下来本书将金融化因素纳入有色金属市场定价模型中，对存货模型进行拓展，构建区别于传统的仅考虑供需因素的有色金属市场存货模型。

卡尔多（Kaldor，1939）、沃金（Working，1949）提出了存货理论，该理论的核心思想是期货与现货价格的同期联系由净存货费用决定，同时该理论的一个改进之处在于引进了便利收益的概念，便利收益的提出使得该理论对于解释有色金属价格更具效力，这主要是由于有色金属具有稀缺性、战略性等特殊属性。在考虑存货成本，同时设置无套利机会前提下，期货价格和现货价格之间的同期关系可以表示为：

$$F_{t,T} = S_t(1 + r_{t,T}) + c_{t,T} - \psi_{t,T} \qquad (2-3)$$

其中 $F_{t,T}$ 为期货价格，设定目前时间为 t，交割时间为 T；S_t 为现货价格，$r_{t,T}$ 为时间段内［t，T］买入现货所付出资金的机会成本，$c_{t,T}$ 为持有成本，$\psi_{t,T}$ 为便利收益。如果等式左边小于右边，表示便利收益为正，当正的便利收益达到一定程度时，现货持有人的收益就会远大于套期保值和存货成本之和。因此存货理论的检验实质上是对便利收益进行检验。

根据平狄克（1994）的研究成果，其将净便利收益率（$\psi_{t,T}$）进一步设定为存货水平（IN_t）、现货价格（S_t）与预期需求（E_{t+1}）这三者的函数：

$$\psi_{t,T} = \psi\left[S_t，IN_t，E_{t+1}\right] \qquad (2-4)$$

并且函数 ψ 符合以下特性：

当 $\psi_s > 0$ 时，ψ 以 S_t 的速度同步增长，这主要是由于当有色金属现货价格越高时，持有现货也就会获得更好的便利收益。

当 $\psi_{IN} < 0$ 时，ψ 将会以 IN_t 的速度同步下降，这主要是由于存货水平下降会使单位边际便利收益增加。

当 $\psi_E < 0$ 时，ψ 将会以 E_{t+1} 的速度同步增加，这主要是当预期需求增加时，持有现货也将会获得更高的便利收益。

联立式（2-3）和式（2-4）有：

$$F_{t,T} = S_t(1 + r_{t,T}) + c_{t,T} - \psi\left[S_t，IN_t，E_{t+1}\right] \qquad (2-5)$$

其中，在有效市场，同时不存在套利的前提下，有色金属期货价格与有色金属现货价格、无风险利率呈现正相关关系，而与预期供需基本面呈现负相关关系。

但当由于有色金属金融化趋势增强，有色金属市场投机活动增多时，投机活动以及其所产生的价格操纵会导致有色金属期货价格偏离供需基本面。在此种情况下，有色金属期货价格可以表示为：

$$F_{t,T}^0 = F_{t,T} + \varepsilon_t^F \qquad (2-6)$$

其中，$F_{t,T}$ 为无套利条件下的有色金属期货价格，而误差项 ε_t^F 代表 t 时刻下的有色金属期货价格与无套利条件下有色金属期货价格的差，也代表有色金属期货市场中的投机行为。

结合式（2-5）和式（2-6）有：

$$F_{t,T}^0 = S_t(1 + r_{t,T}) + c_{t,T} - \psi[S_t,\ IN_t,\ E_{t+1}] + \varepsilon_t^F \qquad (2-7)$$

据此，本书可以进一步估计有色金属期货价格与现货价格间的价差：

$$Spread = F_{t,T}^0 - S_t = -\psi[S_t,\ IN_t,\ E_{t+1}] + S_t(1 + r_{t,T}) + \varepsilon_t^F \quad (2-8)$$

式（2-8）可以直观显示有色金属期货价格与现货价格的差额由两部分因素共同决定：供需基本面与投机因素，并且供需基本面对价差呈现负向影响，而投机行为对价差具有正向影响。

2.3 有色金属价格波动的关键金融化因素

在有色金属金融化背景下，依据前文文献，利率变动、石油美元、投机、金融衍生工具都会对有色金属供求、美元汇率、有色金属市场投机产生影响，进而造成有色金属价格的波动。图2-4识别了关键金融化因素对有色金属价格波动的影响效应，以及金融化因素之间的互动关系。

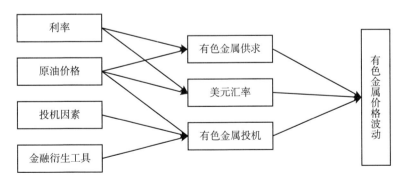

图2-4 金融化因素对有色金属价格波动的影响机理

2.3.1 金融投机对有色金属价格波动的影响

一般来讲,金融投机行为会在短期内造成有色金属价格大涨大跌,从行为模式上讲,其通过投机金融衍生品并进而影响有色金属价格波动主要通过做多和卖空两种路径,在这两种路径下,有色金属价格也会做出大幅上涨或大幅下跌的响应。

做多的具体操作路径为,当一部分投机者预期未来有色金属价格会上涨时,于是会大量使用自有资金投资有色金属期货,此时别的投机者也会跟风买进,从而使得有色金属市场的买方力量大大增强,直接导致现有有色金属期货价格上涨;同时,由于形成了未来有色金属价格上涨的预期,这也会通过市场联动作用对现货市场产生重要影响,现货市场上的投资者也会跟风买进,使得市场上的需求增加,导致市场整体供不应求,进而也推动有色金属现货价格上涨。卖空的具体操作路径为:当一部分投机者预期未来有色金属价格会下跌时,于是会在有色金属期货市场上大量抛售有色金属期货,由于风险恐惧,此时,别的投资者也会跟风卖空,从而使得有色金属市场的卖方力量大大增强,直接导致现有有色金属期货价格下跌;同时,由于形成了未来有色金属价格下跌的预期,这也会通过市场联动作用对现货市场产生影响,现货市场上的投资者也会对该预期做出减少购买量的反应,使得市场上的需求下降,导致市场整体供过于求,进而也推动有色金属现货价格下降。可见,金融投机因素在影响国际有色金属价格波动的传导路径中,市场预期和羊群行为起到了关键性作用。而在实践中,投机行为一般是由国际大型金融集团引发的,进而通过放大效应影响普通投资者预期,从而达到操纵有色金属价格,进而获得短期利润的目的。

2.3.2　美元汇率对有色金属价格波动的影响

由于美元是有色金属国际贸易的计价货币与结算货币，美元汇率的变化将对有色金属价格波动产生重要影响，这种影响效应主要是通过以下路径：第一，美元是当今最具影响力的国际货币，衡量美元与其他货币汇率变化的美元指数是国际资金流动的指挥棒，国际有色金属贸易通常也以美元计价与结算，美元币值的变动在某种程度上能反映有色金属的成本，因此美元币值的变动当然会直接影响国际有色金属价格波动；第二，美元汇率的变动会直接对有色金属供求关系产生重要影响，在生产过程中，其成本通常会以本币计价，在美元贬值的情况下，也就意味着本币升值，这会增加有色金属的生产成本，在其他条件不变的情况下，这无疑会影响有色金属供给；此外，在美元贬值的情况下，也就意味着非美元货币的升值，会增加其购买力，从而刺激有色金属的需求，在供给下降、需求上升的情况下，两方面综合作用会造成有色金属价格上涨；第三，美元汇率的变化也会通过投资组合的变化影响有色金属价格波动，当美元贬值时，人们很大可能会抛售美元，而这些抛售的资金则会流入收益相对较大的有色金属衍生品市场，形成做多效应，在预期效应与羊群效应的驱动下，投资者普遍倾向于购买有色金属期货，这将进一步助推有色金属期货价格的不断上涨。

2.3.3　利率冲击对有色金属价格波动的影响

对于利率冲击对有色金属价格波动的影响，本书依据弗兰克尔（Frankel，2014）的套利模型，对两者之间的关系进行理论推导。

当市场上存在一个长期均衡价格时，经济主体就会比较现有有色金属价格与均衡价格，当两者出现偏差时，就会预期这个偏差会缩小，直至回归均衡价格。假设目前有色金属价格的调整速度恒定，则有：

$$E[\Delta(s-p)] = E[\Delta q] = -\theta(q - \bar{q}) \qquad (2-9)$$

通过简单移项得到：

$$E(\Delta s) = -\theta(q - \bar{q}) + E(\Delta p) \qquad (2-10)$$

其中，s 是即期价格，p 表示物价水平，$q = s - p$ 代表实际价格，$\bar{q}$ 代表长期均衡价格，θ 是价格调整速度。

依据存货模型，存货水平的确定是通过比较持有存货的收益与出售的收益确定，当价格达到市场均衡水平时，两者在数值上相等：

$$E(\Delta s) + c = i, \ c = cy - sc + rp \qquad (2-11)$$

其中，i 是名义利率，cy 代表持有存货的便利收益率，sc 为存货成本，$rp = (f - s) - E(\Delta s)$ 代表风险溢价，f 是与利率 i 等期限的期货价格。

为进一步在理论上阐述利率与有色金属价格之间的联系，将式（2-10）代入式（2-11），得到：

$$-\theta(q - \bar{q}) + E(\Delta p) + c = i \qquad (2-12)$$

进而得到：

$$q = \bar{q} - (1/\theta)(i - E(\Delta p) - cy + sc - rp) \qquad (2-13)$$

式（2-13）表明了有色金属的实际价格，相对于其长期均衡水平，与实际利率负相关。当利率变动时，融资成本的变动也会引起价格变动，同时，利率会通过影响有色金属供求对价格产生影响，帕加诺（Pagano，2012）梳理了利率冲击对有色金属价格影响的三种路径。其一为存货渠道。在有色金属实物交易中，当市场利率下降时，也会同时降低存货持有的机会成本，此时会增大有色金属需求，从而推升有色金属价格。郑尊信和徐晓光（2013）也指出利率会由均衡库存量调整间接通过便利收益和边际风险厌恶成本影响预期有色金属价格变动；其二为供给渠道。

这主要是通过影响生产者的经济行为实现，当市场利率下降时，生产者的库存成本也会同时降低，这样会挫伤他们积极扩大生产的积极性，从而通过减少供应抬升有色金属价格；其三为财务渠道。这主要是通过影响投机者的经济行为实现，当市场利率下降时，也就意味着资金成本会降低，投机者会倾向借贷资金进行有色金属投机，从而推动有色金属价格上涨。可见，利率一般与有色金属价格呈负相关关系，利率下降，会推升有色金属价格。值得一提的是，作为利率水平的代表，联邦基金利率与美元汇率呈现出高度正相关性，从而利率水平也会通过美元汇率渠道对有色金属价格波动产生影响。

2.3.4　原油价格对有色金属价格波动的影响

原油与有色金属同属于重要的大宗商品组别，两者具有价格联动性，原油价格主要是通过以下渠道影响有色金属价格波动。第一为成本渠道，原油作为最重要的原材料，其渗透到有色金属生产、冶炼、加工及销售的各个方面，原油成本是有色金属各个阶段成本的重要组成部分，在成本定价驱动下，原油价格上涨或下跌将直接影响有色金属总成本，进而影响有色金属价格波动；第二为"石油美元"渠道，"石油美元"机制的存在强化了石油与美元汇率的关系，从而间接影响有色金属价格波动。在原油价格高涨的前提下，投资者将获得的巨额美元收益投资于金融市场，从而获得高回报，在当前汇率机制下，"石油美元机制"的存在将促使美元贬值，从而抬升有色金属价格。第三为期货渠道，由于原油期货及其衍生品交易量大，认可程度高、流动性好，并且与国民经济关系密切，因此其是大宗商品期货的重要风向标，在原油期货合约价格上涨的情况下，由于联动作用与风向标作用，有色金属期货价格也会很大程度上跟着上涨，这将进一步通过期货的价格发现功能促进有色金属现货价格上涨。

2.4　金融化因素对有色金属价格波动的作用机制

金融化因素是如何影响有色金属价格波动的？收益和风险的关系是有色金属资产定价的核心，事实上，正如资本资产定价模型（CAPM）所描述的一样，对未来价格的不确定性越高，随着风险的增大，为弥补不可分散风险，对收益回报的要求也越高，在此基础上，罗伯特（Robert，1971）提出了跨期资本资产定价模型（ICAPM），投资者对资产进行定价，不仅涉及系统性风险，还涉及对未来投资机会变化的预期，由各种因素或"状态变量"作为代理变量。但是，这两种模型都没有考虑收益的序列相关性，在本书中，首先借鉴西法雷利和帕拉迪诺（Cifarelli and Paladino，2010）、李梓然等（Li et al.，2013）以及田利辉和谭德凯（2015），将有色金属市场的投资者划分为理性投资者和非理性投资者两类，其中理性投资者的行为对应于向供需基本面回归的波动，而非理性投资者的行为则对应于有色金属价格进一步偏离基本面的波动。本书结合 ICAPM 模型，并将投资者的非理性行为纳入 CAPM 模型。

理性投资者的需求受一个简化的风险收益认知主导，他们依据对未来收益的合理预测进行投资，并在它们预期有较高收益时持有一部分有色金属资产，这个理念符合 CAPM 原则。理性投资者的需求可由如下公式表达：

$$Q_t = \frac{E_{t-1}(r_t) - \alpha}{u_t} \qquad (2-14)$$

Q_t 是理性交易者持有的有色金属需求的比例，$r_t = \Delta s_t$ 是第 t 期的事后回报率，也就是有色金属现货价格 s_t 的一阶差分，α 是无风险利率。风险溢价 u_t 是有色金属收益条件方差 σ_t^2 的函数，其关系表达式为：

$$u_t = u(\sigma_t^2) \qquad\qquad (2-15)$$

并且 $u > 0$。当 $Q_t = 1$ 时，公式（2 - 14）转化为标准的 CAPM 模型，并且：

$$E_{t-1}(r_t) = \alpha + u(\sigma_t^2) \qquad\qquad (2-16)$$

对于非理性交易者的有色金属需求则遵循如下式子：

$$I_t = \gamma r_{t-1} \qquad\qquad (2-17)$$

I_t 是持有的有色金属份额，当 $\gamma > 0$ 时，将会导致追涨行为，交易者将会继续买（当前期价格变化率为正的时候）；当 $\gamma < 0$ 时，将会导致杀跌行为，交易者将会继续卖（当前期价格变化率为负的时候）。

市场平衡时意味着 $I_t + Q_t = 1$，并且：

$$E_{t-1}(r_t) - \alpha = u(\sigma_t^2) - \gamma [u(\sigma_t^2)] r_{t-1} \qquad\qquad (2-18)$$

依据上述理性交易者与非理性交易者行为模式的不同，本书借鉴田利辉和谭德凯（2015）的研究，将金融化因素对有色金属价格波动的具体作用机制划分为导向作用和放大作用两类。

2.4.1　金融化因素的导向作用

金融化因素的导向作用是针对理性交易者的行为而言，以跨市投资者为传递渠道，由于最初的股票市场等金融市场与有色金属等商品市场的相对独立性，有色金属等商品被纳入投资组合资产，在有色金属等商品市场和股票市场等金融市场之间形成了资金流动，使得两者的相关性大大提高。随着有色金属金融化趋势的增强，在金融化因素的作用下，股票市场等金融市场在收益和风险上均对有色金属市场表现出类似风向标的导向作用。对于理性交易者，其持有有色金属资产是为了对冲股票市场风险，并按照一定对冲比例构造有色金属和股票的投资组合。导向作用也具体分为收益导向与风险导向，在收益导向上，依据汤珂和熊伟

（Tang and Xiong，2012）的研究，当股票价格上涨时，金融投机者在追加股票市场投资的同时，也会增加有色金属的投资，从而使得金融化因素通过股票市场对有色金属价格收益率产生一定的导向作用。在风险导向上，依据尤布卡辛和罗伯（Buyuksahin and Robe，2011）的研究，当预期股票市场风险上升时，金融投机者为缓解流动性压力，在投资组合中将被迫对有色金属等商品资产进行抛售，从而使得有色金属等商品市场的风险上升，造成股票市场对有色金属市场的风险溢出，使得金融化因素通过股票市场对有色金属价格波动率产生一定的导向作用。依据上述分析，本书提出如下理论假设1：

假设1：金融化因素通过股票市场对有色金属价格波动存在导向作用，这种导向作用不仅反映在收益率上，也反映在风险上。

2.4.2　金融化因素的放大作用

金融化因素的放大作用是针对非理性交易者的行为而言，这些非理性交易者行为中，比较典型的是羊群行为。依据比克坎达尼和沙玛（Bikhchandani and Sharma，2000）的研究，羊群行为是指交易者在做投资决策时，不信任或放弃自己的决策信息，而选择盲目依赖和跟随其他交易者进行投资的行为。随着有色金属金融化趋势的增强，金融投资者大量涉足有色金属市场，羊群般地进行同一投资行为，追涨杀跌，导致有色金属价格与基本面严重偏离，造成有色金属价格暴涨暴跌。尤布卡辛和罗伯（2011）的研究发现，金融交易者存在羊群行为等一系列非理性行为，进一步造成了有色金属等商品价格与供需基本面的偏离。西法雷利和帕拉迪诺（2010）和托基奇（Tokic，2011）从理论上论证了原油交易者的正反馈交易等非理性行为会造成油价大幅波动。田利辉等（2015）实证验证我国工业金属市场始终存在着羊群行为。为此，本书将金融化因素通过羊群行为导致的有色金属价格波动称之为放大作用，并提出如下理论假设2：

假设2：金融化因素通过羊群行为对有色金属价格波动存在放大作用。

2.5　考虑金融化因素的有色金属价格波动行业传导机制

凯丽安（Kilian，2009）将油价波动分解为三个成分：供给冲击、经济总需求冲击与预防性需求冲击。21世纪以来，随着美联储允许大型金融机构及国际资本涉足有色金属等大宗商品市场交易，有色金属市场的金融化程度不断加深，为了考察金融化因素导致的有色金属价格波动对有色金属行业的影响，本书拓展凯丽安（2009）的研究框架，将预防性需求冲击分解出金融投机冲击和其他预防性需求冲击，金融投机冲击代表了金融化因素的影响，并且本书采用桑德斯等（Sanders et al.，2004），范英和徐俊华（Fan and Xu，2011）的计算方式，用非商业交易持仓的占比（NCPP）来衡量金融投机，接下来本书将导致国际有色金属价格波动的结构性冲击分解为供给冲击、经济需求冲击、金融投机冲击与其他预防性需求冲击，并分析涵盖金融投机冲击的这四种冲击的行业传导机制。

有色金属供给冲击是指能够对产量产生影响并带来有色金属价格波动的因素，预防性需求冲击指为防止未来有色金属价格波动，通过进行库存调整而对需求产生影响并带来有色金属价格波动的因素，金融投机冲击是对供求因素的预期和金融市场投机引发有色金属价格波动的因素。事实上，这三种冲击都是通过成本效应影响产出与价格，因此可划分为一类，区别在于供给冲击推动有色金属价格上涨是通过产量减少，而金融投机冲击与预防性需求冲击推动金属价格上涨是通过产量增加导致的。在这三种冲击下，有色金属价格波动带来的成本变化会传递到有色金属行业，成本上涨会压缩企业的利润空间，阻碍企业扩大生产，造成产出下降和价格上升。而经济需求冲击是指对世界有色金属需求产生影响并带来有色金属价格波动的世界经济因素，由于它是由外部需求冲击导致的，并且有色金属价格的正向需求冲击一般是在繁荣的经济环境下发生的，会造成产出上升和价格上升。

但无论是成本效应还是需求效应（钱浩祺，2014），价格传递是通过产业链完成的，本书以产品特点及在产业链中的位置两个维度作为划分依据，将有色金属产业链划分为三类（如图 2 - 5 所示）：

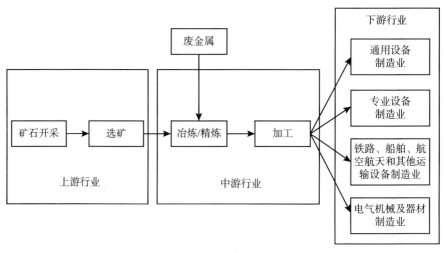

图 2 - 5　有色金属产业链

上游行业：主要是开采行业，提供资源品，主要是有色金属矿采选业；

中游行业：主要是冶炼加工行业，提供中间品，主要是有色金属冶炼及压延加工业；

下游行业：主要是金属终端消费行业，生产终端消费品，包括通用设备制造业、专用设备制造业、铁路、船舶、航空航天和其他运输设备制造业、电气机械及器材制造业等。

在成本效应下，供给冲击与预防性需求导致的有色金属价格上涨会提升行业生产成本，进而导致商品价格上涨。在传导路径上成本冲击会沿着上游往下游进行正向传导，并且力度不断减弱（吴力波等，2011；钱浩祺等，2014）。在市场成熟且自由的前提下，成本冲击沿着产业链的正向传导会很顺畅，上中下游行业的价格也会均衡的上涨。但在我国市场，由于存在价格管制，这使得价格调整非常粘滞，并且在产业链不同环节的行业具有不同的传导时滞，因此对有色金属产业链不同环节的传导效应也会具有差异性。

而需求效应的作用方向则相反，当经济需求冲击发生后，它会沿着下游往上游进行传导。传导速度取决于产业链各个环节产量调整的速度，假设库存在长期不会偏离平均水平，那么产业链各个环节产量调整的速度越快，需求冲击的传导速度也就越快（吴力波等，2011；钱浩祺等，2014）。由于我国市场存在需求不足，因此，需求冲击效应也会存在行业差别。图2-6列出了四种不同来源的国际有色金属价格冲击在上中下游行业的传导机制。

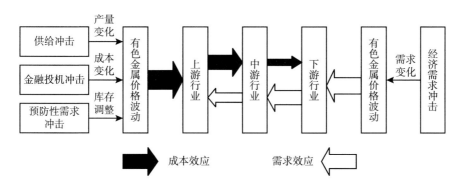

图2-6　考虑金融化因素的有色金属价格波动在上中下游行业的传导机制

2.6　本章小结

随着有色金属金融化趋势的增强，有色金属的定价机制发生重大变化，金融化因素越来越重要。本章依据商品价格金融决定论，首先从供需基本面与金融面厘清了有色金属市场金融化形成的内在机理，并对传统存货模型进行拓展，构建了考虑金融化因素的有色金属市场定价模型，认为在金融化背景下，有色金属价格由基本面因素和非基本面因素（有色金属期货市场投机部分）共同决定。接着本章从金融投机、利率冲击、美元汇率以及原油价格四个维度梳理了金融化因素对有色金属价格波动的影响机理；在此基础上，建立了金融化因素导向和放大作用的分析范式，具体提出了金融化因素影响有色金属价格波动的作用机制，以深入考察有色金属价格波动金融化因素的微观机理，此外，本章还将金融化因素纳入有色金属价格波动冲击体系，在宏观层面考察考虑金融化因素的有色金属价格波动的行业传导机制，这些理论分析工作为下面开展实证分析奠定了基础与前提。

第3章

有色金属金融化的测度及实证检验

自进入 21 世纪以来，有色金属价格波动频繁而剧烈，图 3 − 1 展示了铜、铝期货在 2000 ~ 2016 年的价格走势。不难看出，2000 年 1 月 ~ 2006 年 5 月，有色金属市场处于一个大牛市，铜、铝期货价格分别从 18 310 元/吨、16 270 元/吨最高上涨至 82 000 元/吨、23 740 元/吨，各自上涨了 3.48 倍、45.91%；接着就是一轮有色金属价格暴跌时期，至

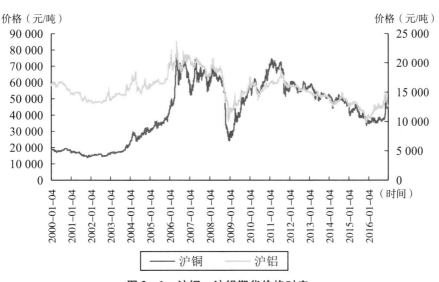

图 3 −1　沪铜、沪铝期货价格时序

2008 年底时，铜、铝期货价格分别骤降至 24 140 元/吨、11 170 元/吨。接着又出现了快速反弹，至 2011 年 7 月分别达到次峰值 72 750 元/吨、18 560 元/吨，并从此进入一轮下行周期。

由此本书提出问题：有色金属是否存在金融化现象？金融化程度有多高？因为只有有色金属金融化了，那么金融化因素才能通过期货市场影响有色金属定价机制，使得价格呈现剧烈波动状态，从而对我国有色金属行业产生不利冲击。此外，如果存在金融化趋势，我国有色金属市场的金融化程度相较国际有色金属市场孰高孰低？是受国际因素还是国内因素的主导？厘清这些问题，既是研究有色金属价格波动金融化因素的必要前提，也可为认清有色金属金融化风险的显隐性状态，科学防范金融化不利影响提供新的线索。

基于此，本书遵循汤珂和熊伟（Tang and Xiong，2012）提出的检验方法，通过构建动态条件相关的多元 GARCH（DCC - MVGARCH）模型，从有色金属期货与股票资产的动态相关性这一微观层面对有色金属金融化进行测度，如果两者的相关性有着系统性上升，则代表金融化趋势增强，否则金融化趋势不显著。同时将中国有色金属期货市场纳入全球股票市场框架中，全景式考察中国有色金属期货市场与国际股票市场间的信息溢出效应，通过构建双边信息溢出指数，从微观层面定量测度中国有色金属市场的金融化程度，并采用滚动窗口检验考察中国有色金属金融化的动态特征与来源，在此过程中，本书还以国际有色金属期货市场为参照，比较分析国内外有色金属市场金融化程度的差异性。

3.1　有色金属金融化的测度

3.1.1　数据选取与处理

本书选取上海期货交易所的铜、铝期货作为有色金属期货的代表对我国有色金属金融化进行实证检验，关于股票资产则采用上证综合指数作为替代变量。本节数据为日度数据，样本区间为 2000 年 1 月 4 日至 2016 年 12 月 30 日，剔除节假日等样本数据后，共计 4 114 个样本值，数据来源为 Wind 数据库。上海期货交易所铜期货价格、铝期货价格以及上证综合指数的资产收益率通过对数差分方式计算，即 $r_t = \ln(p_t / p_{t-1})$，并分别记为 SCU、SAL 及 SH。其描述性统计如表 3 - 1 所示。

表 3 - 1　　　　　　　　　样本对数收益率序列描述性统计

类别	SCU	SAL	SH
均值（%）	0.022	0.0058	0.0192
标准差（%）	1.4316	0.9109	1.6352
偏度	- 0.3779	- 0.5488	- 0.3392
峰度	6.9244	10.1711	7.4978
J - B 统计量	2 737.212	9 019.324	3 545.849
P 值	0.0000	0.0000	0.0000

由表 3 - 1 可知，3 组对数收益率时间序列的均值都大于 0；从反映波动情况的标准差指标来看，上证指数收益率的波动最大，其次是沪铜

期货收益率，沪铝期货收益率的波动最小。从偏度来看，3 组收益率时间序列均为左偏。从峰度来看，3 组时间序列的峰度值均大于 3，表明其呈现"尖峰厚尾"分布，最后从 J - B 统计量可以看出，3 组时间序列在 1% 显著性水平下拒绝正态分布。

接下来本书采用 ADF 检验对 3 组资产收益率数据进行平稳性检验，结果如表 3 - 2 所示。

表 3 - 2   ADF 检验结果

变量	ADF 统计值	1% 显著性水平下临界值	5% 显著性水平下临界值	10% 显著性水平下临界值	P 值	平稳性
SCU	- 33.9425	- 3.9603	- 3.4109	- 3.1273	0.0000	平稳
SAL	- 62.6938	- 3.9603	- 3.4109	- 3.1273	0.0000	平稳
SH	- 62.6809	- 3.9603	- 3.4109	- 3.1273	0.0001	平稳

由表 3 - 2 可知，3 组收益率序列在 1% 显著性水平下拒绝存在单位根的原假设，表明各时间序列是平稳的，可以进一步进行实证分析。接着构建各时间序列的均值方程，并对其进行残差平方相关图检验，结果显示 Q 统计量都十分显著，表明各方程存在 ARCH 效应，具备了构建 GARCH 模型的条件。

3.1.2 有色金属与股票资产的动态条件相关性

本书采用 DCC - MVGARCH 模型来模拟分析我国有色金属期货与股票资产间的动态相关性，动态相关性越高，表明有色金属的金融化程度越高。DCC - MVGARCH 模型由恩格尔（Engle，2002）提出，该模型相对其他 GARCH 族模型可以允许各时间序列之间的相关系数随时间变化，同时模型系数易于估计，因此选用该方法。

设定向量 r_t 由铜、铝等有色金属期货与股票资产两组收益率序列构成，$r_t = (r_{1t}, r_{2t})'$，同时对滞后多项式 $A(L)$ 进行定义，即：

$$A(L)r_t = \mu + e_t \tag{3-1}$$

其中，e_t 代表误差修正向量。接着对 DCC 模型设置一系列假设：收益服从均值为 0，协方差矩阵为 $H_t = E[r_t r_t' \mid I_{t-1}]$ 的正态分布，方差矩阵则表述为：

$$H_t = D_t R_t D_t \tag{3-2}$$

其中对角矩阵 $D_t = diag[\sqrt{h_{1t}}, \sqrt{h_{2t}}]$ 是时变标准差矩阵，由单变量 GRACH(1, 1) 模型得到：

$$h_t = \alpha_0 + \alpha_1 \varepsilon_{t-1}^2 + \beta_1 h_{t-1} \tag{3-3}$$

R_t 是标准化收益 ε_t 的条件相关系数矩阵，$\varepsilon_t = D_t^{-1} r_t$

$$R_t = \begin{bmatrix} 1 & q_{12t} \\ q_{21t} & 1 \end{bmatrix} \tag{3-4}$$

矩阵 R_t 可以分解为：

$$R_t = Q_t^{*-1} Q_t Q_t^{*-1} \tag{3-5}$$

其中，Q_t 是标准化残差 ε_t 的时变协方差矩阵，Q_t^{*-1} 是 Q_t 对角元素的平方根矩阵：

$$Q_t^{*-1} = \begin{bmatrix} 1/\sqrt{q_{11t}} & 0 \\ 0 & 1/\sqrt{q_{22t}} \end{bmatrix} \tag{3-6}$$

接下来可以得到 DCC(1, 1) 模型：

$$Q_t = \omega + \alpha \varepsilon_{t-1} \varepsilon_{t-1}' + \beta Q_{t-1} \tag{3-7}$$

其中，$\omega = (1 - \alpha - \beta)\bar{Q}$，$\bar{Q} = E(\varepsilon_t \varepsilon_t')$ 是无条件方差矩阵，α 和 β 是 DCC 模型的系数，满足约束条件 $\alpha + \beta < 1$。

最后，有色金属期货市场与股票市场的动态条件相关系数设定为：

$$\rho_{12t} = q_{12t} / \sqrt{q_{11t}q_{22t}} \qquad (3-8)$$

对于 DCC – MVGARCH 模型参数的估计，主要采用两阶段最大似然估计法，似然函数的表达形式为：

$$L = -\frac{1}{2}\sum_{t=1}^{T}\left(2\log(2\pi) + 2\log(|D_t|) + \log(|R_t|) + \varepsilon_t' R_t^{-1}\varepsilon_t\right)$$

$$(3-9)$$

对于 DCC – MVGARCH 模型均值方程的设定，本书依据胡东滨和张展英（2012）以及保罗和埃里克（Paul and Eric，2013）等的研究，设定为如下形式：$r_{it} = u_i + \varepsilon_{it}$；关于模型滞后阶数的选择，先前文献表明，DCC(1，1) 模型对时间序列的拟合最适合，并且参数估计相对简洁，应用也最为广泛（Engle，2004），因此本书也参照设定为 DCC(1，1) 模型。最后采用 ARCH LM 对构建的模型的残差序列进行检验，结果发现 ARCH 效应已不存在，这表明本书关于 DCC – MVGARCH 模型的一系列设置是合理的。

在 DCC – MVGARCH 模型的参数估计上，本书采用两阶段最大似然估计法，并应用如下公式 $p = h_{ij} / \sqrt{h_i h_j}$ 来计算有色金属期货与股票资产间的时变相关系数。为了模拟两者之间相关系数的长期趋势，本书进一步结合吴昭华和黄诺顿（Wu and Huang，2004）提出的集成经验模态分解（EEMD）方法对有色金属期货与股票资产间的时变相关系数进行信号分解，在过滤掉波动成分后提取长期趋势成分。动态相关性结果及提取的 EEMD 趋势项如图 3 – 2 和图 3 – 3 所示。

由图 3 – 2 与图 3 – 3 可知，沪铜、沪铝与上证综合指数间的相关性呈现明显的时变性与阶段性特征，从 2003 年开始，国际流动性泛滥和指数化投资同时出现在有色金属期货市场上，使得我国铜、铝期货与股票资产均表现出了系统性的上升趋势，并分别在 2011 年左右达到极大值 0.5532 与 0.4756。这之后，随着美元加息以及去杠杆化趋势，我国有色金属期货与股票资产的动态相关性呈现下降趋势，并在 2015 年末达到极

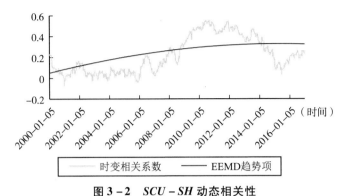

图 3 - 2 *SCU - SH* 动态相关性

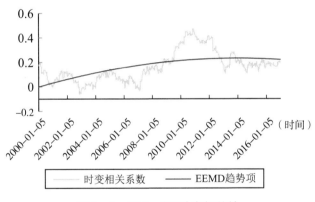

图 3 - 3 *SAL - SH* 动态相关性

小值。但由 EEMD 分解的趋势分量可知，目前沪铜与上证综合指数的相关性在 0.32 附近波动，沪铝与上证综合指数的相关性在 0.22 左右波动，并且整体都呈现上升趋势，长期趋势项对时变相关系数原序列的整体走势的影响很高，因此，如果没有发生系统性的重大冲击，我国铜铝两种有色金属期货与上证指数的相关性仍将在长期内保持上升趋势，呈现比较显著的金融化趋势。这种现象的出现主要是由于随着跨市场交易的增加以及跨市场信息的传播，有色金属期货市场与股票市场面临着一系列共同因素，如经济基本面、资金约束以及资金的"安全转移"等，从而导致了有色金属期货收益率与股票资产收益率的联动。但依据表 3 - 3 可知，沪铝与上证指数的时变相关系数平均值为 0.1656，相对沪铜与上证指数时变相关系数的平均值 0.2201 较低，表明我国铜期货市场的金融化程度要高于铝期货市场。

表 3 - 3　　　　　　　　时变相关系数描述性统计

类别	均值	标准差	偏度	峰度	JB 统计量	P 值
$SCU - SH$	0.2201	0.1719	0.4205	1.7763	377.8308	0.0000
$SAL - SH$	0.1656	0.1213	0.6567	2.7241	308.6685	0.0000

　为同国际有色金属市场比较我国有色金属市场的金融化程度，本书选取伦敦金属交易所铜、铝期货合约作为国际有色金属期货市场的代表，标准普尔 500 指数作为国际股票市场的代表。三者的资产收益率通过对数差分方式计算，分别记为 LCU、LAL 及 SP。动态相关性结果及提取的 EEMD 趋势项如图 3 - 4 和图 3 - 5 所示。

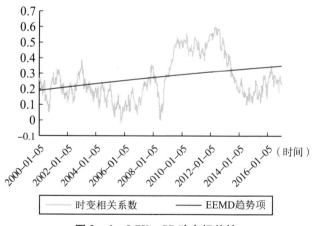

图 3 - 4　$LCU - SP$ 动态相关性

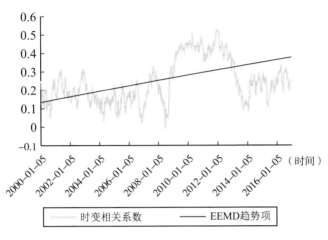

图 3 - 5　*LAL - SP* 动态相关性

由图 3 - 4 和图 3 - 5 可知，伦铜、伦铝与标准普尔 500 指数的动态相关性也呈现出系统性的上升趋势，并分别在 2012 年年初达到极大值 0.6006 与 0.5283。这之后国际有色金属期货与股票资产的动态相关性也呈现下降趋势，并在 2014 年初达到极小值。但由 EEMD 分解的趋势分量可知，目前伦铜与标准普尔 500 指数的相关性在 0.35 附近波动，伦铝与标准普尔 500 指数的相关性在 0.37 左右波动，并且整体都呈现上升趋势，长期趋势项对时变相关系数原序列的整体走势的影响很高。因此，如果没有发生系统性的重大冲击，国际铜铝两种有色金属期货与标准普尔 500 指数的相关性仍将在长期内保持上升趋势，金融化趋势明显。但依据表 3 - 4 可知，伦铜、伦铝与标准普尔 500 指数时变相关系数的平均值分别为 0.2648 与 0.2444，略大于沪铜、沪铝与上证指数时变相关系数的平均值 0.2201 与 0.1656，显示我国有色金属期货市场存在金融化现象，但是相较于国际有色金属期货市场，中国市场金融化程度要低；同时，沪铜、沪铝与上证指数时变相关系数的标准差要大于伦铜、伦铝与标准普尔 500 指数时变相关系数的标准差，显示我国有色金属期货市

场的金融化程度波动较大，这主要是因为我国有色金属期货市场发展的
成熟度较低，价格波动性较大。

表 3 - 4			时变相关系数描述性统计			
类别	均值	标准差	偏度	峰度	JB 统计量	P 值
LCU – SP	0.2648	0.1430	0.6081	2.3776	326.5742	0.0000
LAL – SP	0.2444	0.1186	0.5163	2.2653	281.0098	0.0000

3.2　有色金属金融化的形成来源

依据国内外学者的研究，关于有色金属金融化的形成，主要有直接
金融化与被动金融化两个来源。直接金融化主要以发达国家成熟的有色
金属期货市场为代表，随着金融管制的放松，金融资本大量涉足有色金
属期货市场，有色金属衍生品成为投资标的物，直接形成了有色金属金
融化趋势；被动金融化则以欠发达有色金属期货市场为代表，由于本国
缺乏直接形成有色金属金融化趋势的基础条件，但由于全球化趋势的发
展，国内外跨市场交易与信息传播的增加，通过国际金融化因素的主导，
在国际市场的带动下形成金融化趋势。

为进一步考察我国有色金属金融化的形成来源是直接金融化还是被
动金融化，本书将我国有色金属期货市场纳入全球市场体系，在统一框
架下研究包括中国股票市场在内的全球代表性股票市场对我国有色金属
期货市场的信息溢出效应，并通过计算信息溢出指数，定量测度国际股
票市场与我国股票市场在我国有色金属金融化形成过程中的相对重要性
与贡献程度，并采用滚动窗口检验构建全球股票市场与我国有色金属期
货市场动态溢出效应图，捕捉中国有色金属金融化的动态特征。

3.2.1　溢出指数模型

本书采用迪博尔德和伊尔马兹（Diebold and Yilmaz, 2009、2012）提出的溢出指数模型来定量测度国内外股票市场对我国有色金属期货市场的信息溢出效应。这个方法有着众多优越性，首先它能定性指示信息溢出效应的方向；其次它能定量测度信息溢出力度的具体数值，从而能比较各个市场在信息溢出效应中的相对重要性；最后它结合滚动窗口检验，能够有效模拟信息溢出效应的动态特征。接下来本书将对这个方法进行介绍：

溢出指数模型建立在 VAR 模型基础之上，首先本书构建一个滞后 P 阶的 K 变量 VAR 模型：

$$X_t = \sum_{i=1}^{p} \varphi_i X_{t-i} + \varepsilon_t \tag{3-10}$$

其中，$X_t = (x_{1,t}, \cdots, x_{N,t})'$，$\varphi_i$ 是 $K \times K$ 的系数矩阵，ε_t 是误差向量，它的均值为零，$\sum$ 为协方差矩阵表示。通过假设协方差是平稳的，可进一步将式（3-10）改写为如下形式：

$$X_t = \sum_{t=0}^{\infty} A_i \varepsilon_{t-i} \tag{3-11}$$

在式（3-11）中，A_i 是系数矩阵，并且 $A_i = \phi_1 A_{i-1} + \phi_2 A_{i-2} + \cdots + \phi_p A_{i-p}$；$A_0$ 为 $K \times K$ 维单位矩阵，且当 $i < 0$ 时，$A_i = 0$。

接下来将方差分解方法应用于 $\sum$，并对变量 x_j 对变量 x_i 的信息溢出效应定义为：x_i 的 T 步预测误差的贡献度来自 x_j 的冲击，其中 $i \neq j$。用数学公式表示为：

$$\theta_{ij}(T) = \sigma_{ij}^{-1} \sum_{t=0}^{T-1} (e_i' A_t \sum e_j)^2 / \sum_{t=0}^{T-1} (e_i' A_t \sum A_t' e_i) \tag{3-12}$$

其中，σ_{jj}^{-1} 表示第 j 个变量预测误差的标准差，e_i 是一个 $K \times 1$ 的向量。$\theta_{ij}(T)$ 表示变量 x_j 对变量 x_i 的信息溢出效应，将 $\theta_{ij}(T)$ 进行标准化得到如下式子：

$$\bar{\theta}_{ij}(T) = \theta_{ij}(T) / \sum_{j=1}^{N} \theta_{ij}(T) \qquad (3-13)$$

由此可得：$\sum_{j=1}^{N} \bar{\theta}_{ij}(T) = 1$ 和 $\sum_{i,j=1}^{N} \bar{\theta}_{ij}(T) = N$。通过式（3 - 13）推导出溢出指数模型的基本表达式：

$$S(T) = 100 \times \sum_{i,j=1,i \neq j}^{N} \bar{\theta}_{ij}(T) / \sum_{i,j=1}^{N} \bar{\theta}_{ij}(T) = 100 \times \sum_{i,j=1,i \neq j}^{N} \bar{\theta}_{ij}(T)/N$$

$$(3-14)$$

将方向指示纳入溢出指数模型，推导出定向溢出指数，变量 x_j 对变量 x_i 的定向溢出指数可以用如下式子表示：

$$S_{ij}(T) = 100 \times \bar{\theta}_{ij}(T) / \sum_{i,j=1}^{N} \bar{\theta}_{ij}(T) = 100 \times \bar{\theta}_{ij}(T)/N \quad (3-15)$$

3.2.2 中国有色金属市场与国际股票市场的信息溢出效应

本书依旧选取上海期货交易所的铜、铝期货作为我国有色金属期货的代表，至于国际股票市场数据，本书选取全球 20 个具有代表性的股票市场，这其中包括 9 个发达市场股票指数：美国 S&P500 指数、日本东京日经 225 指数、加拿大多伦多股票交易所 300 指数、英国伦敦金融时报 100 指数、法国巴黎 CAC40 指数、德国法兰克福 DAX 指数、荷兰 AEX 指数、澳大利亚普通股指数、中国香港恒生指数以及 11 个新兴市场股票指数：中国上证综合指数、韩国综合指数、新加坡海峡指数、马来西亚吉隆坡综合指数、泰国股票市场 SET 指数、印度孟买指数、巴西圣保罗指数、印尼雅加达综合指数、阿根廷指数、墨西哥 MXX 指数、俄罗斯 RTS 指数。样本区间为 2000 年 1 月至 2016 年 12 月，总计 204 组数据。20 个股票市场指数收益率通过公式 $R_t = InP_t - InP_{t-1}$ 计算，其中 R_t 为第 t 个交易月的收益率，P_t 为第 t 个交易月的收盘价，依次记为 USS、JAS、CAS、UKS、FRS、GES、HOS、AUS、HKS、CHS、KOS、SIS、MAS、THS、INS、BRS、IDS、ARS、MES 及 RUS。本书采用 ADF 检验对各变量的平稳性进行单位根检验，结果显示各变量在 1% 显著性水平上平稳。

依据 AIC 准则，本书对全球代表性股票市场及中国有色金属期货市场的收益率构建滞后一阶 VAR 模型。本书附录中附表 1 至附表 3 给出了分别基于 2 个月、6 个月和 12 个月内的溢出持续期，我国铜期货市场与全球代表性股票市场之间的信息溢出矩阵。可以发现，在 2 个月内，我国铜期货市场与全球代表性股票市场之间的收益率溢出指数为 64.12%，表明其存在显著的收益溢出效应。随着溢出持续期的增加，在 6 个月内，收益率溢出指数增加到 65.115%，12 个月后达到 65.117%，并渐趋稳定。分别基于 2 个月、6 个月和 12 个月内的考察期，在 2 个月内，我国铜期货市场受到全球代表性股票市场的影响程度为 47.404%，在 6 个月内影响程度为 49.808%，12 个月后达到 49.811%，显示全球代表性股票市场对我国期铜市场的信息溢出效应较为显著，我国期铜市场呈现出显著的金融化趋势。将全球代表性股票市场划分为国际股票市场与中国股票市场（不含港澳台，下同），可以发现，在 2 个月内，我国铜期货市场受到国际股票市场与中国股票市场的影响分别为 45.836% 与 1.568%，在 6 个月内，这一影响程度分别为 48.293% 与 1.515%，12 个月后则达到 48.296% 与 1.515%，也就是说我国期铜市场受国际股票市场的影响要高于我国股票市场，这个结果证明我国铜期货市场的金融化并非随中国铜期货市场的发展而出现，而是在国际有色金属期货市场金融化的带动下，表现出的被动金融化趋势，是缺少定价权的金融化。

此外，我国铜期货市场对全球代表性股票市场也具有一定影响，但影响力相对全球代表性股票市场对我国铜期货市场的影响程度较小，在2个月、6个月和12个月内分别仅为3.570%、4.092%及4.093%，我国期铜市场的净溢出为负，表明现阶段我国铜期货市场的跨市场影响力与国际影响力相对较弱。

从股票市场来源来看，在2个月内，我国铜期货市场受美国股票市场的影响最大，影响程度为12.690%，可见在短期内我国铜期货市场的"美国化"现象十分明显，其次是加拿大股票市场，其对我国期铜市场的影响程度为12.490%，泰国股票市场对我国铜期货市场的影响位居第三，其贡献率为4.667%，此外，我国铜期货市场受俄罗斯股票市场（4.054%）、澳大利亚股票市场（2.593%）、印度尼西亚股票市场（2.337%）的影响也较大，贡献率都超过中国股票市场的影响程度1.568%，构成我国铜期货市场金融化的主要来源国。但从6个月与12个月的中长期来看，这些国家股票市场的影响程度排名发生了一些变化，这主要表现在加拿大股票市场的影响程度开始超过美国股票市场，占据第一位，其影响程度为13.770%左右，成为我国铜期货市场第一金融化来源国，这主要是由于加拿大矿业资本市场发达的缘故。再看我国铜期货市场对各全球代表性股票市场的影响，可以发现，对所有20个股票市场的影响程度都较小，其中影响程度最大的为美国股票市场，但贡献率在2个月、6个月和12个月内也分别仅为0.474%、0.510%与0.510%。

本书附录中附表4至附表6给出了分别基于2个月、6个月和12个月内的溢出持续期，我国铝期货市场与全球代表性股票市场之间的信息溢出矩阵。可以发现，在2个月内，我国铝期货市场与全球代表性股票市场之间的收益率溢出指数为63.689%，表明其存在显著的收益溢出效应。随着溢出持续期的增加，在6个月内，收益率溢出指数增加到

64.711%，12 个月后达到 64.713%，并渐趋稳定。分别基于 2 个月、6
个月和 12 个月 3 个考察期，在 2 个月内，我国铝期货市场受到全球代表
性股票市场的影响程度为 35.367%，在 6 个月内影响程度为 37.877%，
12 个月后达到 37.881%，显示全球股票市场对我国铝期货市场的影响程
度比较显著，我国铝期货市场存在显著的金融化现象，但与铜期货市场
相比，受到的影响程度较低，显示我国铝期货市场的金融化程度较低，
这与前文的实证结果相一致。将全球代表性股票市场划分为国际股票市
场与中国股票市场，可以发现，在 2 个月内，我国铝期货市场受到国际
股票市场与中国股票市场的影响分别为 30.965% 与 2.402%，在 6 个月
内，这一影响程度分别为 35.535% 与 2.342%，12 个月后则达到 35.539%
与 2.342%，也就是说国际股票市场对我国铝期货市场的影响要远远大
于我国股票市场的影响，这也表明我国铝期货市场的金融化是被动金融
化。相较铜期货市场而言，我国铝期货市场受国际股票市场的影响程度
较低，这说明，金融化程度越高的有色金属，其受国外金融因素的影响
也越大，独立性也越差。

此外，我国铝期货市场对全球代表性股票市场也具有一定影响，但
影响力相对全球代表性股票市场对我国铝期货市场的影响程度较小，在
2 个月、6 个月和 12 个月内分别仅为 13.326%、14.108% 及 14.114%，
我国期铝市场的净溢出为负，表明现阶段我国铝期货市场的跨市场影响
力与国际影响力相对较弱。

具体从股票市场来源来看，我国铝期货市场受加拿大股票市场的影
响最大，在 2 个月、6 个月和 12 个月的考察期内影响程度分别为
9.479%、10.395% 和 10.396%，可见，无论是短期还是长期，我国铝
期货市场的"加拿大化"现象十分明显，加拿大构成我国铝期货市场金
融化的第一来源国；美国股票市场的影响次之，在 2 个月、6 个月及 12
个月内的贡献率分别为 3.698%、3.945% 和 3.945%；印度尼西亚股票

市场对我国铝期货市场的影响位居第三，在 2 个月、6 个月及 12 个月内其贡献率分别为 3.589%、3.479% 和 3.480%。上述 3 个股票市场构成我国铝期货市场金融化的主要来源国。再看我国铝期货市场对各全球代表性股票市场的影响，可以发现，对所有 20 个股票市场的影响程度都较小，其中影响程度最大的为泰国股票市场，但贡献率在 2 个月、6 个月和 12 个月内也分别仅为 1.823%、1.919% 与 1.919%。

进一步将全球代表性股票市场划分为亚洲、欧洲、美洲三个区域，以此考察我国有色金属期货金融化的区域来源。其中亚洲股票市场包括日本、澳大利亚、中国、中国香港、韩国、新加坡、马来西亚、泰国、印度、印度尼西亚 10 个股票市场；欧洲股票市场包括英国、法国、德国、荷兰、俄罗斯 5 个股票市场；美洲股票市场则包括美国、加拿大、巴西、阿根廷、墨西哥 5 个股票市场。表 3 – 5 给出了基于 2 个月、6 个月和 12 个月的溢出持续期的区域分布结果。

由表 3 – 5 可以看出，在 2 个月、6 个月及 12 个月的考察期内，我国铜期货市场受美洲股票市场的影响最大，其影响程度分别为 25.600%、27.395% 和 27.396%，超过亚洲股票市场的区域内溢出值 15.688%、15.868% 和 15.868%，也就是说，我国铜期货市场的金融化有 1/4 来自美洲股票市场，或者说美国、加拿大、墨西哥等美洲股票市场对于我国铜期货市场的传导占到 25% 左右。但我国铜期货市场对亚洲股票市场的影响程度最大，其贡献率在 2 个月、6 个月及 12 个月内分别为 1.838%、2.046% 和 2.047%，这表明我国铜期货市场的影响主要集中在本区域内部，对区域外的影响较低。至于我国铝期货市场金融化的区域分布，其主要来源于亚洲股票市场，在 2 个月、6 个月及 12 个月内其溢出值分别为 15.994%、16.910% 和 16.910%，这是因为沪铝期货市场与亚洲股票市场同处一个区域，信息传播速度相对较快，溢出规模也较大，这表明我国铝期货市场的金融化有 1/6 来自亚洲股票市场。但我国铝期货市场

对亚洲股票市场的影响则不是最大，而是美洲股票市场，其影响程度在
2个月、6个月及12个月内分别为4.994%、5.244%和5.244%，显示
我国铝期货市场对区域外股票市场的影响相对较大。

表3-5　　　　　　我国有色金属期货市场溢出的区域分布　　　　单位：%

类别	SCU						SAL					
	来自区域的溢出			对区域的溢出			来自区域的溢出			对区域的溢出		
	亚洲	欧洲	美洲	亚洲	欧洲	美洲	亚洲	欧洲	美洲	亚洲	欧洲	美洲
H = 2	15.688	6.116	25.600	1.838	0.739	0.993	15.994	3.705	15.668	4.720	3.612	4.994
H = 6	15.868	6.546	27.395	2.046	0.755	1.291	16.910	3.970	16.997	5.180	3.684	5.244
H = 12	15.868	6.547	27.396	2.047	0.755	1.291	16.910	3.973	16.998	5.184	3.685	5.244

注：H = 2，H = 6，H = 12分别表示2个月、6个月和12个月的溢出持续期。

此外，本书按照经济发展程度将全球代表性股票市场划分为发达股
市与新兴股市两组，以此进一步细化考察我国有色金属期货金融化的来
源。其中发达股市包括美国、日本、加拿大、英国、法国、德国、荷兰、
澳大利亚、中国香港9个股票市场；新兴股市则包括中国、韩国、新加
坡、马来西亚、泰国、印度、巴西、印度尼西亚、阿根廷、墨西哥、俄
罗斯11个股票市场。表3-6给出了基于2个月、6个月和12个月的溢
出持续期的经济水平分布结果。

由表3-6可以看出，我国铜期货市场在2个月内来自发达股市与新
兴股市的溢出值分别为31.420%与15.985%，在6个月内，溢出值分别
上升到33.638%和16.170%，至12个月稳定时，溢出值分别达到
33.640%与16.171%，显示发达股市对我国铜期货市场的影响要大于新
兴股市，我国铜期货市场的金融化有三分之一来自发达股市；但由于我
国铜期货市场发展较晚，其对发达股市与新兴股市的影响程度都较低，

从 12 个月的长期来看，其溢出值分别为 1.771% 与 2.323%，净溢出为负，再次表明我国铜期货市场的对外影响力较低，并且对新兴股市的影响要大于对发达股市的影响。

表 3 - 6　　　　　我国有色金属期货市场溢出的经济水平分布　　　　单位：%

类别	SCU				SAL			
	来自股市的溢出		对股市的溢出		来自股市的溢出		对股市的溢出	
	发达股市	新兴股市	发达股市	新兴股市	发达股市	新兴股市	发达股市	新兴股市
H = 2	31.420	15.985	1.591	1.979	19.113	16.254	6.620	6.707
H = 6	33.638	16.170	1.771	2.322	20.813	17.064	7.004	7.104
H = 12	33.640	16.171	1.771	2.323	20.816	17.065	7.006	7.108

注：H = 2，H = 6，H = 12 分别表示 2 个月、6 个月和 12 个月的溢出持续期。

我国铝期货市场在 2 个月内来自发达股市与新兴股市的溢出值分别为 19.113% 与 16.254%，在 6 个月内，溢出值分别上升到 20.813% 和 17.064%，至 12 个月内稳定时，溢出值分别达到 20.816% 与 17.065%，显示发达股市对我国铜期货市场的影响要大于新兴股市，我国铝期货市场的金融化有 1/5 来自发达股市；但我国铝期货市场对发达股市与新兴股市的影响程度要高于铜期货市场，从 12 个月的长期来看，其溢出值分别为 7.006% 与 7.108%，但净溢出仍为负，也表明我国铝期货市场的对外影响力较低，并且对新兴股市的影响要略大于对发达股市的影响。

前面溢出指数衡量的是整个样本期间我国有色金属市场与全球代表性股市的联动程度，无法反映市场间信息溢出的动态变化，为弥补前文静态研究的不足，本书接着进行溢出指数的滚动窗口检验，以 48 个月的观测区间作为滚动窗口，将样本区间划分为数个互相重叠的子样本区间，计算全球代表性股市对我国有色金属期货市场的信息溢出，进而观测溢出指数的动态变化，如图 3 - 6 和图 3 - 7 所示。其中时间轴表示各滚动窗口的截止日期，为检验全球代表性股市对我国铜铝金属期货市场溢出水平的时变特征，本书采用固定滚动窗口检验方法，根据 VAR 确定的滞后阶数，滞后阶数依旧选择 1 阶。

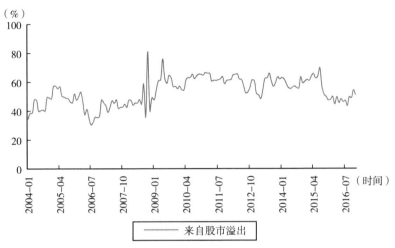

图 3 - 6 全球股市对我国铜期货市场的溢出

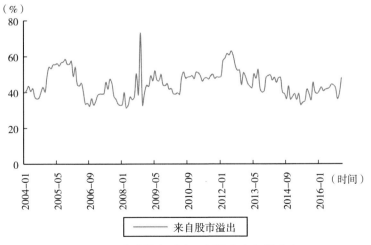

图 3 - 7 全球股市对我国铝期货市场的溢出

可见，全球代表性股市对我国有色金属期货市场的溢出水平均随时间变化显著，值得注意的是无论是对铜期货市场还是铝期货市场，在2008年下半年以及2011年末、2012年初均维持在高位，而这两个时间段正好处在2008年次贷危机和欧债危机期间，在次贷危机中，伴随着危机恶化，全球代表性股市对我国铜、铝期货市场的溢出在短时期内显著增强，分别出现80.95%以及73.02%的峰值，伴随着危机逐渐缓解，此次危机对溢出水平的影响逐渐减弱；之后随着欧债危机的爆发，对全球代表性股市与我国铜、铝金属期货市场的影响再一次加剧，导致溢出指数值迅速攀升，但溢出幅度小于次贷危机期间，分别达到65.63%与63.03%的次高值，这说明在危机期间，中国有色金属期货市场与国际股票市场的信息溢出效应显著，并且能对重大金融事件做出迅速反应，因此我国有色金属期货市场存在金融化现象。

将全球代表性股市划分为国际股市与中国股市两个类别，以此测度国际金融因素与国内金融因素对我国有色金属期货市场影响的动态趋势，如图3-8和图3-9所示。

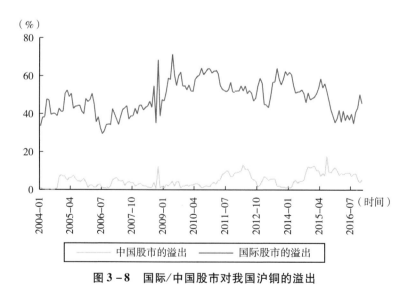

图3-8 国际/中国股市对我国沪铜的溢出

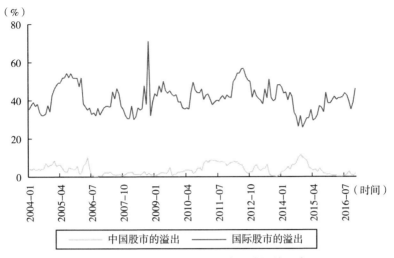

图 3 - 9　国际/中国股市对我国沪铝的溢出

由图 3 - 8 及图 3 - 9 可知，国际股票市场与中国股票市场对我国铜、铝期货市场影响的走势基本一致，并且在次贷危机与欧债危机期间，受到重大金融事件传染效应的影响，但整体来说，国际股票市场对我国有色金属期货市场的影响要大于中国股票市场的影响，其中国际股票市场对我国铜期货市场的溢出值在 30% ~ 70% 之间，对我国铝期货市场的溢出值主要分布在 30% ~ 60% 的区间内，而中国股票市场对我国铜期货市场的溢出值在 0 ~ 15% 之间，对我国铝期货市场的溢出值主要分布在 0 ~ 15% 的区间内，表明我国有色金属金融化的来源主要源于国际股票市场。

将全球代表性股票市场划分为亚洲、欧洲、美洲三个区域，以此考察我国有色金属期货市场金融化的区域来源的时变特征，图 3 - 10 及图 3 - 11 分别刻画了不同区域股市对我国铜、铝期货市场溢出指数的走势。

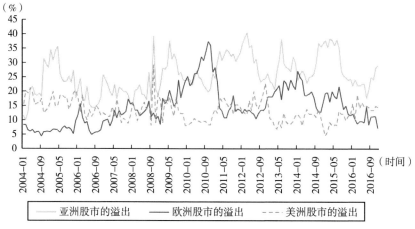

图 3 - 10　不同区域股市对我国铜期货市场的溢出

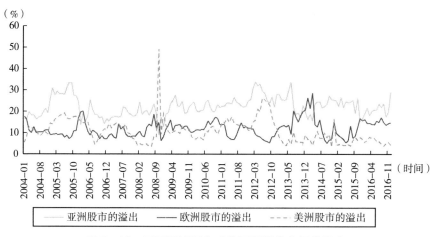

图 3 - 11　不同区域股市对我国铝期货市场的溢出

　　由图 3 - 10 可知，亚洲、欧洲、美洲三大区域的股市对我国铜期货市场的溢出值具有时变性，并且在绝大多数时间内，亚洲股市对我国铜期货市场的影响处于主导地位，但在 2004 年 1~4 月的样本区间内，美洲股市对我国铜期货市场的溢出值最大，而在 2009 年 12 月至 2011 年 1 月这段时间内，欧洲股市是我国铜期货市场金融化来源的第一区域。由

图 3 – 11 可知，我国铝期货市场在绝大多数样本时间内，受亚洲股票市场的影响最大，但在两个样本区间例外，在 2008 年下半年，受源自美国次贷危机的影响，美洲股票市场对我国铝期货市场的溢出指数在短期内大幅上升，达到 49.19%，远远超过亚洲股票市场的影响；此外，在 2013 年 12 月至 2014 年 3 月这段时间内，欧洲股票市场对我国铝期货市场的溢出值最大，成为我国铝期货市场最主要的金融化来源区域。

　　为了进一步研究全球代表性股票市场对我国有色金属期货市场的动态影响，同时考虑到不同国家和地区的经济发展状况存在差异性，因此我们依旧将 20 个代表性股市划分为发达股市与新兴股市两个类别，考察其影响程度的差异性。

　　由图 3 – 12 以及图 3 – 13 可以看出，发达股市与新兴股市对我国铜、铝期货市场的溢出指数在动态路径上没有显著差别，具有一定相关性。随着时间变换，均表现出显著的时变特征，但是在次贷危机与欧债危机期间，发达股市对我国铜、铝期货市场的信息溢出，均出现了一致的大

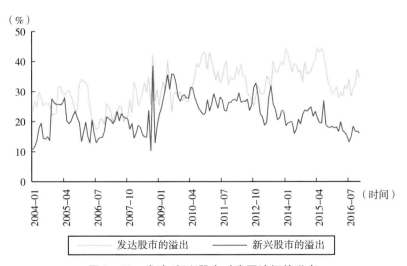

图 3 – 12　发达/新兴股市对我国沪铜的溢出

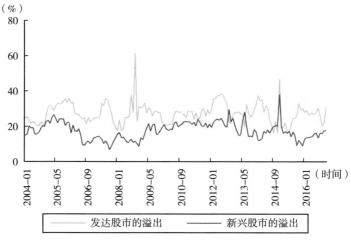

图 3 – 13　发达/新兴股市对我国沪铝的溢出

幅上升，而新兴股市对我国铜、铝期货市场的溢出值的上升则不显著，这说明在危机期间，重大金融事件对我国有色金属期货市场的传染效应主要来自发达股市。此外，总体来看，发达股市对我国有色金属期货市场的影响要略大于新兴股市的影响，显示发达股市在我国有色金属期货市场金融化来源中占据主导地位。

3.2.3　国际有色金属市场与国际股票市场的信息溢出效应

　　为了与国际有色金属期货市场金融化程度进行对比，本书选取伦敦金属交易所的铜、铝期货合约作为国际有色金属的代表，本书针对各个市场的收益率建立 VAR 模型，收益率 VAR 模型的滞后阶数依据 AIC 准则加以确定，为 1 阶。本书附录中附表 7 至附表 9 给出了分别基于 2 个月、6 个月和 12 个月内的溢出持续期，国际铜期货市场与全球代表性股票市场之间的信息溢出矩阵。可以发现，在 2 个月内，国际铜期货市场与全球代表性股票市场之间的收益率溢出指数为 64.262%，表明其存在显著的收益溢出效应。随着溢出持续期的增加，在 6 个月内，收益率溢出指数增加到 65.294%，12 个月后达到 65.296%，并渐趋稳定，上述结果均略高于我国铜期货市场与全球代表性股票市场之间的溢出指数值，表明国际铜期货市场与全球股市的联系比中国铜期货市场紧密。从定向溢出来看，分别基于 2 个月、6 个月和 12 个月 3 个考察期，在 2 个月内，国际铜期货市场受到全球代表性股票市场的影响程度为 49.972%，在 6 个月内影响程度为 52.124%，12 个月后达到 52.129%，显示股票市场对国际铜期货市场的影响程度要大于我国铜期货市场，我国铜期货市场的金融化程度低于国际铜期货市场；此外，国际铜期货市场对全球代表性股票市场的影响也要大于我国铜期货市场，其在 2 个月、6 个月和 12 个月内的溢出值分别为 7.399%、10.173% 及 10.179%。

本书附录中附表 10 至附表 12 给出了分别基于 2 个月、6 个月和 12 个月内的溢出持续期，国际铝期货市场与代表性国家股票市场之间的信息溢出矩阵。可以发现，在 2 个月内，国际铝期货市场与全球代表性股票市场之间的收益率溢出指数为 64.087%，表明其存在显著的收益溢出效应。随着溢出持续期的增加，在 6 个月内，收益率溢出指数增加到 65.068%，12 个月后达到 65.069%，上述结果均略高于我国铝期货市场与全球代表性股票市场之间的溢出指数值，表明国际铝期货市场与全球股市的联系比中国铝期货市场紧密。从定向溢出来看，分别基于 2 个月、6 个月和 12 个月 3 个考察期，在 2 个月内，国际铝期货市场受到全球代表性股票市场的影响程度为 44.911%，在 6 个月内影响程度为 46.959%，12 个月后达到 46.961%，显示全球股票市场对国际铝期货市场的影响程度比较显著，并且数值都高于全球股票市场对我国铝期货市场的影响，表明我国铝期货市场的金融化程度低于国际铝期货市场，但国际铝期货市场对全球代表性股票市场的影响要略小于我国铝期货市场，在 2 个月、6 个月和 12 个月内的溢出值分别为 12.005%、12.461% 及

12.462%。

　　进一步将全球代表性股票市场划分为亚洲、欧洲、美洲三个区域，以此考察国际有色金属期货市场金融化的区域来源。其中亚洲股票市场包括日本、澳大利亚、中国、中国香港、韩国、新加坡、马来西亚、泰国、印度、印度尼西亚10个股票市场；欧洲股票市场包括英国、法国、德国、荷兰、俄罗斯5个股票市场；美洲股票市场则包括美国、加拿大、巴西、阿根廷、墨西哥5个股票市场。表3-7给出了基于2个月、6个月和12个月的溢出持续期的区域分布结果。

表3-7　　　　　　　　国际有色金属期货市场溢出的区域分布　　　　　单位：%

类别	LCU						LAL					
	来自区域的溢出			对区域的溢出			来自区域的溢出			对区域的溢出		
	亚洲	欧洲	美洲	亚洲	欧洲	美洲	亚洲	欧洲	美洲	亚洲	欧洲	美洲
H = 2	12.877	6.411	30.684	4.001	1.391	2.007	8.585	5.654	30.672	5.078	3.024	3.903
H = 6	13.031	7.046	32.046	5.272	1.758	3.144	9.050	6.140	31.769	5.248	3.129	4.084
H = 12	13.034	7.050	32.046	5.276	1.758	3.145	9.051	6.141	31.768	5.249	3.129	4.084

　　注：H=2，H=6，H=12分别表示2个月、6个月和12个月的溢出持续期。

　　由表3-7可以看出，在2个月、6个月及12个月内的考察期内，国际期铜市场受美洲股票市场的影响最大，其影响程度分别为30.684%、32.046%和32.046%，高于我国期铜市场来自美洲股票市场的溢出值，也就是说，国际期铜市场的金融化有约1/3来自美洲股票市场，或者说美国、加拿大等美洲国家股票市场对于国际铜期货市场的传导占到30%左右。但国际铜期货市场对亚洲股票市场的影响程度最大，其贡献率在2个月、6个月及12个月内分别为4.001%、5.272%和5.276%，显示国际铜期货市场的对外影响力相对较大。至于我国铝期货市场金融化的区域分布，也主要来源于美洲股票市场，在2个月、6个月及12个月内其溢出值分别为30.672%、31.769%和31.768%，表明国际铝期货市场的金融化约有1/3来自美洲股票市场，显示国际有色金属期货市场的"美洲化"现象十分显著。此外，国际期铝市场对亚洲股票市场的影响则也是最大，其影响程度在2个月、6个月及12个月内分别为5.078%、5.248%和5.249%，显示国际期铝市场的国际化程度要高于我国。

此外，本书按照经济发展程度将全球代表性股票市场划分为发达股市与新兴股市两组，以此进一步细化考察我国有色金属期货市场金融化的来源。其中发达股市包括美国、日本、加拿大、英国、法国、德国、荷兰、澳大利亚、中国香港9个股票市场；新兴股市则包括中国、韩国、新加坡、马来西亚、泰国、印度、巴西、印度尼西亚、阿根廷、墨西哥、俄罗斯11个股票市场。表3－8给出了基于2个月、6个月和12个月的溢出持续期的经济水平分布结果。

表3－8　　　　　　国际有色金属期货市场溢出的经济水平分布　　　　单位：%

类别	LCU				LAL			
	来自股市的溢出		对股市的溢出		来自股市的溢出		对股市的溢出	
	发达股市	新兴股市	发达股市	新兴股市	发达股市	新兴股市	发达股市	新兴股市
H = 2	35.300	14.672	3.655	3.744	33.301	11.610	7.309	4.696
H = 6	37.323	14.801	4.780	5.393	35.274	11.685	7.616	4.845
H = 12	37.325	14.805	4.781	5.398	35.274	11.686	7.616	4.846

注：H=2，H=6，H=12分别表示2个月、6个月和12个月的溢出持续期。

由表3－8可以看出，国际铜期货市场在2个月内来自发达股市与新兴股市的溢出值分别为35.300%与14.672%，在6个月内，溢出值分别上升到37.323%和14.801%，至12个月稳定时，溢出值分别达到

37.325% 与 14.805%，显示发达股市对国际铜期货市场的影响要大于新兴股市，国际铜期货市场的金融化有超过 1/3 来自发达股市，并且与我国铜期货市场的金融化来源相比，发达股市的溢出值要高，但新兴股市的溢出值则略低；相比我国铜期货市场的对外溢出，国际铜期货市场对发达股市与新兴股市的影响程度都较高，从 12 个月的长期来看，其溢出值分别为 4.781% 与 5.398%，再次证明国际铜期货市场的国际影响力较高。

国际铝期货市场在 2 个月内来自发达股市与新兴股市的溢出值分别为 33.301% 与 11.610%，在 6 个月内，溢出值分别上升到 35.274% 和 11.685%，至 12 个月稳定时，溢出值分别达到 35.274% 与 11.686%，显示发达股市对国际铝期货市场的影响要大于新兴股市，国际铝期货市场的金融化有 1/3 来自发达股市，并且与我国铝期货市场的金融化来源相比，发达股市的溢出值要高，但新兴股市的溢出值则略低；相比我国铝期货市场的对外溢出，国际铝期货市场对发达股市的影响程度要高，但对新兴股市的影响程度则低，在 12 个月的溢出值分别为 7.616% 与 4.846%。

3.3　本章小结

本章遵循汤珂和熊伟（2012）提出的检验方法，通过构建 DCC - MVGARCH 模型，从有色金属期货与股票资产的动态相关性这一层面对有色金属金融化进行测度。同时将中国有色金属期货市场纳入全球股票市场框架中，全景式考察中国有色金属期货市场与国际股票市场间的信息溢出效应，通过构建双边信息溢出指数，从微观层面定量测度中国有色金属市场的金融化程度，并采用滚动窗口检验考察中国有色金属金融化的动态特征与来源，在此过程中，本书还以国际有色金属期货市场为参照，比较分析国内外有色金属市场金融化程度的差异性。可以发现：（1）从 2003 年开始，我国铜、铝等有色金属与股票资产的动态相关性出现了显著的上升趋势，表明我国有色金属期货市场存在明显的金融化现象，但不同有色金属品种之间的金融化程度呈现分层现象，我国铜期货市场的金融化程度要大于铝期货市场；此外，相对国际有色金属市场，我国有色金属的金融化程度相对较低，并且波动性较大。（2）我国有色金属期货市场与全球代表性股票市场之间的收益溢出效应显著，并且国际股票市场对我国有色金属期货市场的影响要远远大于我国内地股票市场的影响，这也表明我国有色金属期货市场的金融化并非随中国有色金属期货市场的发展而出现，而是在国际有色金属期货市场金融化的带动下，表现出的被动金融化趋势，是缺少定价权的金融化。（3）在我国有色金属期货市场金融化的来源上，加拿大、美国两国股票市场对我国有色金属期货市场的溢出占据前两位，显示我国有色金属期货市场的"加拿大化"与"北美化"现象十分显著。同时不同经济发展程度的股票市场也对我国有色金属市场的金融化影响具有差异性，相对来说，发达股市对我国有色金属期货市场的影响要大于新兴股市，我国铜铝期货市场的金融化分别约有 1/3 与 1/5 来自发达股市。（4）我国有色金属的金融化呈现出时变特征，在金融危机期间，我国有色金属期货市场与国际股票市场的信息溢出效应在短期内显著增强，并且能对重大金融事件做出迅速反应，这也有力证明我国有色金属金融化的存在性。上述结论为下文研究有色金属价格波动金融化因素的微观机理与行业效应提供了必要前提。

第4章

有色金属价格波动金融化因素
影响效应的实证分析

随着大宗商品金融化趋势的增强，在金融化市场条件下，投机资金大量涉足有色金属期货市场，助推有色金属价格大涨大跌成为有色金属市场的新现象。在考察有色金属波动的影响因素时，以往研究往往基于线性视角，即把有色金属价格波动特征及其影响因素视作一个区制（钟美瑞等，2016）。但在有色金属金融化背景下，不仅仅要考虑供需因素，更要考虑金融化因素以及金融化因素与供需因素的相互关系，因此有色金属价格波动机理更为复杂，日益呈现出非线性波动模式，此时传统线性框架的模拟效果便大打折扣，需要从不同市场状态下考虑金融化因素对有色金属价格波动的非线性影响效应。

为了解决以上问题，本书在第2章提取有色金属价格波动关键金融化因素以及第3章实证检验有色金属金融化存在性的基础上；考虑到有色金属价格波动的周期性特征及金融化因素与供需因素交织影响的新特性，通过马尔科夫区制转换的向量自回归（MS－VAR）模型构建金融化因素影响国际有色金属价格波动的非线性框架，实证分析金融化因素对国际有色金属价格波动的非线性动态影响，并考察不同市场走势中金融化因素影响的差异性，同时为保证研究的完整性，本书还引入供需因素，实证比较金融化因素与供需因素在有色金属价格波动中的相对重要性，从而为有针对性提出有效应对有色金属金融化政策建议提供政策着力点。

4.1　金融化因素与有色金属价格波动的非线性关系检验

4.1.1　样本选择与数据来源

本书构建的数据集包括国际期铜价格（P_CU）、国际期铝价格（P_AL）、全球精炼铜产量（$GRCP$）、全球精铝产量（$GRAP$）、全球精炼铜消费量（$GRCC$）、全球精铝消费量（$GRAC$）、中国铜进口量（CCI）、中国铝进口量（CAI）、期铜投机（$NCPP$）、期铝投机（$TOUJI$）、联邦基金利率（FFR）、广义美元指数（BDI）以及原油价格（COP）的月度数据，铜样本区间为 2004 年 8 月至 2016 年 10 月，铝样本区间为 2006 年 8 月至 2016 年 9 月。变量的选择主要是依据凯丽安（2009）的研究框架，其将国际油价的变化分解为石油供给冲击、经济需求冲击以及预防性需求冲击，遵循其思路，并借鉴张倩（Qian，2012）、陈美秀等（Chen et al.，2016）的研究，本书将金融投机纳入分解框架，将国际有色金属价格波动分解为供给冲击、经济需求冲击、金融投机冲击以及预防性需求冲击，并从这四个层面来选择影响因素。其中本书选择伦敦金属交易所的铜、铝期货收盘价代表国际铜、铝期货价格的波动，依据胡春艳等（Hu et al.，2017）的研究，全球铜供应和需求的变化分别采用国际铜研究组织（ICSG）提供的全球精炼铜产量与消费量数据，本书也采用全球精铝产量与消费量来测度铝供应与需求。此外，为反映"中国需求"的变化，本书依据李智等（2014）的研究，选择中国铜、铝进口量来代表

"中国因素"，这些数据来自中国国家海关提供的铜矿石及精矿、氧化铝的进口月度数据。关于金融化的度量，本书采用桑德斯等（2004），樊颖和徐嘉华（2011）的计算方式，用铜非商业交易持仓的占比（$NCPP$）来衡量铜金融投机，计算如下：

$$NCPP_t = \frac{NCL_t + NCS_t + 2NCSP_t}{2TOI_t} \qquad (4-1)$$

其中 NCL，NCS 和 $NCSP$ 分别表示非商业性多头头寸，空头头寸和套利头寸，TOI 表示总未平仓头寸。数据来自商品期货交易委员会（CFTC）。而对于铝金融化的替代变量，由于 CFTC 没有公布相关数据，本书依据俞剑和陈宇峰（2014），由于投机行为会通过国际铝市场的存货水平间接传导至国际铝价市场，因此本书采用全球铝市场的存货水平代替，记为 $TOUJI$。此外，本书也根据相关文献以及理论框架，选择其他金融化因素加入，依据安祖伊尼等（Anzuini et al.，2013）的研究，本书使用联邦基金利率作为利率的代理变量；依据樊颖和徐嘉华（2011）的研究，美元汇率的变化可由美联储发布的美元指数来衡量，它可以衡量美元对一揽子外币的汇率变化。关于石油价格变量，由于西德克萨斯中质原油（WTI）的原油期货价格通常被认为是全球石油价格市场的一个很好的替代指标（Fan et al.，2011），因此本书采用 WTI 原油价格进行实证分析。国际铜、铝期货价格，联邦基金利率，广义美元指数和 WTI 原油价格的数据来自 Wind 数据库。为了消除异方差，除了铜金融投机和联邦基金利率之外的所有变量都用自然对数表示。

4.1.2　单位根检验

当使用最小二乘法进行 VAR 参数估计时，非平稳解释变量的存在可能导致伪回归问题（Granger et al.，1974）。为了解决这个问题，本书采用应用最广泛的平稳性检验方法——ADF 来检验每个选定变量的单位根的存在性，然后选择平稳变量进行 MS - VAR 分析。

表 4 - 1 显示了单位根检验的结果。结果表明，在 10% 的显著性水平下，NCPP 是平稳的，而其他变量则不平稳，但是其一阶差分序列在 5% 显著性水平下都是平稳的，因此本书选取国际铜、铝期货价格，全球精炼铜产量，全球精铝产量，全球精炼铜消费量，全球精铝消费量，中国铜、铝进口量，联邦基金利率，广义美元指数和原油价格的一阶差分序列作为实证分析数据。

表 4 - 1 　　　　　　　　　　　　　　　ADF 单位根检验

变量	原序列 ADF 检验			一阶差分序列 ADF 检验		
	t 值	P 值	结论	t 值	P 值	结论
P_CU	- 2. 5846	0. 6572	不平稳	- 7. 8162	0. 0000	平稳
P_AL	- 2. 8852	0. 1711	不平稳	- 7. 5270	0. 0000	平稳
GRCP	- 1. 8722	0. 6634	不平稳	- 4. 7043	0. 0011	平稳
GRAP	- 2. 5055	0. 3251	不平稳	- 15. 5384	0. 0000	平稳
GRCC	- 2. 7858	0. 2052	不平稳	- 4. 8893	0. 0005	平稳
GRAC	- 1. 1129	0. 7092	不平稳	- 14. 8020	0. 0000	平稳
CCI	- 0. 6251	0. 8603	不平稳	- 16. 9930	0. 0000	平稳
CAI	0. 5446	0. 8323	不平稳	- 13. 6220	0. 0000	平稳
NCPP	- 3. 1602	0. 0967	平稳	—	—	—
TOUJI	- 1. 0054	0. 9386	不平稳	- 3. 7308	0. 0240	平稳
FFR	- 1. 1212	0. 7066	不平稳	- 5. 0658	0. 0000	平稳
BDI	- 1. 2891	0. 8866	不平稳	- 8. 1800	0. 0000	平稳
COP	- 2. 6552	0. 2569	不平稳	- 8. 1779	0. 0000	平稳

4.1.3　BDS 检验

本书采用 BDS 方法来验证各个影响因素与国际有色金属价格之间是否存在非线性关系。BDS 检验是最受欢迎的非线性检验之一（Broock et al.，1996），它用于检验存在线性关系的零假设，并且用来估计去除线性结构后的残差。本书采用乔卓等（2009）的作法，通过构建 VAR 模型过滤掉模型各变量的线性成分，然后提取各变量的残差进行非线性关系检验。

对于影响因素与国际期铜价格的非线性关系判定，本书针对 P_CU 与 $GRCP$、P_CU 与 $GRCC$、P_CU 与 CCI、P_CU 与 $NCPP$、P_CU 与 FFR、P_CU 与 BDI、P_CU 与 COP 分别建立滞后三阶、滞后一阶、滞后二阶、滞后一阶、滞后一阶、滞后一阶、滞后二阶 VAR 模型，各 VAR 系统回归后的残差提取分布如图 4 - 1 ~ 图 4 - 7 所示。

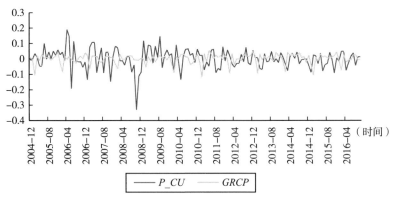

图 4 - 1　P_CU 与 $GRCP$ 的 VAR 残差分布

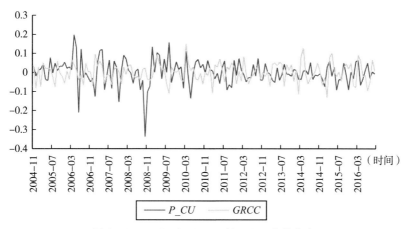

图 4 - 2　*P_CU* 与 *GRCC* 的 VAR 残差分布

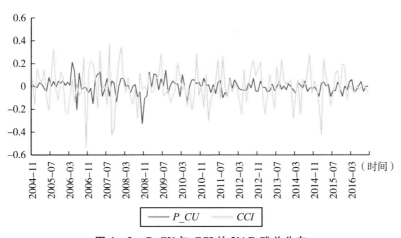

图 4 - 3　*P_CU* 与 *CCI* 的 VAR 残差分布

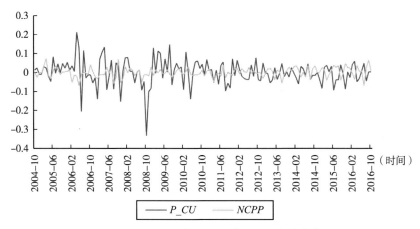

图 4 - 4   *P_CU* 与 *NCPP* 的 VAR 残差分布

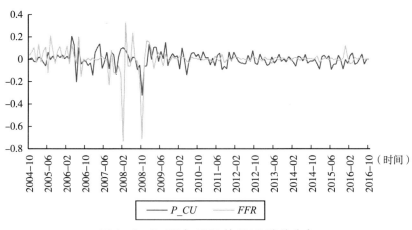

图 4 - 5   *P_CU* 与 *FFR* 的 VAR 残差分布

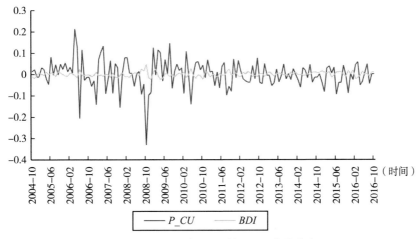

图 4 – 6　*P_CU* 与 *BDI* 的 VAR 残差分布

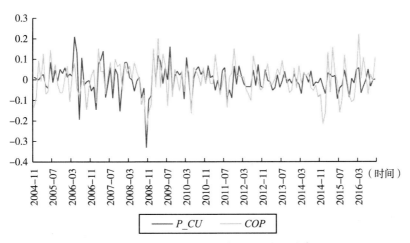

图 4 – 7　*P_CU* 与 *COP* 的 VAR 残差分布

对于各个影响因素与国际期铝价格的非线性关系判定，本书针对 *P_AL* 与 *GRAP*、*P_AL* 与 *GRAC*、*P_AL* 与 *CAI*、*P_AL* 与 *TOUJI*、*P_AL* 与 *FFR*、*P_AL* 与 *BDI*、*P_AL* 与 *COP* 分别建立滞后一阶、滞后一阶、滞后二

阶、滞后一阶、滞后一阶、滞后一阶、滞后一阶 VAR 模型，各 VAR 系统回归后的残差提取分布如图4-8~图4-14所示。

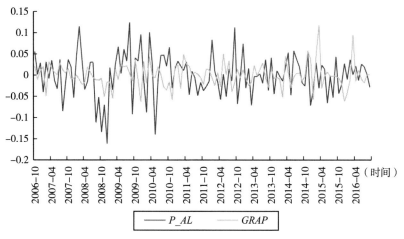

图 4-8 *P_AL* 与 *GRAP* 的 VAR 残差分布

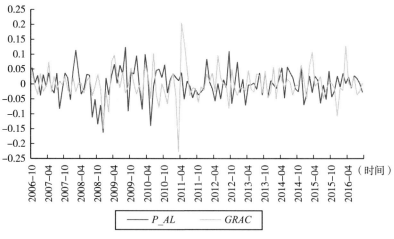

图 4-9 *P_AL* 与 *GRAC* 的 VAR 残差分布

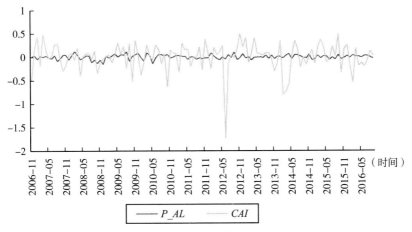

图 4 – 10　*P_AL* 与 *CAI* 的 VAR 残差分布

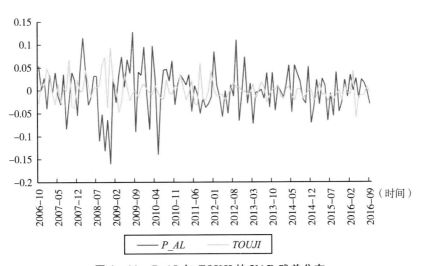

图 4 – 11　*P_AL* 与 *TOUJI* 的 VAR 残差分布

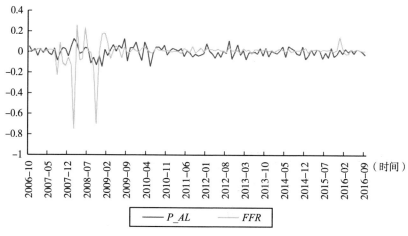

图 4 – 12　*P_AL* 与 *FFR* 的 VAR 残差分布

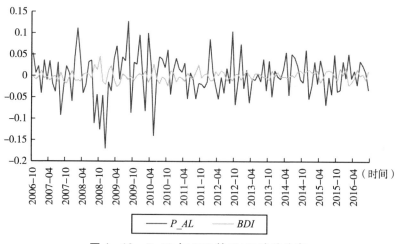

图 4 – 13　*P_AL* 与 *BDI* 的 VAR 残差分布

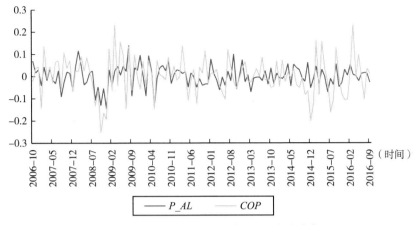

图 4 - 14 P_AL 与 COP 的 VAR 残差分布

接下来本书对 BDS 检验进行介绍，BDS 的数学原理是"相关积分法"。给定时刻 s、t 的观察值分别为 y_s 和 y_t，并对观测值进行配对，配对过程遵循如下规则：

$$\{(y_s, y_t), (y_{s+1}, y_{t+1}), (y_{s+2}, y_{t+2}), \cdots, (y_{s+m-1}, y_{t+m-1})\}$$

$$(4-2)$$

其中，m 表示嵌入区间。ε 的共有概率可表示为 $c_m(\varepsilon)$ 概率。在独立同分布的零假设下共有概率 $c_m(\varepsilon)$ 是每对概率 $c_1(\varepsilon)$，$c_2(\varepsilon)$，…的简化：

$$c_m(\varepsilon) = \prod_{i=1}^{m} c_i(\varepsilon) = [c_1(\varepsilon)]^m \qquad (4-3)$$

在样本数 n 给定的情况下，要进行估计，就需通过满足 ε 条件的数对的数量和所有被观察数对：

$$c_{m,n}(\varepsilon) = \frac{2}{(n-m+1)(n-m)} \sum_{s=1}^{n-m+1} \sum_{t=s+1}^{n-m+1} \prod_{j=0}^{m-1} I_\varepsilon(y_{s+j}, y_{t+j}) \quad (4-4)$$

其中 I_ε 为示性函数：

$$I_\varepsilon(x, y) = \begin{cases} 1 & falls\ |x-y| \leqslant \varepsilon \\ 0 & sonst \end{cases} \qquad (4-5)$$

$c_{m,n}$基于"相关积分项"的角度进行定义。通过"相关积分项"，BDS 检验统计量可表示为：

$$\mathrm{BDS}(m,\ n,\ \varepsilon) = \frac{c_{m,n}(\varepsilon) - [c_{1,n-m+1}(\varepsilon)]^m}{\sigma_{m,n}(\varepsilon) / \sqrt{n-m+1}} \qquad (4-6)$$

其中：

$$\sigma_{m,n}^2(\varepsilon) = 4\left\{ k^m + 2\sum_{j=1}^{m-1} k^{m-j}c_1^{2j} + (m-1)^2 c_1^{2m} - m^2 k c_1^{2m-2} \right\}$$

$$k_n(\varepsilon) = \frac{2}{n(n-1)(n-2)} \sum_{t=1}^{n} \sum_{s=t+1}^{n} \sum_{r=s+1}^{n}$$

$$\{I_\varepsilon(y_t,\ y_s)I_\varepsilon(y_s,\ y_r) + I_\varepsilon(y_t,\ y_r)I_\varepsilon(y_r,\ y_s) + I_\varepsilon(y_s,\ y_t)I_\varepsilon(y_t,\ y_r)\}$$

当假定"时间序列 y_t 为独立同分布"时，此时 BDS 检验统计量趋于标准正态分布：

$$\mathrm{BDS}(n,\ m,\ \varepsilon) \to N(0,\ 1) \qquad (4-7)$$

在实际操作中，嵌入维度和标准差的选取对检验结果有较大影响，本书选择的嵌入维度是 6，标准差选取 0.7 倍值。

各个影响因素与国际期铜价格的 BDS 检验结果如表 4-2 和表 4-3 所示。

表 4-2　　基于 VAR 系统各个影响因素变量的残差 BDS 检验

影响因素变量	嵌入维度	检验值	P 值
GRCP	2	0.0014	0.4368
	3	0.0002	0.7881
	4	0.0006	0.0438
	5	0.0002	0.0379
	6	4.33E-05	0.1388
GRCC	2	0.0005	0.6428
	3	-0.0012	0.0226

续表

影响因素变量	嵌入维度	检验值	P 值
GRCC	4	− 0. 0003	0. 1126
	5	− 0. 0003	0. 0000
	6	− 7. 47E − 05	0. 0000
CCI	2	0. 0029	0. 0687
	3	0. 0011	0. 1339
	4	5. 16E − 05	0. 8473
	5	0. 0002	0. 0045
	6	5. 33E − 05	0. 0260
NCPP	2	− 0. 0002	0. 8908
	3	− 0. 0006	0. 4172
	4	− 0. 0002	0. 4435
	5	− 0. 0002	0. 0369
	6	− 7. 54E − 05	0. 0009
FFR	2	0. 0535	0. 0000
	3	0. 1107	0. 0000
	4	0. 1837	0. 0000
	5	0. 2337	0. 0000
	6	0. 2633	0. 0000
BDI	2	0. 0083	0. 1419
	3	0. 0244	0. 0071
	4	0. 0353	0. 0011
	5	0. 0381	0. 0008
	6	0. 0399	0. 0003
COP	2	0. 0077	0. 1674
	3	0. 0260	0. 0035
	4	0. 0398	0. 0002
	5	0. 0448	0. 0000
	6	0. 0464	0. 0000

表4-3 基于 VAR 系统国际期铜价格的残差 BDS 检验

影响因素变量	嵌入维度	检验值	P 值
GRCP	2	0.0179	0.0063
	3	0.0367	0.0005
	4	0.0465	0.0002
	5	0.0463	0.0004
	6	0.0446	0.0004
GRCC	2	0.0184	0.0085
	3	0.0429	0.0001
	4	0.0591	0.0000
	5	0.0633	0.0000
	6	0.0629	0.0000
CCI	2	0.0188	0.0075
	3	0.0414	0.0002
	4	0.0552	0.0000
	5	0.0589	0.0000
	6	0.0583	0.0000
NCPP	2	0.0211	0.0029
	3	0.0458	0.0000
	4	0.0598	0.0000
	5	0.0627	0.0000
	6	0.0627	0.0000
FFR	2	0.0142	0.0450
	3	0.0365	0.0013
	4	0.0519	0.0001
	5	0.0567	0.0001
	6	0.0580	0.0000
BDI	2	0.0218	0.0023
	3	0.0469	0.0000

影响因素变量	嵌入维度	检验值	P 值
BDI	4	0.0609	0.0000
	5	0.0635	0.0000
	6	0.0634	0.0000
COP	2	0.0190	0.0093
	3	0.0411	0.0004
	4	0.0540	0.0001
	5	0.0556	0.0001
	6	0.0541	0.0001

　　BDS 检验的结果显示：在 5% 的显著性水平下，大部分 BDS 统计量可以拒绝各个影响因素与国际期铜价格之间为线性关系的原假设，并认为各影响因素对国际期铜价格的影响存在非线性影响。

　　各个影响因素与国际期铝价格的 BDS 检验结果如表 4 - 4 和表 4 - 5 所示。

表 4 - 4　　基于 VAR 系统各个影响因素变量的残差 BDS 检验

影响因素变量	嵌入维度	检验值	P 值
GRAP	2	0.0203	0.0111
	3	0.0374	0.0034
	4	0.0465	0.0024
	5	0.0441	0.0061
	6	0.0378	0.0154
GRAC	2	0.0241	0.0074
	3	0.0357	0.0135
	4	0.0431	0.0131

续表

影响因素变量	嵌入维度	检验值	P 值
GRAC	5	0.0461	0.0116
	6	0.0426	0.0167
CAI	2	− 0.0002	0.8701
	3	− 0.0007	0.8221
	4	− 0.0011	0.8281
	5	− 0.0018	0.8111
	6	− 0.0018	0.8597
TOUJI	2	0.0296	0.0010
	3	0.0559	0.0001
	4	0.0714	0.0000
	5	0.0823	0.0000
	6	0.0871	0.0000
FFR	2	0.1232	0.0000
	3	0.2150	0.0000
	4	0.2781	0.0000
	5	0.3186	0.0000
	6	0.3371	0.0000
BDI	2	0.0039	0.5250
	3	0.0203	0.0385
	4	0.0328	0.0050
	5	0.0383	0.0017
	6	0.0360	0.0023
COP	2	0.0204	0.0023
	3	0.0471	0.0000
	4	0.0598	0.0000
	5	0.0716	0.0000
	6	0.0754	0.0000

表 4 – 5　　　　基于 VAR 系统国际期铝价格的残差 BDS 检验

影响因素变量	嵌入维度	检验值	P 值
GRAP	2	0.0072	0.3312
	3	0.0240	0.0440
	4	0.0335	0.0190
	5	0.0366	0.0146
	6	0.0375	0.0101
GRAC	2	0.0077	0.2986
	3	0.0248	0.0358
	4	0.0346	0.0143
	5	0.0374	0.0115
	6	0.0377	0.0086
CAI	2	0.0060	0.3965
	3	0.0228	0.0424
	4	0.0335	0.0129
	5	0.0368	0.0092
	6	0.0368	0.0071
TOUJI	2	0.0076	0.3096
	3	0.0252	0.0338
	4	0.0357	0.0119
	5	0.0379	0.0105
	6	0.0391	0.0063
FFR	2	0.0055	0.4626
	3	0.0220	0.0632
	4	0.0337	0.0173
	5	0.0381	0.0103
	6	0.0412	0.0042
BDI	2	0.0010	0.8884
	3	0.0163	0.1660

影响因素变量	嵌入维度	检验值	P 值
BDI	4	0.0223	0.1134
	5	0.0257	0.0812
	6	0.0277	0.0521
COP	2	0.0061	0.4015
	3	0.0205	0.0774
	4	0.0315	0.0236
	5	0.0364	0.0126
	6	0.0359	0.0111

BDS 检验的结果显示：在 5% 的显著性水平下，大部分 BDS 统计量可以拒绝各个影响因素与国际期铝价格之间为线性关系的原假设，并认为各影响因素对国际期铝价格的影响存在非线性影响。

4.2 非线性 MS－VAR 模型构建

MS 模型是一个非线性计量经济模型，它由汉密尔顿（Hamilton，1989）提出，被学者们用来模拟宏观经济时间序列的非线性行为（Hansen，1992；Goodwin，1993；Gray，1996；Koy，2017）。汉密尔顿（1989）和克罗齐格（Krolzig，1998）对 MS 模型和 VAR 模型的结合做出了重要贡献，MS－VAR 模型是在 VAR 模型的基础上增加了马尔可夫链的特征。该模型可以有效地克服线性模型在处理不对称性方面的缺陷（Ozdemir et al.，2015）。近年来，许多学者也尝试应用 MS－VAR 模型来表征变量之间的非线性关系（项云帆等，2010；Ozdemir et al.，2015；Lange，2016；Balcilar et al.，2017）。

依据前面分析，本书选择 LME 铜、铝期货价格作为国际铜、铝期货价格的替代变量，金融化因素采用金融投机、美元汇率、联邦基金利率和油价来衡量。另外，本书选择全球铜、铝产量，全球铜、铝消费量和中国铜、铝进口量等供需因素进行比较分析。这些指标可以构成八维时间序列向量 $y_t = (y_{1t}, y_{2t}, y_{3t}, y_{4t}, y_{5t}, y_{6t}, y_{7t}, y_{8t})'$, $t = 1, \cdots, T$

$$y_t = v_t(S_t) + A_1(S_t)y_{t-1} + \cdots + A_p(S_t)y_{t-p} + u_t(S_t) \qquad (4-8)$$

其中 S_t 代表区制变量，并且 $u_t \sim NID(0, \sum(S_t))$，参数转移函数 $v_t(S_t)$, $A_1(S_t), \cdots, A_p(S_t)$ 以及 $\sum(S_t)$ 描述了参数对已实现区制 S_t 的依赖性。MS - VAR 模型的基本概念是观察到的时间序列向量 y_t 的基础数据生成过程的参数取决于不可观测的状态变量 S_t，并表示处于不同区制的概率。

MS 模型的假设是一个区制的不可观察的实现是由离散时间和离散状态马尔可夫随机过程决定的，它的转移概率可定义为：

$$p_{ij} = \Pr(S_{t+1} = j \mid S_t = i)$$

$$\sum_{j=1}^{M} p_{ij} = 1 \, \forall \, i, \, j \in \{1, \cdots, M\} \qquad (4-9)$$

这个等式的转移概率可用转移矩阵表示：

$$p = \begin{bmatrix} p_{11} & p_{12} & \cdots & p_{1M} \\ p_{21} & p_{22} & \cdots & p_{2M} \\ \vdots & \vdots & \vdots & \vdots \\ p_{M1} & p_{M2} & \cdots & p_{MM} \end{bmatrix} \qquad (4-10)$$

转换概率还包含预期久期等信息，并代表系统将停留在某个特定区制，以便：

$$E(D_j) = \sum_{j=1}^{\infty} jP_r[D = j]$$

$$= 1 \times (1 - p_{ij}) + 2 \times p_{ij}(1 - p_{ij}) + 3 \times p_{ij}^2(1 - p_{ij}) + \cdots = \frac{1}{1 - p_{ij}}$$

$$(4 - 11)$$

MS - VAR 模型涉及许多特定形式。克罗齐格（1997）提出了一种涉及一般 MS 模型的概念，其中涉及与状态相关的参数以建立每个模型的通用符号，例如马尔科夫转移均值（MSM）、马尔科夫转移截距（MSI）、马尔科夫转移自回归参数（MSA）、马尔科夫转移异方差（MSH）、马尔科夫转移截距和自回归（MSIA）、马尔科夫转移截距和异方差（MSIH）、马尔科夫转移均值和异方差（MSMH）和马尔科夫转移截距自回归和异方差（MSIAH）。在进行实证分析之前，本书首先确定 MS - VAR 模型的最佳形式。根据似然比（LR）检验结果，我们确定三区制 MS - VAR 模型是合适的。使用 VAR 模型的 AIC、HQ 和 SC 准则，本书确定 VAR 模型的滞后阶数为 1 并据此构建 MS（3）- VAR（1）模型。根据对不同 MS - VAR 模型形式的 LL、AIC、HQ 和 SC 的综合比较，本书最终确定最优模型形式为 MSIAH（3）- VAR（1）。其中，针对期铜市场的线性检验统计量 LR 为 81.9657，卡方统计量的 P 值小于 5%，针对铝期货市场的 MSIAH（3）- VAR（1）模型的 LR 检验值为 67.6924，卡方统计量的 P 值小于 1%，都显著拒绝线性模型的零假设，表明 MSIAH（3）- VAR（1）模型可以有效刻画国际铜、铝期货价格与影响因素之间的非线性关系。

一些学者也相应地为 MS - VAR 模型开发了脉冲响应函数。库普等（Koop et al.，1996）引入了一个依赖于区制的脉冲响应函数，该函数可以测量在 h 期系统对变量的冲击响应，如下所示：

$$IR_{\nabla u}(h) = E\left[y_{t+h} \mid \xi_t, u_t + \nabla_u; Y_{t-1}\right] - E\left[y_{t+h} \mid \xi_t, u_t; Y_{t-1}\right]$$

$$(4 - 12)$$

∇_u 代表在时间 t 的冲击，并且对变量的冲击响应类似线性 VAR 过程的情况：

$$IR_{uk}(h) = \frac{\partial E[y_{t+h} \mid \xi_t, \ u_t; \ Y_{t-1}]}{\partial u_{kt}} \qquad (4-13)$$

对区制转移的响应界定在广义脉冲响应的概念中：

$$IR_{\nabla u}(h) = E[y_{t+h} \mid \xi_t + \nabla\xi, \ u_t; \ Y_{t-1}] - E[y_{t+h} \mid \xi_t, \ u_t; \ Y_{t-1}]$$

$$(4-14)$$

其中，$\nabla\xi$ 表示在时间 t 的区制转移。

依据汉密尔顿（1989）和列和大卫（Le and David，2014）的研究，本书使用对数似然函数的直接最大化来估计 MS – VAR 模型的参数。关于未观察状态的概率推断使用非线性滤波和平滑。过滤后的概率表示关于条件信息的推论，平滑概率使用样本中可用的所有信息。但是，随着参数数量的增加，这种方法可能变得不利（Ozdemir et al.，2015），因此本书使用登普斯特等（Dempster et al.，1977）提出的期望最大化算法来解决这个问题。

4.3　有色金属价格波动金融化因素影响效应的 MS – VAR 分析

4.3.1　区制状态分析

本书针对铜期货市场的 MS – VAR 分析的三个区制如图 4 – 15 所示。表 4 – 6 为区制划分的时间分布。可以发现，本书可以从时间上将 2004 年 10 月至 2016 年 10 月的国际期铜市场大致划分为三个区制：大幅下跌期、小幅下跌期、平稳上涨期。依据滤波和平滑概率，区制 1 代表"大幅下跌"期，区制 2 代表"小幅下跌"期，区制 3 代表"平稳上涨"期。在国际金融危机前，较多的样本位于区制 2 与区制 3，呈现小幅下跌与平稳上涨交替的状态，随着 2008 年 9 月次贷危机的爆发，国际期铜价格迅猛下跌，导致 2008 年 9 月至 2009 年 1 月位于区制 1 内，此后 2009~2011 年期间，期铜市场迎来了一段大幅上涨期，大部分样本在区制 3 内，但此后在 2011 年末 2012 年初便进入下行期，样本主要位于区制 2。因此，本书引入的 3 区制模型较好地刻画了国际期铜价格在样本期内的波动情况。

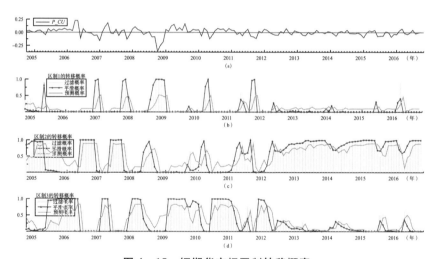

图 4 - 15　铜期货市场区制转移概率

表 4 - 6　　　　　　　　　　　铜期货市场的区制分布

区制	时间段	
落入区制 1 的时间段	2005：5 - 2005：5 ［0.8150］	2006：12 - 2007：1 ［0.9767］
	2007：10 - 2007：11 ［0.9699］	2008：9 - 2009：1 ［0.9588］
	2010：4 - 2010：5 ［0.8873］	2011：9 - 2011：10 ［0.9790］

续表

区制	时间段	
落入区制 2 的时间段	2004：10 - 2005：4［0.9227］ 2007：5 - 2007：9［0.9975］ 2010：2 - 2010：3［0.8784］ 2012：3 - 2016：10［0.8792］	2006：6 - 2006：11［0.9998］ 2008：5 - 2008：8［0.7485］ 2011：3 - 2011：8［0.7411］
落入区制 3 的时间段	2005：6 - 2006：5［0.9842］ 2007：12 - 2008：4［0.9044］ 2010：6 - 2011：2［0.9482］	2007：2 - 2007：4［0.9995］ 2009：2 - 2010：1［0.9294］ 2011：11 - 2012：2［0.9270］

　　针对铝期货市场的 MS - VAR 分析的三个区制如图 4 - 16 所示。表 4 - 7 为区制划分的时间分布。可以发现，本书可以从时间上将 2006 年 10 月 至 2016 年 9 月的国际期铝市场大致划分为三个区制：大幅下跌期、小幅 下跌期、平稳上涨期。在国际金融危机前，较多的样本位于区制 2 与区 制 3，呈现小幅下跌与平稳上涨交替的状态，随着 2008 年 9 月次贷危机

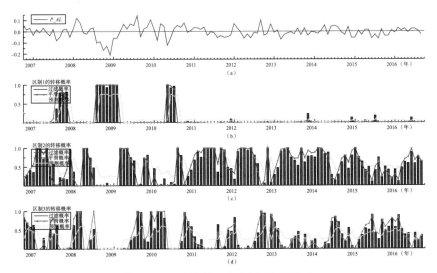

图 4 - 16　铝期货市场区制转移概率

表 4 – 7   铝期货市场的区制分布

区制	时间段	
落入区制 1 的时间段	2007：8 – 2007：11 [0.7639] 2010：5 – 2010：7 [0.9542]	2008：8 – 2009：2 [0.9992]
落入区制 2 的时间段	2007：1 – 2007：5 [0.8844] 2008：4 – 2008：6 [0.8466] 2009：10 – 2009：11 [0.6953] 2010：12 – 2011：10 [0.8766] 2012：11 – 2012：11 [0.9997] 2014：9 – 2015：3 [0.7611] 2016：3 – 2016：9 [0.7270]	2007：12 – 2007：12 [0.9294] 2009：3 – 2009：6 [0.9217] 2010：8 – 2010：9 [0.8170] 2012：2 – 2012：7 [0.9418] 2013：2 – 2014：5 [0.8650] 2015：7 – 2015：8 [0.5647]
落入区制 3 的时间段	2006：10 – 2006：12 [0.6969] 2008：1 – 2008：3 [0.9348] 2009：7 – 2009：9 [0.8320] 2010：10 – 2010：11 [0.8262] 2012：8 – 2012：10 [0.8349] 2014：6 – 2014：8 [0.7507] 2015：9 – 2016：2 [0.7344]	2007：6 – 2007：7 [0.7655] 2008：7 – 2008：7 [1.0000] 2009：12 – 2010：4 [0.9424] 2011：11 – 2012：1 [0.6010] 2012：12 – 2013：1 [0.7647] 2015：4 – 2015：6 [0.7187]

的爆发，国际期铝价格迅猛下跌，导致 2008 年 8 月至 2009 年 2 月位于区制 1 内，此后 2009 ~ 2010 年期间，除 2010 年 5 ~ 7 月有过一段大幅下跌外，期铝市场迎来了一段大幅上涨期，大部分样本在区制 3 内，但此后在 2010 年末 2011 年初便进入价格下行期，样本主要位于区制 2，区制 1 成为历史。因此，本书引入的 3 区制模型较好地刻画了国际期铝价格在样本期内的波动情况。

表 4 – 8 及表 4 – 9 分别给出了不同区制间的转换概率以及区制特性：

由表 4 – 8 可以看出，关于铜期货市场维持在区制 1 的概率为 0.5208，由区制 1 转移到区制 2 和区制 3 的概率分别为 0.0116 和 0.4675，可见国际期铜价格大幅下跌之后未来主要还是表现为持续大幅下跌或者平稳上涨，并且大幅下跌的可能性大，而小幅下跌的可能性非常小；铜期货市场维持在区制 2 的概率为 0.8911，由区制 2 转移到区制 1 和区制 3 的概率分别为 0.1041 和 0.0049，可见国际期铜价格小幅下跌之后未来主要还是表现为小幅下跌，而大幅下跌与平稳上升的概率比较小；铜期货市场维持在区制 3 的概率为 0.8285，由区制 3 转移到区制 1 和区制 2 的概率分别为 0.0005 和 0.1710，可见国际期铜价格平稳上升之后未来主要还是表现为平稳上升，小幅下跌的可能性比较小，大幅下跌的可能性几乎没有。综合来看，对于期铜市场，区制 2 具有最高的可持续概率，也就是具有最强的稳定性。

表 4 – 8　　　　　　　　　　区制转移概率

类别	区制	区制 1	区制 2	区制 3
铜	区制 1	0.5208	0.0116	0.4675
	区制 2	0.1041	0.8911	0.0049
	区制 3	0.0005	0.1710	0.8285
铝	区制 1	0.7585	0.2386	0.0028
	区制 2	2.16E – 007	0.7509	0.2491
	区制 3	0.0759	0.3170	0.6071

表 4 – 9　　　　　　　　　　区制特性

类别	区制	样本数	概率	持续期
铜	区制 1	17.1	0.1184	2.09
	区制 2	78.1	0.5435	9.18
	区制 3	49.8	0.3381	5.83
铝	区制 1	13.3	0.1088	4.14
	区制 2	65.0	0.5449	4.01
	区制 3	41.7	0.3463	2.55

对于铝期货市场，其系统维持在区制 1 的概率为 0.7585，由区制 1 转移到区制 2 和区制 3 的概率分别为 0.2386 和 0.0028，可见国际期铝价格大幅下跌之后未来主要还是表现为大幅下跌，小幅下跌的可能性比较小，平稳上升的可能性几乎没有；系统维持在区制 2 的概率为 0.7509，由区制 2 转移到区制 3 的概率为 0.2491，可见国际期铝价格小幅下跌之后未来主要还是表现为小幅下跌，平稳上升的可能性比较小，而转移到大幅下跌的概率几乎为 0；系统维持在区制 3 的概率为 0.6071，由区制 3 转移到区制 1 和区制 2 的概率分别为 0.0759 和 0.3170，可见国际期铝价格平稳上升之后未来主要还是表现为平稳上升，小幅下跌也有一定概率，大幅下跌的可能性则非常小。对于期铝市场，区制 2 具有最高的可持续概率，也就是具有最强的稳定性。

表 4 - 9 说明铜期货市场 11.84% 的时间处于区制 1，平均可持续 2.09 个月；54.35% 的时间处于区制 2，平均可持续 9.18 个月；33.81% 的时间处于区制 3，平均可持续 5.83 个月。对于铝期货市场，10.88% 的时间处于区制 1，平均可持续 4.14 个月；54.49% 的时间处于区制 2，平均可持续 4.01 个月；34.63% 的时间处于区制 3，平均可持续 2.55 个月，总体而言，铜、铝等有色金属期货市场"小幅下跌"区制的持续概率最高，稳定性最强。

4.3.2 基于不同区制的模型参数分析

本书对所构建的 MSIAH（3）- VAR（1）模型进行估计，表 4 - 10 显示了国际期铜价格波动各个影响因素的参数估计结果。

如表 4 - 10 所示，在区制 1，当期铜期货价格的波动受到滞后一期除全球精炼铜产量以外的所有因素的显著影响。在区制 2，当期铜期货价格的波动受到滞后一期全球精炼铜产量，中国铜进口量，联邦基金利率和原油价格的显著影响。在区制3,当期铜期货价格的波动受到滞后一期全球精炼铜产量,全球精炼铜消费,铜金融投机和联邦基金利率的显著影响。

表 4 – 10 国际期铜价格影响因素的参数估计结果

变量	区制 1	区制 2	区制 3
	P_CU_t	P_CU_t	P_CU_t
截距项	− 0.4702 *** (− 5.6886)	0.0135 (0.4470)	0.2485 *** (3.5561)
P_CU_{t-1}	− 2.0049 *** (− 6.8395)	− 0.2737 ** (− 2.1849)	0.5448 *** (4.7250)
$GRCP_{t-1}$	− 0.6595 (− 1.5799)	− 0.2067 * (− 1.6609)	0.3385 * (1.6729)
$GRCC_{t-1}$	1.4141 *** (6.8969)	0.0483 (0.4997)	0.2461 * (1.8218)
CCI_{t-1}	− 0.2776 *** (− 10.0099)	0.0471 * (1.9813)	− 0.0342 (− 0.8684)
$NCPP_{t-1}$	1.0352 *** (4.5240)	− 0.0542 (− 0.7334)	− 0.5647 *** (− 3.0331)
FFR_{t-1}	0.5656 *** (8.8951)	0.1153 * (1.9610)	0.0856 ** (2.0059)
BDI_{t-1}	− 5.9478 *** (− 11.1859)	0.1488 (0.2299)	0.5717 (0.8007)
COP_{t-1}	0.2853 ** (2.0772)	0.1691 ** (2.2543)	− 0.0774 (− 0.6678)

注: *** 、 ** 、 * 分别表示在1%、5%、10%的显著性水平下显著。

从供需基本面来看,铜期货价格波动在三区制下受到供需因素的显著影响。具体而言，在"大幅下跌"期，铜期货价格波动主要受全球精炼铜消费的影响，其中 $GRCC_{t-1}$ 上涨 1%，将使铜期货价格变动率上涨1.4141%，表明全球铜需求对铜期货价格的拉动作用在区制 1 十分显著；在"小幅下跌"期，铜期货价格波动主要受全球精炼铜产量影响，其中 $GRCP_{t-1}$ 上涨 1%，将使铜期货价格变动率下跌 0.2067%，表明铜供给对铜期货价格有显著抑制作用。而在"平稳上涨"期，全球精炼铜产量和消费都对铜期货价格产生显著影响，$GRCP_{t-1}$ 上涨 1%，将使铜期货价格变动率上涨 0.3385%，这表明在区制 3，铜供应对铜期货价格的抑制作用没有充分发挥，而 $GRCC_{t-1}$ 上涨 1% 将使铜期货价格变动率上涨 0.2461%，表明铜需求拉动效应十分显著，但是作用程度要低于区制 1。总的来说，供需基本面因素仍然在铜期货价格波动中发挥重要作用。这个结果与韩立岩和尹力博（2012）的结果类似，它们也发现经济基本面和商品期货价格之间存在动态的长期均衡关系，供求因素在商品价格波动中仍然起重要作用。

反映"中国因素"的中国铜进口量在区制 1 和区制 3 都对铜期货价格波动有负面影响，反映出中国铜进口量在"大幅下降"和"平稳上涨"期对铜期货价格的拉动作用不显著。在区制 2，中国铜进口对铜期货价格的影响在 10% 的显著性水平下显著，CCI_{t-1} 上升 1%，将使铜期货价格变动率上涨 0.0471%，表明"中国因素"只在"小幅下跌"期发挥了作用。然而，效应的作用强度相对较小，这意味着"中国因素"在国际铜期货市场中的作用被显著夸大，这与韩立岩和尹力博（2012）的结果一致。

从金融角度来看，金融化因素在对三区制下都对铜期货价格波动有显著影响，但在不同区制下的作用程度和方式不同。具体而言，在"大幅下跌"期，$NCPP_{t-1}$，FFR_{t-1} 和 COP_{t-1} 上涨 1%，将使铜期货价格变动率分别上涨 1.0352%，0.5656% 和 0.2853%。BDI_{t-1} 上涨 1%，将使铜期货价格变动率下跌 5.9478%。在"小幅下降"期，FFR_{t-1} 和 COP_{t-1} 上涨 1%，将使铜期货价格变动率分别上涨 0.1153% 和 0.1691%。在"平稳上涨"期间，$NCPP_{t-1}$ 上涨 1% 将使铜期货价格变动率下跌 0.5647%，而 FFR_{t-1} 上涨 1% 则使铜期货价格变动率上涨 0.0856%。总之，金融化因素对铜期货价格的波动具有重要影响，表明在有色金属市场金融化日益显著的背景下，金融化因素变得越来越重要。这一发现与谢飞和韩立岩（2012）的研究证据一致。他们指出，自 2004 年以来，随着国际投机力量的日益活跃，国际商品期货价格波动更多地受到金融投机而非实际需求的影响。

表 4-11 显示了国际期铝价格波动各个影响因素的 MSIAH（3）-VAR（1）模型的参数估计结果。

表 4-11　　　　　　国际期铝价格影响因素的参数估计结果

变量	区制 1	区制 2	区制 3
	P_AL_t	P_AL_t	P_AL_t
截距项	-0.0977 *** (-17.0688)	-0.0043 (-0.5615)	0.0249 *** (3.5973)
P_AL_{t-1}	-1.1666 *** (-11.2797)	-0.0052 (-0.0283)	-0.0789 (-0.5209)
$GRAP_{t-1}$	1.3636 *** (7.1831)	0.2094 (1.0259)	-1.0413 *** (-3.3666)
$GRAC_{t-1}$	0.8010 *** (7.1960)	-0.1004 (-1.4540)	0.9254 *** (4.2088)
CAI_{t-1}	-0.1580 *** (-6.1351)	-0.0141 (-0.8712)	0.0409 (1.5595)
$TOUJI_{t-1}$	0.0126 (0.1693)	0.2199 * (1.7593)	0.9353 *** (2.8272)

变量	区制 1	区制 2	区制 3
	P_AL_t	P_AL_t	P_AL_t
FFR_{t-1}	0.1453 *** (5.4391)	0.0821 (1.3987)	− 0.0867 *** (− 2.9540)
BDI_{t-1}	− 2.0617 *** (− 7.9761)	− 0.8376 (− 1.5555)	− 1.1926 (− 1.2732)
COP_{t-1}	0.2881 *** (3.8862)	0.0638 (0.8799)	− 0.2767 ** (− 2.4063)

注：*** 、** 、* 分别表示在 1%、5%、10% 的显著性水平下显著。

由表 4 - 11 可知，在区制 1 下，期铝价格的波动主要受到滞后一期全球铝产量、消费量、中国铝进口、联邦基金利率、广义美元指数与原油价格的显著影响；在区制 2 下，期铝价格的波动主要受到滞后一期金融投机的显著影响；而在区制 3 下，期铝价格的波动受到滞后一期全球铝产量、消费量、金融投机、联邦基金利率与原油价格的显著影响。

从供需基本面来看，期铝价格除"小幅下跌"期外，在"大幅下跌"与"平稳上涨"期都受到供需因素的显著影响，具体来说，在"大幅下跌"期，期铝价格受全球铝产量与消费量的共同影响，$GRAP_{t-1}$ 上升 1%，期铝价格变动率将上升 1.3636%，表明铝供给对期铝价格的抑制作用并没有发挥，而 $GRAC_{t-1}$ 上升 1%，期铝价格变动率将上升 0.8010%，显示铝需求拉动作用明显；在"平稳上涨"期，期铝价格也受全球铝产量与消费量的共同影响，但作用机制不一样，$GRAP_{t-1}$ 上升 1%，期铝价格变动将下降 1.0413%，表明铝供给对期铝价格的抑制作用得到充分发挥，而 $GRAC_{t-1}$ 上升 1%，期铝价格变动率将上升 0.9254%，显示铝需求的拉动作用显著，并且作用程度还要大于区制 1，总体而言，供需基本面因素在期铝价格波动中仍发挥基础性作用，这个结果与韩立岩和尹力博（2012）的结果类似。

反映"中国因素"的中国铝进口量在区制1与区制2均为负向影响，显示在"大幅下跌"与"小幅下跌"期，我国铝进口量增加对期铝价格的拉动作用并没有充分发挥，我国铝进口量增加，反而对期铝价格具有抑制作用；而在区制3下，我国铝进口对期铝价格具有正向影响，但影响不显著，这充分说明，"中国因素"在国际期铝市场中的作用被夸大。

从金融角度来看，在三区制下，除"大幅下跌"期外，金融化因素对期铝价格波动都具有显著影响，但在不同区制下的作用程度与方式有区别，特别是在"小幅下跌"期，金融投机成为显著影响期铝价格的唯一因素，$TOUJI_{t-1}$上升 1%，将导致期铝价格变动率上升 0.2199%；在"平稳上涨"期，$TOUJI_{t-1}$上升 1%，将导致期铝价格变动率上升 0.9353%，FFR_{t-1}和 COP_{t-1}上升 1%，将导致期铝价格变动率分别下降 0.0867% 和 0.2767%。而在"大幅下跌"期，FFR_{t-1}和 COP_{t-1}上升 1%，将导致期铝价格变动率分别上升 0.1453% 和 0.2881%，而 BDI_{t-1}上升 1%，将导致期铝价格变动率下降 2.0617%，然而铝金融投机变量的影响不显著，这是由于"大幅下跌"期主要位于国际金融危机期间，此时由于市场行情恶化，市场风险加剧，国际期铝市场的投机资金为了避险，纷纷采取退出操作，从而导致金融投机的影响作用减弱。总体而言，金融化因素对有色金属定价机制具有重要影响，尤其在当前价格下行周期中，金融化因素仍发挥显著性作用。

4.3.3　基于不同区制的脉冲响应函数分析

为了研究金融化因素对国际有色金属价格影响的方向，持续时间和强度，并比较不同区制下短期动态影响的差异，本书使用 MS – VAR 模型的累积脉冲响应函数进行进一步分析。针对铜期货市场，本书分别对全球精炼铜产量，全球精炼铜消费量，中国铜进口量，铜金融投机，联邦基金利率，广义美元指数和石油价格给定一个标准冲击，并观察国际铜期货价格在 10 个月期限内的累积响应，结果如下：

（1）全球铜产量冲击对国际期铜价格的动态影响。如图 4 – 17 所示，在区制 1，全球铜产量冲击对当期铜期货价格产生了负面影响，响应在第 1 个月由负转正，累积响应值在第 3 个月达到峰值，然后稳定在 0.0014 左右。在区制 2，铜期货价格对全球铜产量的冲击在当期响应为正，并且响应呈现逐渐增强的趋势，在第 4 个月达到峰值 0.0099，然后呈现缓慢下降的趋势。在区制 3，铜期货价格对全球铜产量的冲击在当期响应为负，并在第 1 个月由负变正，然后响应呈现逐渐上升的趋势，第 10 个月达到峰值 0.0108。总的来说，全球精炼铜产量对铜期货价格的影响在不同区制是不同的，在区制 2 是正向影响，但在区制 1 和区制 3 的当期影响则是负。但是，在这两个区制下的累积效应都为正。这些结果表明，短期内铜供给对铜期货价格的抑制作用不显著。

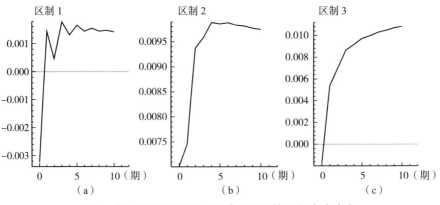

图 4 – 17　三区制下 P_CU 对 $GRCP$ 的累积脉冲响应

（2）全球铜消费量冲击对国际期铜价格的动态影响。如图 4 – 18 所示，在区制1，全球精炼铜消费的冲击会导致当期铜期货价格呈现负面响应，接着负向响应呈现逐渐减弱的趋势，并在第10个月稳定在－0.003左右。在区制2中，铜期货价格的响应在当期为正，然后呈现逐渐增强的趋势，第10个月达到峰值0.0123。在区制3，铜期货价格的响应轨迹与区制2相似，但响应程度要大于区制2。总的来说，全球精炼铜消费对铜期货价格的影响在不同区制是不同的，在区制1它具有负面影响，表明全球精炼铜消费量的增加并不能提振国际铜期货价格，在区制2和区制3中的影响则为正，但作用强度呈现出差异性。

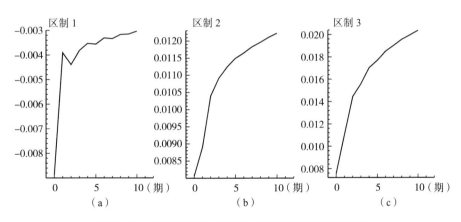

图4－18　三区制下 *P_CU* 对 *GRCC* 的累积脉冲响应

（3）中国铜进口量冲击对国际期铜价格的动态影响。如图4－19所示，在区制1，中国铜进口量的冲击导致当期铜期货价格立即出现正向响应，并且达到峰值0.0290，接着响应在第2个月达到次大值0.0210之前略有下降，然后呈现波动状态，并最终在第10个月稳定在0.0170左右。在区制2，铜期货价格的当期响应为负，并在第1个月达到谷值－0.0064，随后响应在随后的4个月内呈现波动状态，并从第5个月开始负向响应呈现逐渐增强的趋势。在区制3，铜期货价格也立即呈现负

面响应，并于第 2 个月达到峰值 - 0.0444，随后负向响应呈现逐渐增强
趋势，在第 10 个月达到谷值 - 0.0528。总的来说，中国铜进口量对国际
铜期货价格的影响在不同区制下是不同的，这主要体现在作用方向上。
中国铜进口对国际铜期货价格的正向影响在"小幅下跌"和"平稳上
涨"期并没有出现，仅在"大幅下跌"期才被观测到，这再次表明"中
国因素"在国际铜期货市场中的作用被夸大。

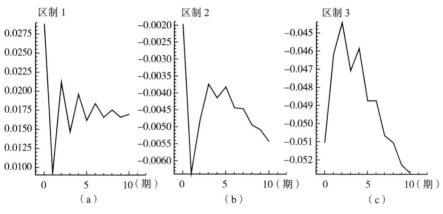

图 4 - 19　三区制下 *P_CU* 对 *CCI* 的累积脉冲响应

（4）铜金融投机冲击对国际期铜价格的动态影响。如图 4 - 20 所
示，在区制 1，铜金融投机的冲击导致当期铜期货价格出现负向响应，
接着负向响应呈现增强趋势，并在第 10 个月达到谷值 - 0.044。在区制
2 中，铜期货价格的响应轨迹与区制 1 相似，但第 10 个月达到谷值
- 0.076。在区制 3 中，铜期货价格对当期铜金融投机冲击的响应为正，
然后响应呈现逐渐增强的趋势，第 10 个月达到峰值 0.0350。总的来
说，铜金融投机在不同区制下对铜期货价格的不同影响主要体现在作
用方向上。在"大幅下跌"和"小幅小跌"期间，铜金融投机对铜期
货价格产生负面影响，而在"平稳上涨"期间，投机行为的增加将提

升铜期货价格。

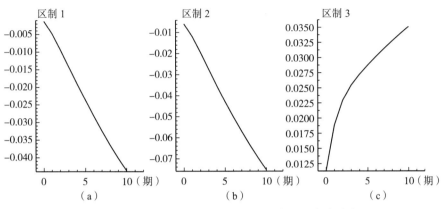

图 4 - 20　三区制下 *P_CU* 对 *NCPP* 的累积脉冲响应

（5）联邦基金利率对国际期铜价格的动态影响。如图 4 - 21 所示，在区制 1 中，联邦基金利率的冲击导致当期铜期货价格出现正向响应，但响应在第 2 个月由正值变为负值，然后负向响应呈现逐渐增强的趋势，在第 10 个月达到谷值 - 0.008。在区制 2 中，铜期货价格的响应在当期

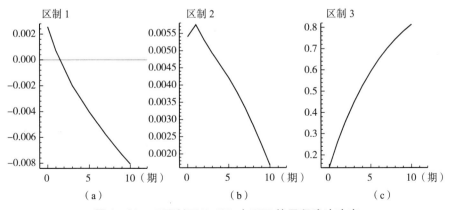

图 4 - 21　三区制下 *P_CU* 对 *FFR* 的累积脉冲响应

为正，在第 2 个月达到峰值 0.0058，接着呈现逐渐下降的趋势。在区制
3 中，铜期货价格的响应在当期为正，然后呈现逐渐增强的趋势，在第
10 个月达到峰值 0.8。总体而言，联邦基金利率对铜期货价格的抑制效
应仅在"大幅下跌"期被观察到，而联邦基金利率和铜期货价格之间的
正相关性则出现在"小幅下跌"和"平稳上涨"期，这是因为在国际金
融危机后联邦基金利率接近于零，从而导致进一步降息对商品价格的影
响由正转负（王天祥和常清，2015；谭小芬和刘杰，2015）。

（6）广义美元指数对国际期铜价格的动态影响。如图 4 - 22 所示，
在三区制下，广义美元指数的冲击导致铜期货价格都出现负向响应，并
且负向响应呈逐渐增强趋势。在区制 1 中，累积响应在第 10 个月达到谷
值 - 0.0128；在区制 2，累积响应在第 10 个月达到谷值 - 0.0152；在区
制 3 中，累积响应在第 10 个月达到谷值 - 0.040。可见，在所有区制下，
广义美元指数对国际铜期货价格的影响都显著为负，但不同区制下的作
用强度不同。

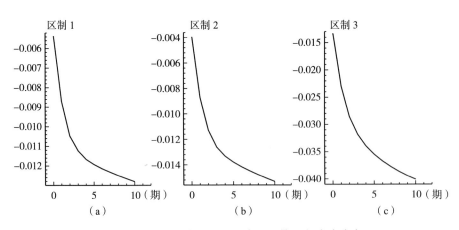

图 4 - 22　三区制下 **P_CU** 对 **BDI** 的累积脉冲响应

（7）石油价格对国际期铜价格的动态影响。如图 4 - 23 所示，在三

区制下，石油价格的冲击导致铜期货价格都出现正向响应，并且呈现逐渐增强的趋势。在区制1，累积响应在第10个月达到峰值0.065；在区制2，累积响应在第10个月达到峰值0.10；在区制3，累积响应在第10个月达到峰值0.325。一般来说，由于大宗商品价格之间的联动，国际铜期货价格会跟随油价，但石油价格对国际期铜价格的作用程度在不同区制下有所不同，表现在"平稳上涨"期的影响最为显著，其次是"小幅下跌"期。

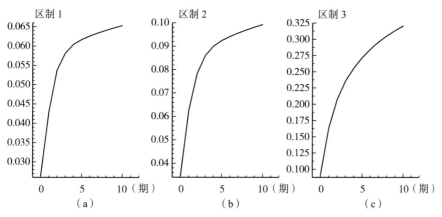

图4-23 三区制下 *P_CU* 对 *COP* 的累积脉冲响应

综合各个影响因素在短期内对国际期铜价格的影响轨迹，可见在"大幅下跌"与"小幅下跌"期，原油价格对国际期铜价格的影响最为显著，而在"平稳上涨"期，国际期铜价格受联邦基金利率的影响最大，这也进一步说明随着有色金属金融化的增强，金融化因素在短期内起着主导作用，同时也显示在当前下行周期中，在防范有色金属价格短期波动风险时，应着重监控石油价格对铜价的联动作用。

接下来基于构建的针对铝期货市场的 MS - VAR 模型，本书分别给定全球铝产量、全球铝消费量、中国铝进口量、铝金融投机、联邦基金利率、广义美元指数、石油价格一个标准冲击，观察国际铝期货价格在10个月期限内的累积响应，结果如下：

（1）全球铝产量冲击对国际期铝价格的动态影响。如图4-24所示，在区制1，给定全球铝产量一个标准差的正向冲击，期铝价格在当期呈现正向响应，并且在第1个月达到峰值0.0035，接着响应呈现减弱趋势，并从第4个月开始稳定在0.0026左右。在区制2下，期铝价格的响应轨迹同区制1类似，在当期呈现正向响应，并在第1个月达到峰值0.0055，之后从第5个月开始稳定在0.0050左右。在区制3下，期铝价格的当期响应也为正，之后呈现增强趋势，在第10个月达到峰值0.018。总体来说，全球铝产量冲击对期铝价格的影响在三区制下都为正，显示铝供给对期铝价格的抑制作用并没有发挥，在不同区制下的影响差异主要表现在作用程度上，在"平稳上涨"期，全球铝产量冲击的作用程度最为显著。

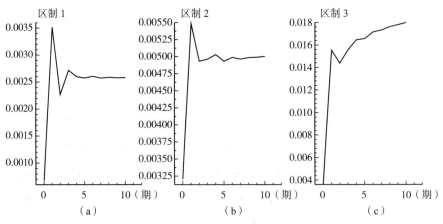

图4-24　三区制下 *P_AL* 对 *GRAP* 的累积脉冲响应

（2）全球铝消费量冲击对国际期铝价格的动态影响。如图4-25所示，在区制1，给定全球铝消费量一个标准差的正向冲击，期铝价格在当期呈现正向响应，接着响应在第 1 个月由正转负，并在第 3 个月达到谷值 -0.0008，接着负向响应呈现波动减弱趋势。在区制 2，期铝价格在当期呈现正向响应，并且在当期达到峰值 0.0095，之后响应迅速下降，在第 1 个月达到谷值 0.0066，随后响应又呈现增强趋势。在区制 3，期铝价格的响应在当期就达到正向最大值 0.0218，之后迅速下降，在第 1 个月达到谷值 0.013，之后响应呈现波动增强趋势。总体来说，全球铝消费量冲击对期铝价格的影响在不同区制下具有差异性，在区制 1 为负向影响，在区制 2 与区制 3 则为正向影响，但在区制 3 下，全球铝消费量对期铝价格的拉动作用要大于区制 2。

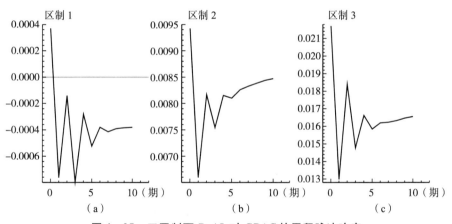

图 4 – 25　三区制下 *P_AL* 对 *GRAC* 的累积脉冲响应

（3）中国铝进口量冲击对国际期铝价格的动态影响。如图 4 – 26 所示，给定中国铝进口量一个标准差的正向冲击，在区制 1 下，当期就立即表现出负向响应，并且达到谷值 -0.0715，之后负向影响迅速减弱，在第 1 个月达到峰值 -0.0510，之后呈现小幅波动状态，并从第 6 个月开始维持在 -0.0520 左右；在区制 2，期铝价格立即表现出正向响应，之后呈现增强趋势，并在第 10 个月达到峰值 0.0392；在区制 3，期铝价格的当期响应也为正，之后响应迅速增强，并在第 2 个月达到正向最大值 0.118，之后正向影响呈现下降趋势。总的来说，中国铝进口量对于期铝价格的影响在不同区制下具有差异性，这主要表现在影响作用的方向上。在"大幅下跌"期，中国铝进口量的增加并不能提高期铝价格。只有期铝市场处于"小幅下跌"与"平稳上涨"期时，中国铝进口量的增加能提升国际期铝价格。

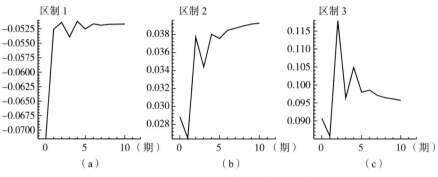

图 4 – 26　三区制下 *P_AL* 对 *CAI* 的累积脉冲响应

（4）铝金融投机冲击对国际期铝价格的动态影响。如图 4 – 27 所示，给定铝金融投机一个标准差的正向冲击，在区制 1，期铝价格在当期呈现出负向响应，随后响应在第 2 期由负转正，之后正向响应呈现增强趋势，并在第 10 个月达到正向最大值 0.0020。在区制 2，期铝价格的响应在当期为正，并且呈现增强趋势，响应在第 10 个月时达到峰值 0.0135。在区制 3，期铝价格的响应在当期为负，并且呈现负向增强趋势，响应在第 10 个月达到谷值 –0.118。总的来说，投机行为对于期铝价格的影响在不同区制下的影响具有差异性，这主要表现作用方向上，在"大幅下跌"与"小幅下跌"期，投机行为增加将推升国际期铝价格，而在"平稳上涨"期，投机行为增加将抑制国际期铝价格。

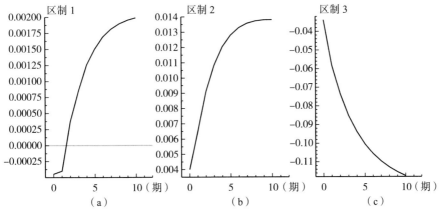

图 4 - 27 三区制下 *P_AL* 对 *TOUJI* 的累积脉冲响应

（5）联邦基金利率对国际期铝价格的动态影响。如图 4 - 28 所示，给定联邦基金利率一个标准差的正向冲击，在三区制下，期铝价格在当期的响应都为正，并且响应呈正向增强趋势，在区制 1，累积响应在第 10 个月达到峰值 0.0060；在区制 1，累积响应在第 10 个月达到峰值 0.0275；在区制 3，累积响应在第 10 个月达到峰值 0.06。可见，联邦基金利率在三个区制下对国际期铝价格的影响都为正，并且在"平稳上涨"期的影响最大。这个结果也表明在联邦基金利率接近于零的情况下，利率对国际期铝价格的抑制效应没有发挥。

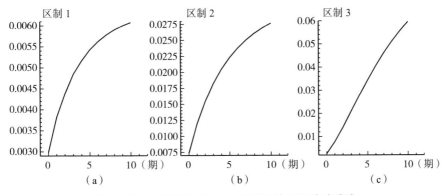

图 4 - 28 三区制下 *P_AL* 对 *FFR* 的累积脉冲响应

（6）广义美元指数对国际期铝价格的动态影响。如图 4 - 29 所示，给定广义美元指数一个标准差的正向冲击，国际期铝价格在三个区制下的响应都为负，其中在区制 1 和区制 2，负向响应呈现增强趋势，累积响应在第 10 个月分别达到谷值 - 0.00675 和 - 0.0094。在区制 3 下，累计响应在第 1 期达到谷值 - 0.0154，随后负向响应呈现减弱趋势。可见，在三区制下，广义美元指数对国际期铝价格的影响都显著为负，但在不同区制下作用程度具有差异性。

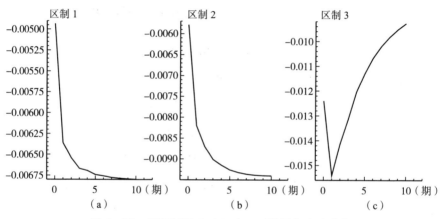

图 4 - 29　三区制下 P_AL 对 BDI 的累积脉冲响应

（7）石油价格对国际期铝价格的动态影响。如图 4 - 30 所示，给定石油价格一个标准差的正向冲击，在区制 1，期铝价格在当期表现出正向响应，并在当期达到峰值 0.0057，随后响应迅速减弱，并在第 1 个月达到谷值 0.0028，接着响应又呈现增强趋势。在区制 2，期铝价格在当期立即表现出正向响应，之后响应呈现逐渐增强趋势，在第 10 个月达到峰值 0.0478；在区制 3，期铝价格在当期的响应也为正，并达到峰值 0.12，接着响应呈现逐渐减弱趋势。总的来说，石油价格上升，由于大宗商品价格间的联动关系，也将导致国际期铝价格上升，但在不同区制下作用程度不同，石油价格对期铝价格的影响在"平稳上升"期最为显著，其次是"小幅下跌"期。

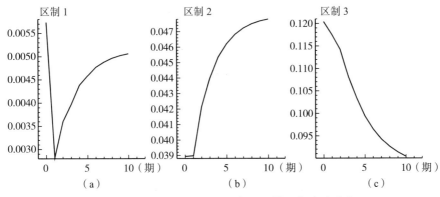

图 4–30 三区制下 *P_AL* 对 *COP* 的累积脉冲响应

综合各个影响因素在短期内对国际期铝价格的影响轨迹，在"大幅下跌"期，中国铝进口量对国际期铝价格的影响最为显著，但影响为负，由于"大幅下跌"期主要是国际金融危机发生的时期，此时由于流动性紧缺和市场预期逆转，金融化因素的作用没有那么显著，而在"小幅下跌"与"平稳上涨"期，国际期铝价格受石油价格的影响最大，显示在防范有色金属价格短期波动风险时，特别在当前下行周期中，应着重监控石油价格对有色金属价格的联动作用。

4.3.4 MS–VAR 模型的有效性

总体来看，本书构建的 MSIAH（3）–VAR（1）模型较好地拟合了期铜、期铝市场中各变量的变动。图 4–31（a）和图 4–32（a）分别描述了期铜、期铝价格这一内生变量的实际值、1 步预测值和平滑值的关系，图 4–31（b）和图 4–32（b）分别刻画了 MSIAH（3）–VAR（1）

模型的实际残差的正态分布拟合结果。这些结果证明了 MS – VAR 模型
在应用于本书实证分析中的有效性。

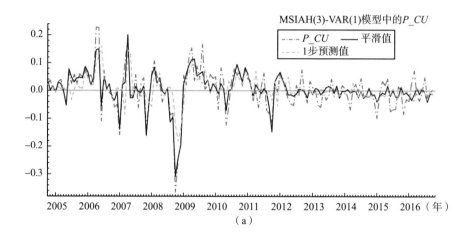

（a）

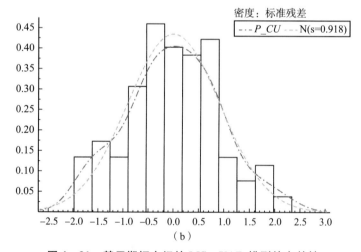

（b）

图 4 – 31　基于期铜市场的 MS – VAR 模型的有效性

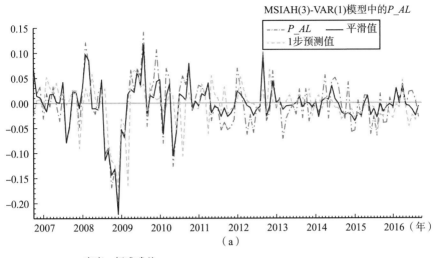

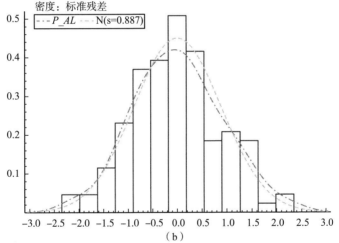

图 4 – 32　基于期铝市场的 MS – VAR 模型的有效性

4.4　本 章 小 结

本章基于有色金属金融化趋势增强的背景与前提，从有色金属的双重属性即商品属性与金融属性出发，选取金融投机、利率冲击、美元汇率、石油价格作为金融化因素的代理变量，通过 MS - VAR 模型构建了金融化因素影响有色金属价格波动的非线性框架，实证分析金融化因素在不同区制状态下对有色金属价格波动影响的差异性，同时引入供需因素进行对比分析，比较考察金融化因素与供需因素在有色金属价格波动中的相对重要性。结果发现由于有色金属金融化趋势的增强，有色金属的定价机制发生了重大改变，金融化因素与供需因素相互作用，使得有色金属价格形成机制呈现出非线性特征，此特征可以通过 MS - VAR 模型客观划分的不同区制状态来刻画，在本章模拟分析的有色金属市场"大幅下跌""小幅下跌"及"平稳上涨"三区制下，金融化因素都对国际有色金属价格波动产生显著影响，显示自 2004 年以来的有色金属价格波动中，金融化因素的影响比供需因素更为明显，尤其在当前价格下行周期中，金融化因素仍发挥显著作用，但在不同区制状态下金融化因素的作用方式和程度具有差异性。这些研究结论与构建的非线性计量经济模型为解释有色金属金融化提供了新的思路与分析工具，也为下文进一步实证检验金融化因素影响有色金属价格波动的作用机制奠定了基础。

因此，针对金融化因素对有色金属价格波动影响不断增强这一趋势，国家必须紧密结合有色金属金融化发展趋势，全面研判金融市场的汇率冲击、投机操纵、利率波动、石油联动等对有色金属价格波动的影响，构建有色金属价格波动风险防范和化解体系，由于不同区制状态下各个影响因素的作用机理、传导路径不同，因此，政策实施必须厘清不同状态下，哪些因素是监控波动风险的关键，哪些行为是识别和防范价格波动风险的突破点，从而针对性采取相关措施。

第 5 章

有色金属价格波动金融化因素
作用机制的实证检验

第 4 章实证分析了有色金属价格波动金融化因素的影响效应，比较了金融化因素与供需因素在有色金属价格波动中的相对重要性，那么金融化因素是如何影响有色金属价格波动的？有没有存在具体作用机制？依据第 2 章的理论分析，根据交易行为的不同，本书将金融化因素对有色金属价格波动的影响划分为导向作用和放大作用两种作用机制，接下来本章将构建标准 VAR 模型以及 MS – VAR 模型，分别对有色金属价格波动金融化因素的导向作用机制与放大作用机制进行实证检验，以进一步考察有色金属价格波动金融化因素的微观机理。在导向作用中，将以股票价格为中介，实证检验金融化因素在不同区制下对股票价格收益率与波动率的影响，在放大作用机制中，将以羊群行为为中介，实证检验不同区制下金融化因素对有色金属市场羊群行为的影响，以验证理论机制的有效性与存在性，并应用此作用机制框架对 2004 ~ 2016 年有色金属价格波动的成因进行现实解释。

5.1　以股票价格为中介导向作用的实证检验

5.1.1　模型与数据

借鉴田利辉和谭德凯（2015）的思路，以跨市投资者为传递渠道，股票市场在收益和风险上均对商品市场表现出类似风向标的导向作用，前面第 3 章已实证检验有色金属市场与股票市场表现出较高的联动性，本章只需检验金融化因素对股票价格的影响，如果影响显著，则说明金融化因素通过股票市场对有色金属价格波动导向作用的存在性。本书构建金融化因素影响股票价格收益率的 VAR 模型表达式：

$$
\begin{aligned}
P_t = \alpha &+ \phi_1 P_{t-1} + \cdots + \phi_k P_{t-k} + \beta_1 NCPP_{t-1} + \cdots + \beta_k NCPP_{t-k} \\
&+ \gamma_1 FFR_{t-1} + \cdots + \gamma_k FFR_{t-k} + \lambda_1 BDI_{t-1} + \cdots \\
&+ \lambda_k BDI_{t-k} + \nu_1 COP_{t-1} + \cdots + \nu_k COP_{t-k} + u_t
\end{aligned} \tag{5-1}
$$

将其简化为：

$$
\begin{aligned}
P_t = \alpha &+ \sum_{k=1}^{n} \phi_k P_{t-k} + \sum_{k=1}^{n} \beta_k NCPP_{t-k} + \sum_{k=1}^{n} \gamma_k FFR_{t-k} \\
&+ \sum_{k=1}^{n} \lambda_k BDI_{t-k} + \sum_{k=1}^{n} \nu_k COP_{t-k} + u_t
\end{aligned} \tag{5-2}
$$

其中，P_t 为股票价格的收益率，$NCPP$、FFR、BDI 以及 COP 分别代表金融化因素金融投机、联邦基金利率、广义美元指数以及原油价格。

同时也构建金融化因素影响股票市场风险的 VAR 模型表达式：

$$
\begin{aligned}
V_t = \alpha &+ \sum_{k=1}^{n} \phi_k V_{t-k} + \sum_{k=1}^{n} \beta_k NCPP_{t-k} + \sum_{k=1}^{n} \gamma_k FFR_{t-k} \\
&+ \sum_{k=1}^{n} \lambda_k BDI_{t-k} + \sum_{k=1}^{n} \nu_k COP_{t-k} + u_t
\end{aligned} \tag{5-3}
$$

其中，V_t 为股票市场风险，用股票价格波动率表示。

在此基础上，本书引入 MS - VAR 模型，考察不同区制下金融化因素对股票市场收益率与波动率的影响，其公式如式（5 - 4）与式（5 - 5）所示：

$$P_t = \alpha_t(S_t) + \sum_{k=1}^{n} \phi_k(S_t) P_{t-k} + \sum_{k=1}^{n} \beta_k(S_t) NCPP_{t-k} + \sum_{k=1}^{n} \gamma_k(S_t) FFR_{t-k}$$

$$+ \sum_{k=1}^{n} \lambda_k(S_t) BDI_{t-k} + \sum_{k=1}^{n} \nu_k(S_t) COP_{t-k} + u_t(S_t) \qquad (5-4)$$

$$V_t = \alpha_t(S_t) + \sum_{k=1}^{n} \phi_k(S_t) V_{t-k} + \sum_{k=1}^{n} \beta_k(S_t) NCPP_{t-k} + \sum_{k=1}^{n} \gamma_k(S_t) FFR_{t-k}$$

$$+ \sum_{k=1}^{n} \lambda_k(S_t) BDI_{t-k} + \sum_{k=1}^{n} \nu_k(S_t) COP_{t-k} + u_t(S_t) \qquad (5-5)$$

其中，S_t 代表区制变量，并且 $u_t \sim NID(0, \sum(S_t))$，参数转移函数 $\beta_k(S_t)$、$\gamma_k(S_t)$、$\lambda_k(S_t)$ 以及 $\nu_k(S_t)$ 描述了参数对已实现区制 S_t 的依赖性。无论在哪个区制，如参数呈现显著性，则说明该区制内，金融化因素对股票市场收益及风险的影响显著。

在变量选择与数据来源上，本书选择美国标准普尔指数（SP）与我国上证指数（SH）作为国际股票价格以及我国股票价格的代理变量，收益率计算采用股票价格的对数差分形式，至于股票市场风险的度量，本书采用 GARCH(1，1) 模型对收益率序列的波动进行度量，分别对这些变量进行单位根检验，发现其为一阶平稳。至于金融化因素，本书仍选取铜非商业交易持仓的占比（NCPP）与铝存货（TOUJI）来衡量，并将联邦基金利率、广义美元指数以及原油价格等金融化因素一并纳入。期铜市场金融化因素的样本区间为 2004 年 8 月至 2016 年 10 月，期铝市场金融化因素的样本区间为 2006 年 8 月至 2016 年 9 月。

5.1.2　不同区制下金融化因素对股票价格收益率的影响

为检验不同区制下期铜市场金融化因素对股票价格收益率影响的显著性，本书采用 MS – VAR 模型进行估计，同时也采用标准 VAR 模型进行估计，以对比两种模型的估计结果，结果如表 5 – 1 所示。

表 5 – 1　期铜市场金融化因素对股票价格收益率影响的参数估计结果

变量	$P_{SP,t}$		$P_{SH,t}$	
	标准 VAR	MS – VAR	标准 VAR	MS – VAR
$C(S_1)$		− 0.0523 (− 0.5119)		0.0750 (0.7902)
$C(S_2)$	− 0.0120 (− 0.6758)	0.0643 *** (3.8419)	− 0.0235 (0.6736)	− 0.0364 (− 1.2454)
$C(S_3)$		0.0276 (1.6097)		0.0396 (0.6846)
$\phi_1(S_1)$		− 0.4332 * (− 1.8787)		− 0.2109 (− 1.4825)
$\phi_1(S_2)$	0.0398 (0.3899)	0.5483 *** (6.1944)	0.3434 *** (4.1398)	− 0.0265 (− 0.2527)
$\phi_1(S_3)$		− 0.2744 ** (− 2.2529)		0.0647 (0.4196)
$\beta_1(S_1)$		0.0871 (0.2986)		− 0.4674 ** (− 2.1053)
$\beta_1(S_2)$	0.0420 (0.9356)	− 0.1610 *** (− 4.1699)	− 0.0498 (− 0.5682)	0.0848 (1.1750)
$\beta_1(S_3)$		− 0.0088 (− 0.2204)		0.0851 (0.5654)

续表

变量	$P_{SP,t}$		$P_{SH,t}$	
	标准 VAR	MS – VAR	标准 VAR	MS – VAR
$\gamma_1(S_1)$		0.0288 (0.6713)		0.1195 ** (2.2209)
$\gamma_1(S_2)$	0.0308 (1.4553)	– 0.1482 *** (– 3.6179)	0.0461 (1.1528)	– 0.0886 ** (– 2.0156)
$\gamma_1(S_3)$		– 0.0538 * (– 1.8163)		– 0.2071 * (– 1.8390)
$\lambda_1(S_1)$		– 2.0738 *** (– 2.6212)		– 2.4686 * (– 1.8419)
$\lambda_1(S_2)$	– 0.8134 ** (– 2.5233)	0.5351 ** (2.1119)	0.0166 (0.0288)	– 1.3528 *** (– 2.7706)
$\lambda_1(S_3)$		– 1.2042 *** (– 3.4104)		0.2265 (0.2186)
$\nu_1(S_1)$		0.1076 (1.1717)		– 0.2968 (– 1.3480)
$\nu_1(S_2)$	0.0373 (0.9841)	0.0831 ** (2.3610)	0.0710 (0.9605)	0.0363 (0.5744)
$\nu_1(S_3)$		– 0.0644 * (– 1.9497)		0.2373 * (1.8995)
LL	281.5941	325.8505	183.9081	207.3447

注：*** 、** 、* 分别表示在1% 、5% 、10% 的显著性水平下显著。

首先看标准 VAR 模型的参数估计结果，如表 5 – 1 第 2 列和第 4 列所示，对于国际股票市场，当期国际股票价格收益率主要受滞后一期广义美元指数的显著影响，BDI_{t-1} 上涨 1% ，将使国际股票价格收益率下降 0.8134% ，证明了金融化因素通过国际股票市场对期铜价格波动导向作用的存在性；而我国股票价格收益率则没有受到任何金融化因素的显著影响。为保证实证分析的严谨性，本书进一步采用 MS - VAR 模型进行不同区制下的影响效应分析，通过国际股票市场与我国股票市场收益率的区制转移概率分布（分别如图 5 - 1 及图 5 - 2 所示），可以从时间上将 2004 年 10 月至 2016 年 10 月的国际股票市场以及国内股票市场大致划分为三个区制：大幅下跌期、小幅下跌期、平稳上涨期，依据滤波和平滑概率，区制 1 代表"大幅下跌"期，区制 2 代表"小幅下跌"期，区制 3 代表"平稳上涨"期，区制划分与国际期铜市场的划分一致，这充分佐证了期铜市场与股票市场通过投资组合渠道显示出的较高收益联动性。接着看不同区制下的参数估计结果，如表 5 - 1 第 3 和第 5 列所示，对于国际股票市场，金融化因素在三区制下都对国际股票价格收益率有显著影响，在区制 1，当期国际股票价格收益率主要受广义美元指数的影响，BDI_{t-1} 上涨 1%，将使国际股票价格收益率下降 2.0738%；在区制

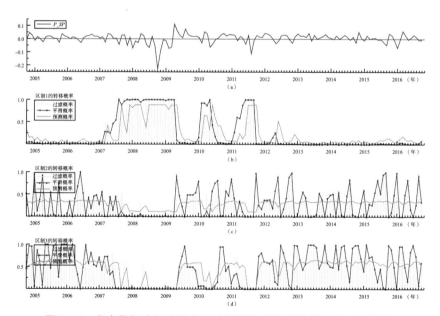

图 5 - 1　考虑期铜市场金融化因素的国际股票价格收益率区制转换

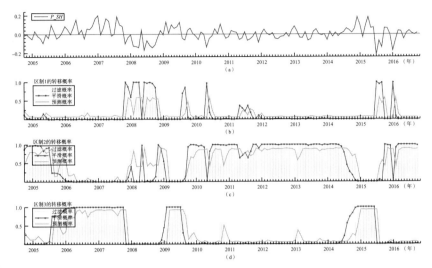

图 5－2 考虑期铜市场金融化因素的我国股票价格收益率区制转换

2，当期国际股票价格收益率主要受投机行为、联邦基金利率、广义美元指数以及原油价格的影响，BDI_{t-1} 和 COP_{t-1} 上涨 1%，将使国际股票价格收益率分别上涨 0.5351% 和 0.0831%，$NCPP_{t-1}$ 和 FFR_{t-1} 上涨 1%，将使国际股票价格收益率分别下跌 0.1610% 和 0.1482%；在区制 3，当期国际股票价格收益率主要联邦基金利率、广义美元指数以及原油价格的影响，FFR_{t-1}，BDI_{t-1} 和 COP_{t-1} 上涨 1%，将使国际股票价格收益率分别下跌 0.0538%、1.2042% 和 0.0644%；对于我国股票市场，金融化因素也在三区制下都对我国股票价格收益率有显著影响，在区制 1，当期我国股票价格收益率主要受投机行为、联邦基金利率以及广义美元指数的影响，FFR_{t-1} 上涨 1%，将使我国股票价格收益率上涨 0.1195%，$NCPP_{t-1}$ 和 BDI_{t-1} 上涨 1%，将使我国股票价格收益率分别下跌 0.4674% 和 2.4686%；在区制 2，当期我国股票价格收益率主要受联邦基金利率以及广义美元指数的影响，FFR_{t-1} 和 BDI_{t-1} 上涨 1%，将使我国股票价格收益率分别下跌 0.0886% 和 1.3528%；在区制 3，当期我国股票价格收益率主要受联邦基金利率以及原油价格的影响，COP_{t-1}上涨1%，将使我国股票价格收益率上涨0.2373%，FFR_{t-1}上涨1%，将使我国股票价格收益率下降0.2071%。相较标准VAR模型，MS-VAR模型的LL值更高，显示拟合效果更好，结果更具说服力。总之，期铜市场金融化因素对股票价格收益率具有显著影响，结合第3章报告的股票市场与期铜市场存在显著收益溢出效应的结果，证明了金融化因素收益导向作用机制的存在性。

为检验不同区制下期铝市场金融化因素对股票价格收益率影响的显著性，本书采用MS-VAR模型进行估计，同时也采用标准VAR模型进行估计，以对比两种模型的估计结果，结果如表5-2所示。

表5-2　期铝市场金融化因素对股票价格收益率影响的参数估计结果

变量	$P_{SP,t}$		$P_{SH,t}$	
	标准 VAR	MS-VAR	标准 VAR	MS-VAR
$C(S_1)$		-0.0403** (-2.4521)		-0.1635*** (-7809.2371)
$C(S_2)$	0.0073* (1.9420)	0.0126* (1.7973)	0.0042 (0.6071)	-0.0061 (-1.0803)
$C(S_3)$		0.0298*** (3.7362)		0.0617*** (3.0456)
$\phi_1(S_1)$		0.8629 (1.5563)		-0.6097*** (-6502.4099)
$\phi_1(S_2)$	-0.0270 (-0.2330)	-0.0964 (-1.0934)	0.3467*** (3.8462)	-0.0280 (-0.2473)
$\phi_1(S_3)$		-0.1843 (-1.3910)		0.2490 (1.3477)

续表

变量	$P_{SP,t}$		$P_{SH,t}$	
	标准 VAR	MS – VAR	标准 VAR	MS – VAR
$\beta_1(S_1)$		– 0.1839 (– 0.7643)		0.0071 *** (31.2610)
$\beta_1(S_2)$	– 0.1097 (– 1.4019)	– 0.1931 *** (– 2.6702)	0.2370 (1.6025)	0.3555 *** (2.9826)
$\beta_1(S_3)$		0.7066 *** (5.8645)		– 0.1650 (– 0.3383)
$\gamma_1(S_1)$		0.2520 ** (2.1688)		– 0.0690 *** (– 742.8102)
$\gamma_1(S_2)$	0.0431 (1.5924)	0.0408 * (1.7671)	0.0801 (1.6256)	– 0.0566 (– 1.0133)
$\gamma_1(S_3)$		0.0696 *** (4.8774)		0.2008 ** (2.2861)
$\lambda_1(S_1)$		0.1675 (0.1074)		– 1.7375 *** (– 1233.5697)
$\lambda_1(S_2)$	– 0.9990 *** (– 2.7181)	– 1.3728 *** (– 3.7641)	– 0.1319 (– 0.2045)	– 0.9196 * (– 1.8037)
$\lambda_1(S_3)$		– 0.2841 (– 1.1315)		2.3780 (1.2269)
$\nu_1(S_1)$		0.1613 (0.7854)		0.0642 *** (430.0333)
$\nu_1(S_2)$	0.0341 (0.7681)	– 0.0226 (– 0.6618)	0.0606 (0.7176)	0.1863 *** (2.7081)
$\nu_1(S_3)$		– 0.0675 ** (– 2.1641)		0.3449 (1.5644)
LL	226.9300	264.5253	149.2937	222.0209

注：***、**、* 分别表示在 1%、5%、10% 的显著性水平下显著。

首先看标准 VAR 模型的参数估计结果，如表 5 - 2 第 2 列和第 4 列所示，对于国际股票市场，当期国际股票价格收益率主要受到滞后一期广义美元指数的显著影响，BDI_{t-1} 上涨 1%，将使国际股票价格收益率下降 0.9990%，证明了金融化因素通过国际股票市场对期铝价格波动导向作用的存在性；而我国股票价格收益率则没有受到任何金融化因素的显著影响。为保证实证分析的严谨性，本书进一步采用 MS - VAR 模型进行不同区制下的影响效应分析，通过国际股票市场与我国股票市场收益率的区制转移概率分布（分别如图 5 - 3 和图 5 - 4 所示），可以从时间上将 2006 年 10 月至 2016 年 9 月的国际股票市场以及国内股票市场大致划分为三个区制：大幅下跌期、小幅下跌期、平稳上涨期，依据滤波和平滑概率，区制 1 代表"大幅下跌"期，区制 2 代表"小幅下跌"期，区制 3 代表"平稳上涨"期，区制划分与国际期铝市场的划分一致，这充分佐证了期铝市场与股票市场通过投资组合渠道显示出的较高收益联动性。

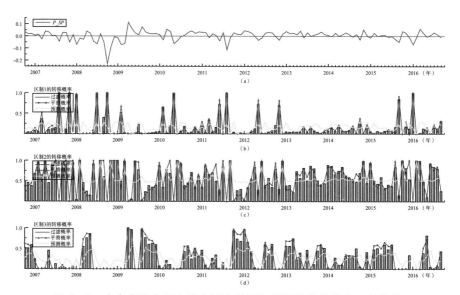

图 5 - 3　考虑期铝市场金融化因素的国际股票价格收益率区制转换

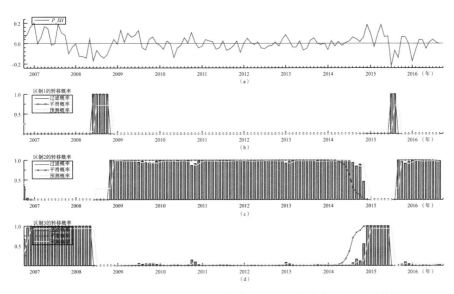

图 5 - 4　考虑期铝市场金融化因素的我国股票价格收益率区制转换

接着看不同区制下的参数估计结果，如表 5 - 2 第 3 列和第 5 列所示，对于国际股票市场，金融化因素在对三区制下都对国际股票价格收益率有显著影响，在区制 1，当期国际股票价格收益率主要受联邦基金利率的影响，FFR_{t-1} 上涨 1%，将使国际股票价格收益率上涨 0.2520%；在区制 2，当期国际股票价格收益率主要受投机行为、联邦基金利率、广义美元指数的影响，FFR_{t-1} 上涨 1%，将使国际股票价格收益率上涨 0.0408%，$NCPP_{t-1}$ 和 BDI_{t-1} 上涨 1%，将使国际股票价格收益率分别下跌 0.1931% 和 1.3728%；在区制 3，当期国际股票价格收益率主要投机行为、联邦基金利率以及原油价格的影响，$NCPP_{t-1}$ 和 FFR_{t-1} 上涨 1%，将使国际股票价格收益率分别上涨 0.7066% 和 0.0696%，COP_{t-1} 上涨 1%，将使国际股票价格收益率下跌 0.0675%。对于我国股票市场，金融化因素也在三区制下都对我国股票价格收益率有显著影响，在区制 1，当期我国股票价格收益率主要受投机行为、联邦基金利率、广义美元指数以及原油价格的影响，$NCPP_{t-1}$ 和 COP_{t-1} 上涨 1%，将使我国股票价格收益率分别上涨 0.0071% 和 0.0642%，FFR_{t-1} 和 BDI_{t-1} 上涨 1%，将使我国股票价格收益率分别下跌 0.0690% 和 1.7375%；在区制 2，当期我国股票价格收益率主要受投机行为、广义美元指数以及原油价格的影响，$NCPP_{t-1}$ 和 COP_{t-1} 上涨 1%，将使我国股票价格收益率分别上涨 0.3555% 和 0.1863%；BDI_{t-1} 上涨 1%，将使我国股票价格收益率下跌 0.9196%；在区制 3，当期我国股票价格收益率主要受联邦基金利率的影响，FFR_{t-1} 上涨 1%，将使我国股票价格收益率上涨 0.2008%。相较标准 VAR 模型，MS - VAR 模型的 LL 值更高，显示拟合效果更好，结果更具说服力。总之，期铝市场金融化因素对股票价格收益率也具有显著影响，结合第 3 章报告的股票市场与期铝市场存在显著收益溢出效应的结果，证明了金融化因素收益导向作用机制的存在性。

5.1.3 不同区制下金融化因素对股票价格波动率的影响

为检验不同区制下期铜市场金融化因素对股票价格波动率影响的显著性，本书采用 MS - VAR 模型进行估计，同时也采用标准 VAR 模型进行估计，以对比两种模型的估计结果，结果如表 5 - 3 所示。

表 5 - 3　期铜市场金融化因素对股票价格波动率影响的参数估计结果

变量	$V_{SP,t}$		$V_{SH,t}$	
	标准 VAR	MS - VAR	标准 VAR	MS - VAR
$C(S_1)$	0.0023 ** (2.2869)	0.0004 *** (3.3266)	0.0009 (1.2876)	0.0006 *** (6.5390)
$C(S_2)$		- 0.0027 (- 0.9728)		- 0.0003 (- 0.2525)

续表

变量	$V_{SP,t}$		$V_{SH,t}$	
	标准 VAR	MS – VAR	标准 VAR	MS – VAR
$\phi_1(S_1)$	0.3623 ***	0.4958 *** (63.0234)	0.8988 ***	0.8155 *** (100.6838)
$\phi_1(S_2)$	(5.4088)	1.9217 *** (4.3734)	(20.9340)	0.9205 *** (9.0935)
$\beta_1(S_1)$	– 0.0033	– 0.0003 (– 1.0093)	– 0.0008	– 0.0005 (– 1.4861)
$\beta_1(S_2)$	(– 1.3303)	0.0066 (0.9753)	(– 0.5074)	0.0047 (1.3862)
$\gamma_1(S_1)$	– 0.0063 ***	– 0.0001 (– 0.8771)	0.0001	– 0.0000 (– 0.2278)
$\gamma_1(S_2)$	(– 5.3662)	– 0.0156 *** (– 5.1318)	(0.1329)	– 0.0006 (– 0.4700)
$\lambda_1(S_1)$	0.0498 ***	0.0024 (1.0414)	0.0138	0.0029 * (1.6924)
$\lambda_1(S_2)$	(3.1761)	– 0.0512 (– 1.2035)	(1.3833)	– 0.0010 (– 0.0467)
$\nu_1(S_1)$	– 0.0029	– 0.0001 (– 0.2641)	– 0.0009	0.0002 (0.8529)
$\nu_1(S_2)$	(– 1.3714)	– 0.0222 *** (– 3.5074)	(– 0.6455)	– 0.0053 * (– 1.6708)
LL	698.2737	904.6109	646.5548	899.0484

注：***、**、*分别表示在 1%、5%、10% 的显著性水平下显著。

首先看标准 VAR 模型的参数估计结果，如表 5 – 3 第 2 列和第 4 列所示，对于国际股票市场，当期国际股票价格波动率主要受到滞后一期联邦基金利率、广义美元指数的显著影响，BDI_{t-1} 上涨 1%，将使国际股票价格波动率上升 0.0498%，FFR_{t-1} 上涨 1%，将使国际股票价格波动率下降 0.0063%，证明了金融化因素通过国际股票市场对期铜市场风险导向作用的存在性；而我国股票价格波动率则没有受到任何金融化因素的显著影响。为保证实证分析的严谨性，本书进一步采用 MS - VAR 模型进行不同区制下的影响效应分析，通过国际股票市场与我国股票市场波动率的区制转移概率分布（分别如图 5 - 5 和图 5 - 6 所示），可以从时间上将 2004 年 10 月至 2016 年 10 月的国际股票市场以及国内股票市场大致划分为两个区制：高波动区制与低波动区制，依据滤波和平滑概率，区制 1 代表"低波动"期，区制 2 代表"高波动"期。接着看不同区制下的参数估计结果，如表 5 - 3 第 3 列和第 5 列所示，对于国际股票市场，金融化因素仅在高波动状态下对国际股票价格波动率有显著影响，当期国际股票价格波动率主要受联邦基金利率以及原油价格的影响，FFR_{t-1} 和 COP_{t-1} 上涨 1%，将使国际股票价格波动率分别下降 0.0156% 和 0.0222%；对于我国股票市场，金融化因素在两区制下都对我国股票价格波动率有显著影响，在区制 1，当期我国股票价格波动率主要受广义美元指数的影响，BDI_{t-1} 上涨 1%，将使我国股票价格波动率上涨 0.0029%；在区制 2，当期我国股票价格波动率主要受原油价格的影响，COP_{t-1} 上涨 1%，将使我国股票价格波动率下跌 0.0053%。相较标准 VAR 模型，MS - VAR 模型的 LL 值更高，显示拟合效果更好，结果更具说服力。总之，期铜市场金融化因素对股票价格波动率具有显著影响，并且在股票市场高波动状态下表现得尤为显著。图 5 - 7 和图 5 - 8 分别刻画了国际股票市场（SP）与国际期铜市场（LCU）、国内股票市场（SH）与国内期铜市场（SCU）的条件方差，以衡量市场风险的变化，结果显示股票市场与期铜市场的风险走势基本一致，并且股票市场的风险总体要领先于期铜市场，这表明股票市场的风险对期铜市场的风险具有导向作用，也充分证明了金融化因素风险导向作用机制的存在性。

为检验不同区制下期铝市场金融化因素对股票价格波动率影响的显著性，本书采用 MS-VAR 模型进行估计，同时也采用标准 VAR 模型进行估计，以对比两种模型的估计结果，结果如表 5-4 所示。

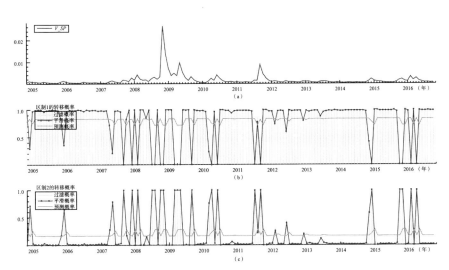

图 5-5　考虑期铜市场金融化因素的国际股票价格波动率区制转换

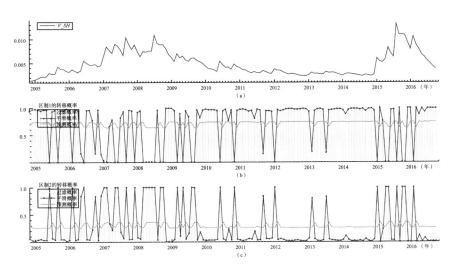

图 5-6　考虑期铜市场金融化因素的我国股票价格波动率区制转换

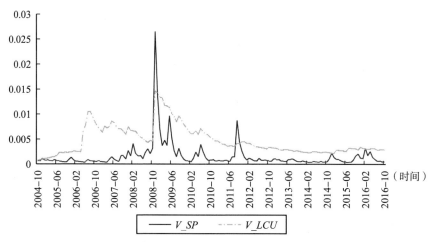

图 5 - 7　国际股票市场与国际期铜市场方差的波动情况

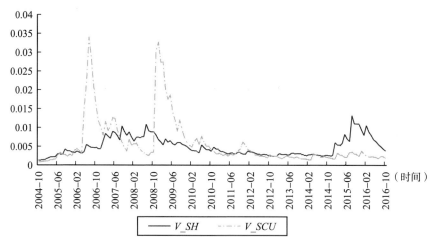

图 5 - 8　我国股票市场与我国期铜市场方差的波动情况

　　首先看标准 VAR 模型的参数估计结果，如表 5 - 4 第 2 列和第 4 列所示，对于国际股票市场，当期国际股票价格波动率主要受滞后一期投机行为、联邦基金利率以及广义美元指数的显著影响，$TOUJI_{t-1}$ 及 BDI_{t-1} 上涨 1%，将使国际股票价格波动率分别上升 0.0191% 和 0.0504%，FFR_{t-1}

表 5 – 4　期铝市场金融化因素对股票价格波动率影响的参数估计结果

变量	$V_{SP,t}$		$V_{SH,t}$	
	标准 VAR	MS – VAR	标准 VAR	MS – VAR
$C(S_1)$	0.0009 ***	0.0003 ***	0.0005 **	0.0005 ***
	(4.4319)	(7.8584)	(2.2434)	(5.5938)
$C(S_2)$		– 0.0001		0.0029 **
		(– 0.1836)		(2.0345)
$\phi_1(S_1)$	0.2074 ***	0.5092 ***	0.8971 ***	0.8245 ***
	(2.7177)	(89.4658)	(21.1131)	(30.8351)
$\phi_1(S_2)$		1.6655 ***		0.7434 ***
		(3.4759)		(3.0621)
$\beta_1(S_1)$	0.0191 ***	– 0.0005	– 0.0012	0.0031
	(4.2470)	(– 1.0459)	(– 0.5302)	(0.7752)
$\beta_1(S_2)$		0.0078		– 0.0099 **
		(0.7198)		(– 2.4342)
$\gamma_1(S_1)$	– 0.0072 ***	– 0.0000	– 0.0002	– 0.0020 ***
	(– 5.4144)	(– 0.0186)	(– 0.2252)	(– 10.0418)
$\gamma_1(S_2)$		– 0.0131 ***		0.0024
		(– 5.1816)		(0.9069)
$\lambda_1(S_1)$	0.0504 ***	0.0007	0.0129	0.0071
	(2.9476)	(0.3794)	(1.3126)	(0.8695)
$\lambda_1(S_2)$		– 0.0378		0.0254
		(– 0.8429)		(1.3349)
$\nu_1(S_1)$	– 0.0031	0.0001	– 0.0009	0.0000
	(– 1.2925)	(0.3070)	(– 0.6402)	(0.0053)
$\nu_1(S_2)$		– 0.0213 ***		– 0.0023
		(– 3.1646)		(– 0.6875)
LL	582.3065	743.3899	646.5672	736.9155

注：***、**、* 分别表示在 1%、5%、10%的显著性水平下显著。

上涨 1%，将使国际股票价格波动率下降 0.0072%，证明了金融化因素通过国际股票市场对期铝市场风险导向作用的存在性；而我国股票价格波动率则没有受到任何金融化因素的显著影响。为保证实证分析的严谨性，本书进一步采用 MS – VAR 模型进行不同区制下的影响效应分析，通过国际股票市场与我国股票市场波动率的区制转移概率分布（分别如图 5 – 9 和图 5 – 10 所示），可以从时间上将 2006 年 10 月至 2016 年 9 月的国际股票市场以及国内股票市场大致划分为两个区制：高波动区制与低波动区制，依据滤波和平滑概率，区制 1 代表"低波动"期，区制 2 代表"高波动"期。接着看不同区制下的参数估计结果，如表 5 – 4 第 3 列和第 5 列所示，对于国际股票市场，金融化因素仅在高波动状态下对国际股票价格波动率有显著影响，当期国际股票价格波动率主要受联邦基金利率以及原油价格的影响，FFR_{t-1} 和 COP_{t-1} 上涨 1%，将使国际股票价格波动率分别下降 0.0131% 和 0.0213%；对于我国股票市场，金融化因素在两区制下都对我国股票价格波动率有显著影响，在区制 1，当期我国股票价格波动率主要受联邦基金利率的影响，FFR_{t-1} 上涨 1%，将使我国股票价格波动率下降 0.0020%；在区制 2，当期我国股票价格波动率主要受投机行为的影响，$TOUJI_{t-1}$ 上涨 1%，将使我国股票价格波动率下跌 0.0099%。相较标准 VAR 模型，MS – VAR 模型的 LL 值更高，显示拟合效果更好，结果更具说服力。总之，期铝市场金融化因素对股票价格波动率具有显著影响，并且在股票市场高波动状态下表现得尤为显著。图 5 – 11 和图 5 – 12 分别刻画了国际股票市场（SP）与国际期铝市场（LAL）、国内股票市场（SH）与国内期铝市场（SAL）的条件方差，以衡量市场风险的变化，结果显示股票市场与期铝市场的风险走势基本一致，并且股票市场的风险总体要领先于期铝市场，这表明股票市场的风险对期铝市场的风险也具有导向作用，从而证明了金融化因素风险导向作用机制的存在性。

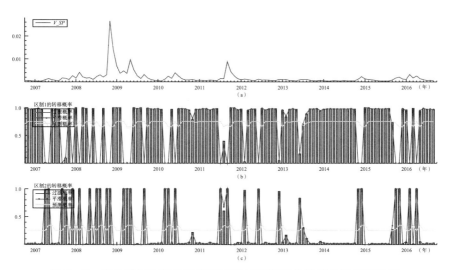

图 5 - 9　考虑期铝市场金融化因素的国际股票价格波动率区制转换

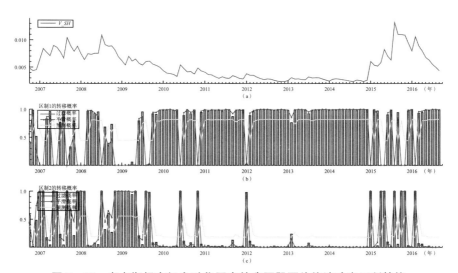

图 5 - 10　考虑期铝市场金融化因素的我国股票价格波动率区制转换

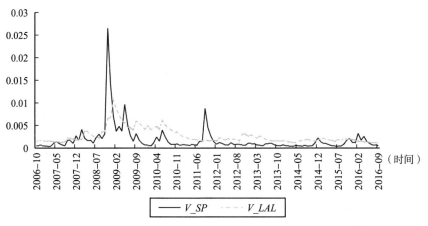

图 5 - 11　国际股票市场与国际期铝市场方差的波动情况

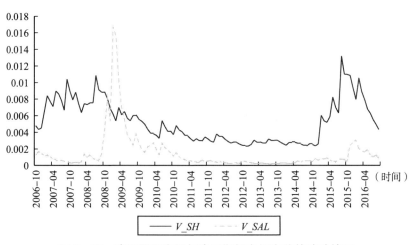

图 5 - 12　我国股票市场与我国期铝市场方差的波动情况

5.2 以羊群行为为中介放大作用的实证检验

5.2.1 模型与数据

借鉴安毅和王书明（2014）、田利辉等（2015）、顾荣宝等（2015）等的研究，本书采用横截面偏离度（CSAD）作为代理变量来检验有色金属市场的羊群行为。其公式如下：

$$CSAD_t = \frac{1}{N} \sum_{k=1}^{N} |M_{kt} - R_t| \tag{5-6}$$

其中，N 表示样本中的有色金属品种，M_{kt} 为铜、铝等有色金属价格的收益率，R_t 为整体商品市场的收益率。CSAD 指标表征了铜、铝等有色金属价格偏离整体商品市场的程度。在极端市场条件下当 CSAD 指标出现显著性下降时，表明不同有色金属品种的收益率存在共同波动的趋势，也就意味着有色金属市场存在羊群行为。因此依据式（5-6），本书设置有色金属市场羊群行为检验的基准模型如下：

$$CSAD_t = \alpha + \beta_1 |R_t| + \beta_2 R_t^2 + \varepsilon_t \tag{5-7}$$

若参数 β_2 显著为负，则代表有色金属价格偏离整体商品市场的程度会显著下降，也就意味着发生了羊群行为。

进一步将其转化为 VAR 模型表达式：

$$CSAD_t = \alpha + \phi_1 CSAD_{t-1} + \cdots + \phi_p CSAD_{t-p} + \beta_1 |R_{t-1}| + \cdots$$
$$+ \beta_p |R_{t-p}| + \gamma_1 R_{t-1}^2 + \cdots + \gamma_p R_{t-p}^2 + u_t \tag{5-8}$$

将其简化为：

$$CSAD_t = \alpha + \sum_{P=1}^{n} \phi_p CSAD_{t-p} + \sum_{p=1}^{n} \beta_p \mid R_{t-p} \mid + \sum_{p=1}^{n} \gamma_p R_{t-p}^2 + u_t$$

$$(5-9)$$

在此基础上，本书引入 MS – VAR 模型，考察不同区制下有色金属市场的羊群行为，其公式为：

$$CSAD_t = \alpha_t(S_t) + \sum_{p=1}^{n} \phi_p(S_t) CSAD_{t-p} + \sum_{p=1}^{n} \beta_p(S_t) \mid R_{t-p} \mid$$
$$+ \sum_{p=1}^{n} \gamma_p(S_t) R_{t-p}^2 + u_t(S_t) \qquad (5-10)$$

其中 S_t 代表区制变量，并且 $u_t \sim NID(0, \sum(S_t))$，参数转移函数 $\alpha_t(S_t)$，$\phi_p(S_t)$，$\beta_p(S_t)$ 以及 $\gamma_p(S_t)$ 描述了参数对已实现区制 S_t 的依赖性。在任何区制状态下，如系数 $\gamma_p(S_t)$ 显著为负，则意味着在该区制状态下出现了羊群行为。

本书进一步将有色金属价格上涨与下跌状态区分开来，构建了不同区制下市场上涨与下跌模型，其公式为：

$$CSAD_t = \alpha_t(S_t) + \sum_{p=1}^{n} \phi_p(S_t) CSAD_{t-p} + \sum_{p=1}^{n} \beta_p(S_t) R_{t-p}(1-D_{t-p})$$
$$+ \sum_{p=1}^{n} \gamma_p(S_t) R_{t-p}^2(1-D_{t-p}) + \sum_{p=1}^{n} \lambda_p(S_t) R_{t-p} D_{t-p}$$
$$+ \sum_{p=1}^{n} \nu_p(S_t) R_{t-p}^2 D_{t-p} + u_t(S_t) \qquad (5-11)$$

其中，D_t 为虚拟变量，满足

$$D_t = \begin{cases} 0, & R_{t-p} \geq 0 \\ 1, & R_{t-p} < 0 \end{cases} \qquad (5-12)$$

$\gamma_p(S_t)$ 用于检验有色金属价格上涨时的羊群行为，其显著为负，则表示有色金属市场存在羊群行为；$\nu_p(S_t)$ 用于检验价格下跌时的羊群行为，若其显著为负，则也说明此时市场存在羊群行为。

为进一步考虑金融化因素对羊群行为的影响，本书构建如下模型：

$$CSAD_t = \alpha_t(S_t) + \sum_{p=1}^{n} \phi_p(S_t) CSAD_{t-p} + \sum_{p=1}^{n} \beta_p(S_t) |R_{t-p}| + \sum_{p=1}^{n} \gamma_p(S_t) R_{t-p}^2$$

$$+ \sum_{p=1}^{n} \eta_p(S_t) |NCPP_{t-p}| + \sum_{p=1}^{n} \omega_p(S_t) NCPP_{t-p}^2$$

$$+ \sum_{p=1}^{n} \nu_p(S_t) |FFR_{t-p}| + \sum_{p=1}^{n} \xi_p(S_t) FFR_{t-p}^2$$

$$+ \sum_{p=1}^{n} \theta_p(S_t) |BDI_{t-p}| + \sum_{p=1}^{n} \psi_p(S_t) BDI_{t-p}^2$$

$$+ \sum_{p=1}^{n} \vartheta_p(S_t) |COP_{t-p}| + \sum_{p=1}^{n} \zeta_p(S_t) COP_{t-p}^2 + u_t(S_t) \qquad (5-13)$$

$NCPP$、FFR、BDI 以及 COP 分别代表金融化因素金融投机、联邦基金利率、广义美元指数以及原油价格。若 $\omega_p(S_t)$、$\xi_p(S_t)$、$\psi_p(S_t)$ 以及 $\zeta_p(S_t)$ 的系数显著为负，则说明金融化因素会导致有色金属市场的羊群行为，进而加剧有色金属价格波动。

在变量选择与数据来源上，本书选择伦敦金属交易所铜、铝期货合约作为研究样本，分别记为 LCU、LAL，铜样本区间为 2004 年 8 月至 2016 年 10 月，铝样本区间为 2006 年 8 月至 2016 年 9 月。同时选择 RJ/CRB 商品价格指数作为市场指数的代表。由于羊群行为的传染性，本书也选择我国上海期货交易所（SHFE）的铜、铝期货合约进行研究，分别记为 SCU、SAL，其中铜样本区间也为 2004 年 8 月至 2016 年 10 月，铝样本区间为 2006 年 8 月至 2016 年 9 月，并选取南华商品指数作为市场指数的代表。分别对这些变量进行单位根检验，发现其为一阶平稳。

5.2.2　不同区制下有色金属市场的羊群行为检验

为检验不同区制下有色金属市场的羊群行为，本书采用 MS - VAR 模型进行估计，同时也采用标准 VAR 模型进行估计，以对比两种模型的估计结果，结果如表 5 - 5 所示。

表 5 - 5　　　　　　　国际有色金属市场羊群行为检验参数估计结果

变量	$CSAD_{LCU,t}$		$CSAD_{IAL,t}$	
	标准 VAR	MS - VAR	标准 VAR	MS - VAR
$C(S_1)$	0.0306 ***	0.0188 *** (4.8092)	0.0254 ***	0.0113 *** (2.8684)
$C(S_2)$	(4.6394)	0.0430 *** (3.1198)	(5.0301)	0.0414 *** (5.6342)
$\phi_1(S_1)$	0.2684 ***	0.1577 *** (3.6945)	- 0.0591	- 0.0141 (- 0.2454)
$\phi_1(S_2)$	(3.2111)	0.6813 *** (3.8316)	(- 0.6567)	- 0.0555 (- 0.3990)
$\beta_1(S_1)$	- 0.0787	- 0.1774 (- 1.5838)	0.3237 **	0.0702 (0.7897)
$\beta_1(S_2)$	(- 0.3679)	0.3118 (0.6667)	(2.0493)	0.1916 (0.6536)
$\gamma_1(S_1)$	0.8899	2.0188 *** (3.1437)	- 1.2356	- 0.2448 (- 0.5754)
$\gamma_1(S_2)$	(0.6752)	- 2.0049 (- 0.6156)	(- 1.3172)	0.7996 (0.3560)
LL	278.4418	312.2225	275.2780	295.0861

注：*** 、** 、* 分别表示在 1%、5%、10% 的显著性水平下显著。

首先看标准 VAR 模型的参数估计结果，如表 5 - 5 第 2 列和第 4 列所示，国际期铜市场的 γ_1 为正，表明市场离散度与商品市场收益率呈现正相关，而国际期铝市场的 γ_1 为负，但是不显著，显示采用标准 VAR模型没有检测到国际有色金属市场的羊群行为；为保证实证分析的严谨性，本书进一步采用 MS - VAR 模型进行不同区制下的实证分析，通过国际期铜市场与国际期铝市场离散度的区制转移概率分布，分别如图 5 - 13

和图 5 - 14 所示，可以发现区制 1 为低波动区间，区制 2 为高波动区间，区制 1 下国际期铜市场与期铝市场离散度的标准差分别为 0.0145 和 0.0078、区制 2 下国际期铜市场与期铝市场离散度的标准差分别为 0.0355 和 0.0214。整体来看，国际期铜市场离散度绝大部分时间处于低

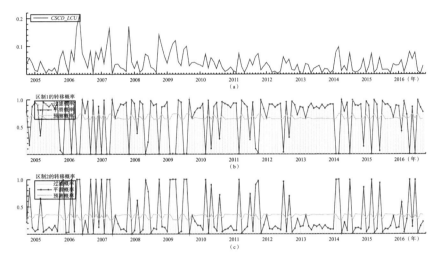

图 5 - 13　国际期铜市场离散度的区制转换概率

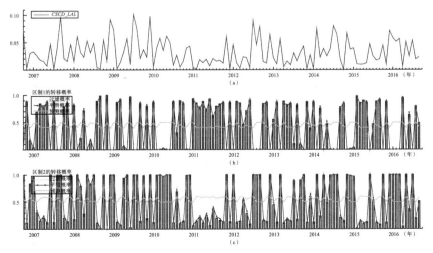

图 5 - 14　国际期铝市场离散度的区制转换概率

风险状态，而国际期铝市场离散度高波动区间与低波动区间交替分布。接着看不同区制下的参数估计结果，如表 5 - 5 第 3 列和第 5 列所示，结果发现在区制 2 下的国际期铜市场的 $\gamma_1(S_2)$ 与区制 1 下的国际期铝市场的 $\gamma_1(S_1)$ 的系数为负，但是都没有显著，显示在不同波动状态下，也没有检测到国际有色金属市场的羊群行为。

由于国内外有色金属市场的联动性，本书进一步采用标准 VAR 模型与 MS - VAR 模型来检验我国有色金属市场羊群行为的存在性，其结果如表 5 - 6 所示。

表 5 - 6　　　　　我国有色金属市场羊群行为检验参数估计结果

变量	$CSAD_{SCU,t}$		$CSAD_{SAL,t}$	
	标准 VAR	MS - VAR	标准 VAR	MS - VAR
$C(S_1)$	0.0253 *** (5.2039)	0.0217 *** (5.4821)	0.0120 *** (4.0097)	0.0126 *** (5.9741)
$C(S_2)$		0.0721 *** (2.8454)		0.0227 * (1.6771)
$\phi_1(S_1)$	0.3695 *** (4.7034)	0.0810 (1.5080)	0.1570 (1.6373)	- 0.0113 (- 0.1641)
$\phi_1(S_2)$		0.3994 * (1.8026)		0.0803 (0.2029)
$\beta_1(S_1)$	- 0.3678 * (- 1.9447)	- 0.1260 (- 0.5958)	0.2153 * (1.9018)	0.1364 (1.6204)
$\beta_1(S_2)$		- 0.4929 (- 0.6360)		0.9692 *** (2.7996)
$\gamma_1(S_1)$	4.1566 *** (3.4965)	0.4266 (0.1708)	- 0.2961 (- 0.4462)	0.1479 (0.2488)
$\gamma_1(S_2)$		3.7367 (1.2063)		- 3.9083 ** (- 2.5288)
LL	302.1623	341.8246	325.8192	351.7512

注：***、**、* 分别表示在 1%、5%、10% 的显著性水平下显著。

首先看标准 VAR 模型的参数估计结果，如表 5 - 6 第 2 列和第 4 列所示，我国期铜市场的 γ_1 的值为 4. 1566，显著为正，表明市场离散度与商品市场收益率呈现正相关，而我国期铝市场的 γ_1 为负，但是不显著，显示采用标准 VAR 模型没有检测到我国有色金属市场的羊群行为；为保证实证分析的严谨性，本书进一步采用 MS - VAR 模型进行不同区制下的实证分析，通过我国期铜市场与我国期铝市场离散度的区制转移概率分布，分别如图 5 - 15 和图 5 - 16 所示，可以发现区制 1 为低波动区间，区制 2 为高波动区间，区制 1 下我国期铜市场与期铝市场离散度的标准差分别为 0. 0146 和 0. 0093，区制 2 下我国期铜市场与期铝市场离散度的标准差分别为 0. 0370 和 0. 0177。整体来看，我国期铜、铝市场离散度绝大部分时间处于低风险状态，只有在国际金融危机等极端事件发生时期处于高风险状态。接着看不同区制下的参数估计结果，通过观察表 5 - 6 第 3 列和第 5 列，发现两区制下我国期铜市场的 $\gamma_1(S_1)$ 和 $\gamma_1(S_2)$ 都为正，而在区制 2 下我国期铝市场的 $\gamma_1(S_2)$ 的值为 - 3. 9083，并且在

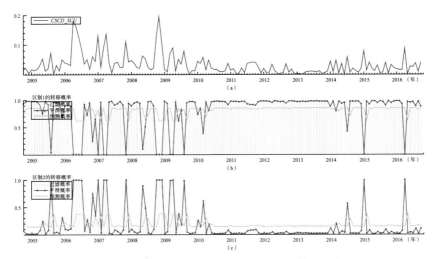

图 5 - 15　我国期铜市场离散度的区制转换概率

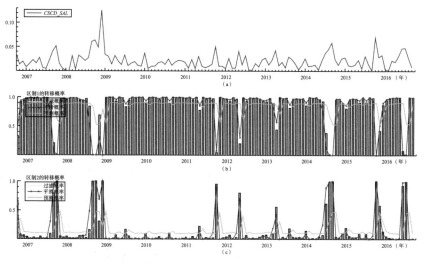

图 5 - 16　我国期铝市场离散度的区制转换概率

5% 水平下显著，显示当市场收益率的绝对值超过 12.4% 时，我国期铝市场在高波动状态下存在羊群行为，而我国期铜市场在任何状态下都没有检测到羊群行为。

5.2.3　上涨或下跌状态下有色金属市场的羊群行为检验

接下来本书继续采用标准 VAR 模型与 MS - VAR 模型对比分析国际有色金属市场在上涨与下跌状态时的羊群行为，其估计结果如表 5 - 7 所示。

首先看标准 VAR 模型的参数估计结果，如表 5 - 7 第 2 列和第 4 列所示，国际期铜市场的 ν_1 为正，γ_1 为负，但是不显著，显示国际期铜市场在上涨与下跌状态下均不存在羊群行为，而国际期铝市场的 γ_1 和 ν_1 均为负，并且 ν_1 在 10% 水平下显著，显示在下跌状态下，当市场收益率超过 - 11.97% 时，国际期铝市场存在羊群行为；为保证实证分析的严谨

表 5 – 7　　上涨或下跌状态下国际有色金属市场羊群行为检验参数估计结果

变量	$CSAD_{LCU,t}$		$CSAD_{LAL,t}$	
	标准 VAR	MS – VAR	标准 VAR	MS – VAR
$C(S_1)$	0.0288 ***	0.0190 *** (4.5620)	0.0256 ***	0.0170 *** (4.0759)
$C(S_2)$	(3.9507)	0.0352 ** (2.2513)	(4.2957)	0.0406 *** (5.2095)
$\phi_1(S_1)$	0.2522 ***	0.1547 *** (3.5378)	– 0.0442	– 0.0898 (– 1.5235)
$\phi_1(S_2)$	(2.9730)	0.6997 *** (3.8861)	(– 0.4749)	– 0.1711 (– 1.2873)
$\beta_1(S_1)$	0.2647	– 0.1705 (– 0.6067)	0.2336	– 0.4190 * (– 1.8285)
$\beta_1(S_2)$	(0.5291)	1.3066 (1.1239)	(0.5916)	0.5189 (0.9837)
$\gamma_1(S_1)$	– 2.8460	2.6187 (0.7088)	– 1.6280	10.8850 *** (3.3140)
$\gamma_1(S_2)$	(– 0.4069)	– 17.8123 (– 0.9718)	(– 0.2780)	– 8.1672 (– 1.0573)
$\lambda_1(S_1)$	0.1358	0.2348 * (1.8208)	– 0.4072 **	0.0536 (0.5406)
$\lambda_1(S_2)$	(0.5568)	– 0.3349 (– 0.6188)	(– 2.3124)	– 0.6468 ** (– 2.3396)
$\nu_1(S_1)$	1.3156	2.3079 *** (3.2860)	– 1.7005 *	0.2832 (0.5839)
$\nu_1(S_2)$	(1.4296)	– 1.8911 (– 0.5292)	(– 1.6858)	– 2.8241 (– 1.5221)
LL	279.1970	312.2225	276.3124	298.2149

注：***、**、*分别表示在 1%、5%、10% 的显著性水平下显著。

性，本书进一步采用 MS - VAR 模型进行不同区制下的实证分析，通过国际期铜市场与国际期铝市场离散度的区制转移概率分布，分别如图 5 - 17 和图 5 - 18 所示，可以发现区制 1 为低波动区间，区制 2 为高波动区间，

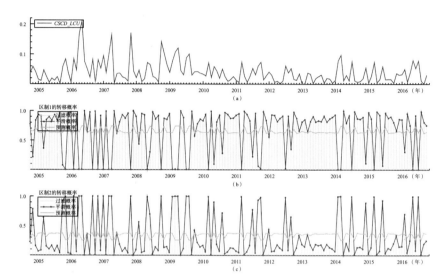

图 5 - 17　上涨或下跌状态下国际期铜市场离散度的区制转换概率

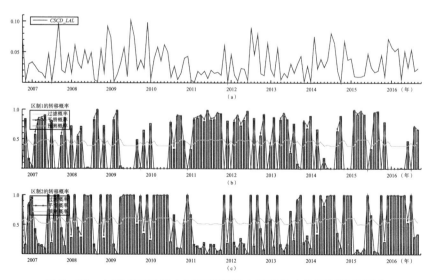

图 5 - 18　上涨或下跌状态下国际期铝市场离散度的区制转换概率

区制 1 下国际期铜市场与期铝市场离散度的标准差分别为 0.0144 和 0.0072，区制 2 下国际期铜市场与期铝市场离散度的标准差分别为 0.0352 和 0.0215。整体来看，在上涨或下跌状态下国际期铜市场离散度绝大部分时间处于低风险状态，而国际期铝市场离散度高波动区间与低波动区间交替分布。接着看不同区制下的参数估计结果，通过观察表 5 - 7 第 3 列和第 5 列，发现在区制 2 下的国际期铜市场与国际期铝市场的 $\gamma_1(S_2)$ 与 $\nu_1(S_2)$ 均为负，但是都不显著，显示在高低波动两区制下，国际期铜、期铝市场在上涨或下跌状态下都不存在羊群行为。

　　本书进一步采用标准 VAR 模型与 MS - VAR 模型来检验我国有色金属市场在上涨或下跌状态下羊群行为的存在性，其结果如表 5 - 8 所示。

表 5 - 8　　上涨或下跌状态下我国有色金属市场羊群行为检验结果

变量	$CSAD_{SCU,t}$		$CSAD_{SAL,t}$	
	标准 VAR	MS - VAR	标准 VAR	MS - VAR
$C(S_1)$	0.0228 ***	0.0136 *** (3.5533)	0.0123 ***	0.0122 *** (4.8762)
$C(S_2)$	(4.3270)	0.0304 *** (2.9413)	(3.8424)	0.0186 * (1.7981)
$\phi_1(S_1)$	0.3787 ***	0.1474 *** (3.4076)	0.1149	0.0191 (0.2546)
$\phi_1(S_2)$	(4.8181)	0.7387 *** (5.0377)	(1.1727)	0.2761 (0.9332)
$\beta_1(S_1)$	0.0680	0.2040 (1.1298)	0.1642	0.1128 (0.7339)
$\beta_1(S_2)$	(0.2008)	0.4486 (0.7009)	(0.7771)	0.2824 (0.4734)

续表

变量	$CSAD_{SCU,t}$		$CSAD_{SAL,t}$	
	标准 VAR	MS - VAR	标准 VAR	MS - VAR
$\gamma_1(S_1)$	- 1.5414 (- 0.3680)	- 3.4633 (- 1.6136)	- 0.4398 (- 0.1664)	0.4926 (0.2769)
$\gamma_1(S_2)$		- 6.9291 (- 0.9355)		- 3.3545 (- 0.4078)
$\lambda_1(S_1)$	0.4089 * (1.8130)	0.4064 *** (3.5710)	- 0.3502 ** (- 2.5735)	- 0.0838 (- 0.7615)
$\lambda_1(S_2)$		- 0.7460 (- 1.0391)		- 0.9409 *** (- 3.1484)
$\nu_1(S_1)$	4.5264 *** (3.4958)	5.3613 *** (9.3709)	- 0.8524 (- 1.1785)	0.3425 (0.5871)
$\nu_1(S_2)$		- 15.8289 (- 1.6266)		- 3.9267 *** (- 2.7061)
LL	303.5315	348.6765	327.6826	353.9783

注：*** 、** 、* 分别表示在 1%、5%、10% 的显著性水平下显著。

首先看标准 VAR 模型下的参数估计结果，如表 5 - 8 第 2 列和第 4 列所示，我国期铜市场的 ν_1 为正，γ_1 为负，但是不显著，显示我国期铜市场在上涨与下跌状态下均不存在羊群行为，而国际期铝市场的 γ_1 和 ν_1 均为负，但均不显著，显示我国期铝市场在上涨与下跌状态下不存在羊群行为；为保证实证分析的严谨性，本书进一步采用 MS - VAR 模型进行不同区制下的实证分析，通过我国期铜市场与我国期铝市场离散度的区制转移概率分布，分别如图 5 - 19 和图 5 - 20 所示，可以发现区制 1 为低波动区间，区制 2 为高波动区间，区制 1 下我国期铜市场与期铝市场离散度的标准差分别为 0.0102 和 0.0090、区制 2 下我国期铜市场与期铝市场离散度的标准差分别为 0.0307 和 0.0167。整体来看，在上涨

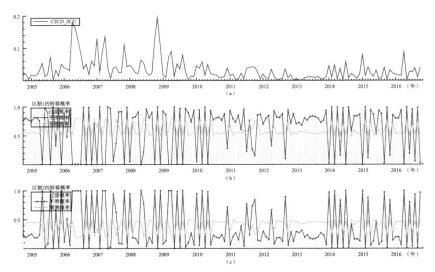

图 5 - 19　上涨或下跌状态下我国期铜市场离散度的区制转换概率

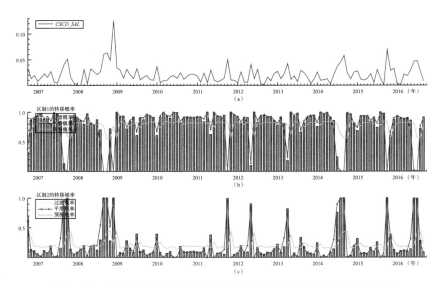

图 5 - 20　上涨或下跌状态下我国期铝市场离散度的区制转换概率

或下跌状态下我国期铜、期铝市场的离散度绝大部分时间处于低风险状态，只有在国际金融危机等极端事件发生期间，处于高风险状态。接着进行参数分析，通过观察表 5 - 8 第 3 列和第 5 列，发现在两区制下我国

期铜市场的 $\gamma_1(S_1)$、$\gamma_1(S_2)$ 以及 $\nu_1(S_2)$ 都为负,但是均不显著,显示在高低波动两区制下,我国期铜市场在上涨或下跌状态下都不存在羊群行为;而区制 2 下我国期铝市场的 $\gamma_1(S_2)$ 和 $\nu_1(S_2)$ 均为负,并且 $\nu_1(S_2)$ 在 1% 水平下显著,显示在高波动区制下,当市场下跌时,并且市场收益率超过 −11.98% 时,我国期铝市场存在羊群行为。

5.2.4 不同区制下金融化因素对有色金属市场羊群行为的影响

接下来本书加入金融化因素,采用标准 VAR 模型与 MS – VAR 模型来分析金融化因素对国际有色金属市场羊群行为的影响,其估计结果如表 5 – 9 所示。

表 5 – 9　　　　金融化因素对国际有色金属市场羊群行为的影响

变量	$CSAD_{LCU,t}$		$CSAD_{LAL,t}$	
	标准 VAR	MS – VAR	标准 VAR	MS – VAR
$C(S_1)$	0.0514 (0.5408)	0.0652 (1.2854)	− 0.0088 (− 0.1144)	0.1153 *** (4.1052)
$C(S_2)$		0.3926 *** (2.8630)		− 0.0253 (− 0.2675)
$\phi_1(S_1)$	0.2281 ** (2.6088)	0.1010 ** (2.2097)	− 0.1105 (− 1.2510)	− 0.0317 (− 0.9345)
$\phi_1(S_2)$		0.2881 ** (2.1787)		− 0.1010 (− 0.8905)
$\beta_1(S_1)$	0.0834 (0.2671)	0.0262 (0.1505)	0.3424 (1.5362)	0.3667 *** (4.5511)
$\beta_1(S_2)$		0.1655 (0.4020)		0.1618 (0.4892)

续表

变量	$CSAD_{LCU,t}$		$CSAD_{LAL,t}$	
	标准 VAR	MS – VAR	标准 VAR	MS – VAR
$\gamma_1(S_1)$	– 2.5141 (– 0.8332)	– 2.6338 (– 1.3383)	– 0.1053 (– 0.0503)	– 3.2386 *** (– 4.2337)
$\gamma_1(S_2)$		– 5.7006 (– 1.3671)		3.1843 (0.9815)
$\eta_1(S_1)$	– 0.0666 (– 0.1468)	– 0.1684 (– 0.6980)	0.1332 (0.3647)	– 0.5714 *** (– 4.3783)
$\eta_1(S_2)$		– 1.4705 ** (– 2.2014)		0.2900 (0.6445)
$\omega_1(S_1)$	0.0439 (0.0805)	0.1604 (0.5491)	– 0.0763 (– 0.1760)	0.7822 *** (4.9712)
$\omega_1(S_2)$		1.6150 ** (2.0261)		– 0.2553 (– 0.4808)
$\nu_1(S_1)$	0.0886 * (1.7520)	0.0696 *** (2.7988)	0.1342 *** (2.8714)	0.2220 *** (15.0319)
$\nu_1(S_2)$		0.5662 *** (5.6606)		0.0648 (1.0547)
$\xi_1(S_1)$	– 0.1210 * (– 1.6972)	– 0.0789 ** (– 2.3015)	– 0.1385 ** (– 2.3655)	– 0.2043 *** (– 12.0571)
$\xi_1(S_2)$		– 0.6404 *** (– 5.2776)		– 0.0883 (– 0.8895)
$\theta_1(S_1)$	– 2.1412 * (– 1.6737)	– 1.2191 * (– 1.6702)	– 0.6413 (– 0.6930)	– 1.2802 *** (– 3.7204)
$\theta_1(S_2)$		– 5.4936 *** (– 2.7985)		– 1.8854 (– 1.2927)
$\psi_1(S_1)$	82.4555 * (1.9065)	55.7745 ** (2.1626)	– 13.1992 (– 0.4361)	34.9106 *** (3.1340)
$\psi_1(S_2)$		173.6271 *** (2.7646)		27.6435 (0.5123)

续表

变量	$CSAD_{LCU,t}$		$CSAD_{LAL,t}$	
	标准 VAR	MS – VAR	标准 VAR	MS – VAR
$\vartheta_1(S_1)$	0.0951 (0.6328)	– 0.1450 (– 1.4484)	– 0.0559 (– 0.5057)	– 0.1453 *** (– 2.6741)
$\vartheta_1(S_2)$		0.3346 (1.5765)		0.0277 (0.1932)
$\zeta_1(S_1)$	– 0.0397 (– 0.0567)	1.3477 ** (2.2655)	0.0692 (0.1382)	0.5486 * (1.9753)
$\zeta_1(S_2)$		– 1.4883 * (– 1.7763)		– 0.4241 (– 0.7071)
LL	283.6064	327.7583	285.0221	312.9595

注：*** 、** 、* 分别表示在 1% 、5% 、10% 的显著性水平下显著。

　　首先看标准 VAR 模型的参数估计结果，如表 5 – 9 第 2 列和第 4 列所示，对于国际期铜市场，有 ξ_1 与 ζ_1 为负，但只有 ξ_1 在 10% 水平下显著，表明联邦基金利率对国际期铜市场的羊群行为产生显著影响，金融化因素在一定程度上导致了国际期铜市场羊群行为的产生；对于国际期铝市场，有 ω_1、ξ_1 及 ψ_1 为负，但只有 ξ_1 在 5% 水平下显著，显示联邦基金利率对国际期铝市场的羊群行为产生显著影响，金融化因素在一定程度上导致了国际期铝市场羊群行为的产生。为保证实证分析的严谨性，本书进一步采用 MS – VAR 模型进行不同区制下的实证分析，通过观察加入金融化因素的国际期铜市场与国际期铝市场离散度的区制转移概率分布，分别如图 5 – 21 和图 5 – 22 所示，可以发现区制 1 为低波动区间，区制 2 为高波动区间，区制 1 下国际期铜市场与期铝市场离散度的标准差分别为 0.0146 和 0.0042，区制 2 下国际期铜市场与期铝市场离散度的标准差分别为 0.0225 和 0.0217。整体来看，国际期铜市场离散度绝

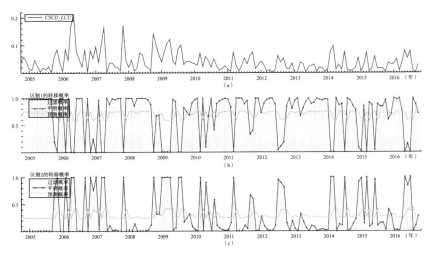

图 5 - 21　加入金融化因素的国际期铜市场离散度的区制转换概率

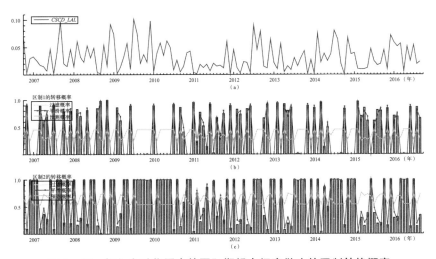

图 5 - 22　加入金融化因素的国际期铝市场离散度的区制转换概率

大部分时间处于低风险状态，而国际期铝市场离散度高波动区间与低波动区间交替分布。接着进行参数分析，通过观察表 5 - 9 第 3 列和第 5 列，对于国际期铜市场，发现 $\xi_1(S_1)$、$\xi_1(S_2)$ 及 $\zeta_1(S_2)$ 分别在 5%、

1% 及 10% 水平下显著为负，显示在高低波动状态下，联邦基金利率均导致了羊群行为的产生，而在高波动状态下，石油价格导致了羊群行为的产生；对于国际期铝市场，发现 $\omega_1(S_2)$、$\xi_1(S_1)$、$\xi_1(S_2)$ 及 $\zeta_1(S_2)$ 为负，但只有 $\xi_1(S_1)$ 在 1% 水平下显著，显示在低波动状态下，联邦基金利率导致了羊群行为的产生。

接着本书进一步采用标准 VAR 模型与 MS – VAR 模型来实证检验金融化因素对我国有色金属市场羊群行为的影响，其结果如表 5 – 10 所示。

表 5 – 10　　　金融化因素对国内有色金属市场羊群行为的影响

变量	$CSAD_{SCU,t}$		$CSAD_{SAL,t}$	
	标准 VAR	MS – VAR	标准 VAR	MS – VAR
$C(S_1)$	0.0977 (1.2260)	0.0926 ** (1.9929)	0.0117 *** (2.6443)	0.1153 *** (4.1052)
$C(S_2)$		0.5049 ** (2.2749)		0.0296 *** (3.2796)
$\phi_1(S_1)$	0.3229 *** (3.5846)	0.0514 (0.9098)	0.0649 (0.6253)	-0.0567 (-0.6685)
$\phi_1(S_2)$		0.3795 (1.7405)		-0.1314 (-0.7320)
$\beta_1(S_1)$	0.1405 (0.5961)	-0.1158 (-0.7752)	0.2457 * (1.7725)	0.0908 (0.9120)
$\beta_1(S_2)$		0.3659 (-0.6291)		0.3552 (1.3604)
$\gamma_1(S_1)$	-2.4228 (-0.9884)	1.4203 (0.9555)	-1.1840 (-0.8641)	0.0233 (0.0260)
$\gamma_1(S_2)$		-2.1390 (-0.3326)		-6.0826 ** (-2.2078)

变量	$CSAD_{SCU,t}$		$CSAD_{SAL,t}$	
	标准 VAR	MS – VAR	标准 VAR	MS – VAR
$\eta_1(S_1)$	−0.3100 (−0.8152)	−0.3306 (−1.4831)	0.3615 *** (3.3136)	0.1366 * (1.9352)
$\eta_1(S_2)$		−1.9698 * (−1.9012)		0.8862 *** (4.0925)
$\omega_1(S_1)$	0.3329 (0.7305)	0.3914 (1.4674)	−1.7346 *** (−2.9716)	−0.3925 (−1.0610)
$\omega_1(S_2)$		2.2247 * (1.8249)		−6.5039 *** (−3.8385)
$\nu_1(S_1)$	0.0775 * (1.8017)	0.0427 (1.5990)	0.0071 (0.2441)	−0.0589 *** (−2.7487)
$\nu_1(S_2)$		0.5019 *** (3.3425)		−0.0104 (−0.1918)
$\xi_1(S_1)$	−0.0886 (−1.4885)	−0.0327 (−1.0009)	0.0172 (0.4455)	0.0757 *** (2.9612)
$\xi_1(S_2)$		−1.0257 *** (−3.2884)		0.0117 (0.1155)
$\theta_1(S_1)$	−3.0890 *** (−2.9230)	1.9147 *** (−3.0443)	−0.4395 (−0.7207)	0.0126 (0.0316)
$\theta_1(S_2)$		−8.1296 *** (−3.3650)		−1.6530 (−1.2230)
$\psi_1(S_1)$	119.4597 *** (3.1683)	70.1293 *** (3.1505)	4.5668 (0.2175)	−3.7471 (−0.2803)
$\psi_1(S_2)$		286.9730 *** (3.2450)		73.9874 (1.7226)
$\vartheta_1(S_1)$	0.0215 (0.1896)	0.0676 (1.0999)	−0.0743 (−1.1198)	−0.0467 (−1.1503)
$\vartheta_1(S_2)$		−0.2646 (−0.8269)		−0.2124 (−1.4910)

续表

变量	$CSAD_{SCU,t}$		$CSAD_{SAL,t}$	
	标准 VAR	MS – VAR	标准 VAR	MS – VAR
$\zeta_1(S_1)$	0.0330 (0.0682)	-0.2805 (-1.0168)	0.4610 (1.6301)	0.3012 * (1.6884)
$\zeta_1(S_2)$		1.9122 (1.4975)		2.0659 *** (3.4214)
LL	311.2505	358.1316	336.6313	368.6813

注：***、**、*分别表示在 1%、5%、10% 的显著性水平下显著。

首先看标准 VAR 模型的参数估计结果，如表 5 – 10 第 2 列和第 4 列所示，对于我国期铜市场，只有 ξ_1 为负，但不显著，显示金融化因素对我国期铜市场羊群行为的影响并不显著；对于我国期铝市场，只有 ω_1 为负，且在 1% 水平下显著，显示投机行为对我国期铝市场的羊群行为产生显著影响，金融化因素在一定程度上导致了我国期铝市场羊群行为的产生。为保证实证分析的严谨性，本书进一步采用 MS – VAR 模型进行不同区制下的实证分析，通过加入金融化因素的我国期铜市场与我国期铝市场离散度的区制转移概率分布，分别如图 5 – 23 和图 5 – 24 所示，可以发现区制 1 为低波动区间，区制 2 为高波动区间，区制 1 下我国期铜市场与期铝市场离散度的标准差分别为 0.0131 和 0.0042，区制 2 下我国期铜市场与期铝市场离散度的标准差分别为 0.0254 和 0.0217。整体来看，我国期铜、期铝市场离散度绝大部分时间处于低风险状态，只有在国际金融危机等极端事件发生期间处于高风险状态。接着进行参数分析，通过观察表 5 – 10 第 3 列和第 5 列，对于我国期铜市场，发现 $\xi_1(S_1)$、$\xi_1(S_2)$ 及 $\zeta_1(S_1)$ 为负，但只有 $\xi_1(S_2)$ 在 1% 水平下显著，显示在高波动状态下，联邦基金利率导致了羊群行为的产生；对于我国期铝市场，发现 $\omega_1(S_1)$、$\omega_1(S_2)$、$\psi_1(S_1)$ 为负，但只有 $\omega_1(S_2)$ 在 1% 水平下显著，显示在高波动状态下，投机行为导致了羊群行为的产生。

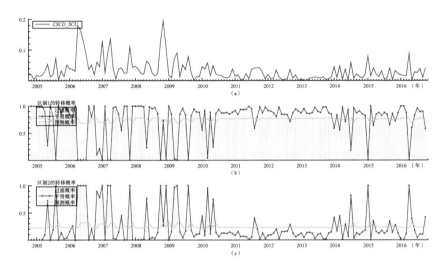

图 5-23　加入金融化因素的我国期铜市场离散度的区制转换概率

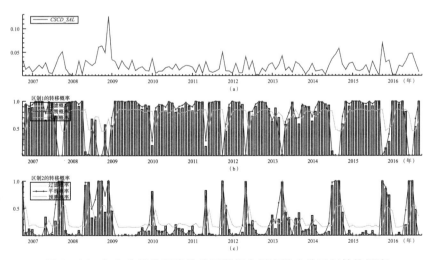

图 5-24　加入金融化因素的我国期铝市场离散度的区制转换概率

上述研究表明，随着有色金属金融化趋势的增强，金融化因素导致了有色金属市场追涨杀跌式羊群行为的产生，从而放大了有色金属价格的波动幅度，从而证明了金融化因素放大作用机制的存在，加入金融化因素后，模型的 LL 值均显著提高，表明模型检验的稳定性与有效性，同时不同区制状态下的 MS － VAR 模型结果表明，在高低波动状态下，金融化因素对有色金属市场羊群行为的影响具有差异性，在高低波动状态下，联邦基金利率均导致了国际期铜市场羊群行为的产生，而在高波动状态下，石油价格导致了国际期铜市场羊群行为的产生；对于国际期铝市场，联邦基金利率对羊群行为的影响仅存在于低波动状态下。对于我国有色金属市场，仅在高波动状态下，联邦基金利率与投机行为分别导致了我国期铜市场与期铝市场羊群行为的产生。

5.3　有色金属价格波动金融化因素作用机制的现实解释

前面证实了金融化因素对有色金属价格波动的确存在导向作用和放大作用这两种作用机制，接下来本书将以铜为例，采用金融化因素作用机制的分析框架来解释 2004 ～ 2016 年有色金属价格剧烈波动背后的原因。

2004 年以来随着有色金属金融化趋势的增强，金融化因素对有色金属价格波动的影响日益显著，图 5 － 25 显示了美国商品期货委员会（CFTC）报告的铜期货市场持仓总量（双边）以及非商业交易者持仓总量的变动情况，其中非商业交易者持仓主要为投机持仓，可以发现，两者的变动趋势基本一致，在样本期间内都呈现显著增长态势，铜期货市场持仓总量由 2004 年 8 月 143 508 手上升到 2016 年 10 月 394 460 手，增长了 1.75 倍，同期非商业交易者持仓量由 39 162 手上升到 218 532 手，增长了 4.58 倍，在总持仓中的占比由 27.3% 上升到 55.4%。

图 5 - 25 铜期货总持仓与非商业交易者持仓情况

图 5 - 26 显示了投机压力指标与 LME 期铜价格的变动情况，投机压力数值的正负可以代表对国际期铜价格涨跌的判断，可以发现两者的趋势呈现高度相关性。依据放大效应的实证结果，在金融化因素的作用下，期铜市场要在高波动状态下达到一定阈值时才会出现羊群行为，而由图 5 - 7 可知，可以看出，期铜市场风险主要聚集在 2008 年国际金融危机期间，这意味着，此段时间发生羊群行为的概率比较大，其他时段发生羊群行为的概率比较小。

在 2004 年 8 月至 2006 年 5 月这段时间内，金融投机者判断铜价上涨的概率大，此时投机者不仅会在股票市场上追加投资，也会相应增持铜期货合约，需求的拉动作用以及股票市场的导向作用促使期铜价格不断上涨；在 2006 年 6 月至 2008 年 8 月这段时间内，由于期铜市场面临

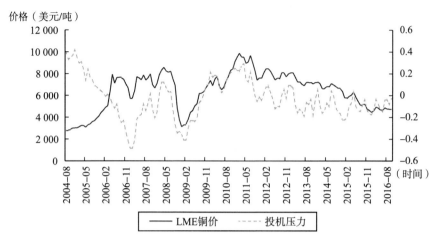

图 5 – 26　LME 铜价与投机压力指标的变动情况

较大风险，此时投机者持谨慎观望态度，空头居多，期铜价格也相应表现为回调状态，但是由于股票市场的风险较小，因此在导向作用下，期铜市场的风险逐渐降低，并没有达到羊群行为发生的风险临界值，但是随着美国次贷危机的爆发，在股票市场风险导向作用下，期铜市场的风险急剧放大并突破阈值，期铜价格下跌时开始出现羊群行为，杀跌抛售（如图 5 – 26 所示），放大作用也在这次期铜价格下跌时运行，导致大量投资者大规模出现恐慌式抛售行为，最终造成了期铜价格在 2008 年末的暴跌。在 2009 年 1 月至 2011 年 1 月这段时间内，随着铜价下跌，风险也逐渐下降，此时投机者对铜价的方向判断总体为正，投机者在资产组合中在增加股票份额的同时，也会增持铜期货合约，此时通过股票市场的导向作用促使期铜价格不断上涨，但在 2010 年末由于股票市场风险急剧上升，促使投资者出于避险将大量资金投入到风险相对较低的期铜市场，促使期铜市场在 2011 年初出现暴涨，此后至 2016 年 10 月，投机者对铜价的方向判断总体为负，空头占主导地位，促使铜价呈缓慢下跌趋势，但由于股票市场与期铜市场的风险都较低，因而没有发生杀跌式的羊群行为。

5.4 本章小结

本章在第 4 章考察有色金属价格波动金融化因素影响效应的基础上，结合第 2 章的理论分析，进一步实证检验有色价格波动金融化因素的作用机制，以深入考察有色金属价格波动金融化因素的微观机理。本章证实了金融化因素对有色金属价格波动存在导向作用和放大作用这两种作用机制：在导向作用上，以股票价格为中介，主要表现为收益导向与风险导向，在金融化因素作用下，在构建资产组合时，不仅会增加股票投资，也会相应增持有色金属资产，从而使得股票市场与有色金属市场呈现出显著的收益溢出效应与风险溢出效应；在放大作用上，以羊群行为为中介，发现在金融化因素的作用下，有色金属市场在高波动状态下达到一定阈值时会出现追涨杀跌式羊群行为，从而放大了有色金属价格的波动幅度。

同时，本章还应用有色金属价格波动金融化因素作用机制的分析框架解释了 2004~2016 年有色金属价格剧烈波动背后的原因，发现在除国际金融危机的时段内，由于有色金属市场的风险相对较低，金融化因素的作用机制主要为导向作用，通过需求冲击以及股票指数收益的引导，促使有色金属价格呈现平稳上涨与小幅下跌状态；而在 2008 年国际金融危机期间，在股票市场风险导向作用下，有色金属市场的风险急剧放大并突破阈值，金融化因素的放大作用在此时运行，表现在有色金属价格下跌时开始出现杀跌式羊群行为，投资者大规模进行恐慌式抛售，最终造成了有色金属价格在 2008 年末的暴跌。

第6章

考虑金融化因素的有色金属价格
波动行业传导效应分析

进入 21 世纪以来，随着有色金属金融化趋势的增强，金融化因素与供需因素等多重因素的交织作用，使得国际有色金属价格呈现出剧烈波动状态。同时，我国在资源利用战略与政策上长期采取"国内国外两种资源、两个市场"的指导方针，虽然一定程度上保障了国内有色金属供给安全，但也导致一些主要有色金属供给严重依赖国际市场，形成较高的对外依存度。在高对外依存度下，有色金属市场金融化的日益深化必定通过扭曲国际有色金属价格、进而抬高有色金属行业成本来影响国内有色金属行业，日益成为我国有色金属行业运行的一个重要制约因素。因此，本章在第 4、第 5 章考察有色金属价格波动金融化因素微观机理的基础上，结合第 2 章的理论分析，进一步从宏观层面考察金融化因素导致的有色金属价格波动对有色金属行业的影响。本章将拓展凯丽安（2009）的研究框架，将金融化因素纳入有色金属价格冲击体系，通过构建 SVAR 模型，将有色金属价格波动分解为供给冲击、经济需求冲击、金融投机冲击及预防性需求冲击，着重考察金融化因素导致的有色金属价格波动对有色金属行业影响的相对重要性，在此基础上，为考察不同时间尺度的差异性及有色金属价格波动的结构性特征，本书进一步利用带有随机波动的时变参数因子结构向量自回归（TVP - SVAR - SV）模型，对金融化因素导致的有色金属价格波动对有色金属上中下游行业影响的时变特征进行考察，从而有针对性从细分行业角度提出有效应对有色金属金融化不利冲击，防范和化解金融化风险的政策建议。

6.1　考虑金融化因素的有色金属价格波动分解

6.1.1　SVAR 模型构建

在现有相关研究中，向量自回归模型（VAR）被学者们广泛采用，但它具有不考虑经济理论、无法刻画当期相关关系等局限性，为此，西姆斯（Sims，1986）和伯南克（Bernanke，1986）在 VAR 模型的基础上，提出了结构向量自回归模型（SVAR），SVAR 模型依据现有经济理论，设置变量之间的当期相关关系，可以有效识别内在结构性误差；同时对同期关系矩阵施加约束条件，可以简化模型参数估计以及减少自由度的损失，相比较 VAR 模型能更准确描述国际有色金属价格冲击的动态影响，也更符合经济现实。由于 SVAR 模型以 VAR 模型为基础，本书首先构建一个 VAR 模型：

$$y_t = \phi_1 y_{t-1} + \cdots + \phi_p y_{t-p} + e_t \tag{6-1}$$

其中，y_t 为内生向量，p 为滞后阶数，e_t 为扰动项，ϕ_1，$\cdots$，ϕ_p 是需要估计的参数矩阵。

本书借鉴凯丽安（2009）的研究框架，在其构建包含供给冲击、经济需求冲击以及预防性需求冲击的 SVAR 模型基础上，进一步将预防性需求冲击分解为金融投机冲击及其他预防性需求冲击，以刻画包含金融化因素在内的不同类型冲击对国际有色金属价格波动的影响。

上述 4 个变量组成的 SVAR 模型如下：

$$Ay_t = \phi_1 y_{t-1} + \cdots + \phi_p y_{t-p} + \varepsilon_t \qquad (6-2)$$

其中，$y_t = (SU, BDI, NCPP, P)$，P 是国际有色金属价格，SU 代表国际有色金属供给，BDI 是波罗的海干散货指数，代表经济需求，由于 SVAR 模型对于变量要求严格的经济含义，并根据经济理论设置相应的约束条件，为简化考虑，本章依据张倩（2012）、陈美秀等（2016）的研究，对于金融化因素选取金融投机作为代表，并用 $NCPP$ 作为代理变量，ε_t 为白噪声向量，A 为变量之间的同期关系矩阵，为识别矩阵 A，将式（6-1）两边同时左乘 A，有：

$$Ay_t = A\phi_1 y_{t-1} + \cdots + A\phi_p y_{t-p} + Ae_t \qquad (6-3)$$

比较式（6-3）与式（6-2），得：

$$Ae_t = \varepsilon_t \qquad (6-4)$$

将 ε_t 标准正交化为 $\varepsilon_t = Bu_t$，则 SVAR 的估计模型可写为：

$$Ae_t = Bu_t \qquad (6-5)$$

式（6-5）称为 AB - 型 SVAR 模型，其中，$E(u_t u_t') = I$，u_t 是结构性冲击向量，分别代表四类结构性有色金属价格冲击，为确保模型能够有效识别，需要对矩阵 A 施加一系列约束条件，就 AB - 型 SVAR 模型而言，在存在 k 个解释变量的情况下，一般需对矩阵 A 施加 $k(k-1)/2$ 个约束条件，矩阵 A 的具体形式如下：

$$A = \begin{pmatrix} 1 & \alpha_{12} & \alpha_{13} & \alpha_{14} \\ \alpha_{21} & 1 & \alpha_{23} & \alpha_{24} \\ \alpha_{31} & \alpha_{32} & 1 & \alpha_{34} \\ \alpha_{41} & \alpha_{42} & \alpha_{43} & 1 \end{pmatrix} \qquad (6-6)$$

本书选择短期约束，施加 $4 \times (4-1)/2 = 6$ 个约束条件，依据凯丽安（2009）和胡春艳等（2017）的研究，本书作如下假设：（1）由于有色金属生产规模调整周期较长，当期的国际有色金属供给不受当期经济需求冲击、金融投机冲击及其他预防性需求冲击的影响，即 $\alpha_{12} = \alpha_{13} = \alpha_{14} = 0$；（2）当期的经济活动不受金融投机冲击及其他预防性需求冲击的影响，但受供给冲击的影响，即 $\alpha_{23} = \alpha_{24} = 0$；（3）有色金属价格波动中不能被供给冲击与经济需求冲击所解释的成分为预防性需求冲击，本书将其进一步分解为金融投机冲击及其他预防性需求冲击，其中当期金融投机冲击只受供给冲击与经济需求冲击的影响，即 $\alpha_{34} = 0$，而当期其他预防性需求冲击则受供给冲击、经济需求冲击及金融投机的共同影响，但这里需要说明的是，本书所作的一系列假设仅适用于当期。通过以上假定，式（6-5）的估计形式为：

$$\begin{pmatrix} 1 & 0 & 0 & 0 \\ \alpha_{21} & 1 & 0 & 0 \\ \alpha_{31} & \alpha_{32} & 1 & 0 \\ \alpha_{41} & \alpha_{42} & \alpha_{43} & 1 \end{pmatrix} \begin{pmatrix} e_{SU} \\ e_{BDI} \\ e_{NCPP} \\ e_P \end{pmatrix} = \begin{pmatrix} b_{11} & 0 & 0 & 0 \\ 0 & b_{22} & 0 & 0 \\ 0 & 0 & b_{33} & 0 \\ 0 & 0 & 0 & b_{44} \end{pmatrix} \begin{pmatrix} u_{SU} \\ u_{BDI} \\ u_{NCPP} \\ u_P \end{pmatrix} \quad (6-7)$$

6.1.2 变量选择与数据来源

国际期铜价格（P_CU）和国际期铝价格（P_AL）采用伦敦金属交易所铜、铝期货合约价格收盘价；国际铜、铝供给（$GRCP$、$GRAP$）分别采用全球精炼铜、精铝产量；为衡量经济需求冲击，本书参照凯丽安（2009）、谭小芬等（2015）、陈文和廖泽安（2017）等文献，采用波罗的海干散货指数作为替代变量，记为 BDI，关于衡量金融化因素的替代变量，对于铜，仍用非商业交易头寸占比（$NCPP$）表示期铜投机，而对于铝，依旧采用全球铝市场的存货水平代替，记为 $TOUJI$。数据均为月度数据，并对各变量取自然对数，样本区间为 2006 年 8 月至 2016 年

12 月，数据来源于 Wind 数据库，在进行实证分析前，本书采用 ADF 方法对各变量进行平稳性检验，检验结果显示，只有 *NCPP* 的原序列为平稳时间序列，对 *P_CU*、*P_AL*、*GRCP*、*GRAP*、*BDI*、*TOUJI* 的一阶差分序列分别进行单位根检验，发现各一阶差分序列为平稳时间序列，因此本书选择这些序列的一阶差分进行实证分析。

6.1.3　SVAR 模型结果分析

图 6 - 1 报告了国际期铜价格波动在前 10 期内对供给冲击、经济需求冲击、金融投机冲击及预防性需求冲击等四种结构性冲击的脉冲响应结果。可以看出：①供给冲击对国际期铜价格波动的即期影响为负，并在第 2 期达到负向最大值 0.0135，之后负向影响减弱，并趋于 0，这表明供给冲击对国际期铜价格波动具有负向影响；②经济需求冲击在前 10 期对国际期铜波动的影响显著为正，并在第 3 期达到正向最大值 0.0155，之后正向影响减弱，并逐渐收敛于 0，这意味着全球经济的繁荣加大了对铜的需求，推动期铜价格上涨；③金融投机冲击对国际期铜价格波动的即期影响为正，但在第 2 期由正转负，但负向影响只维持了

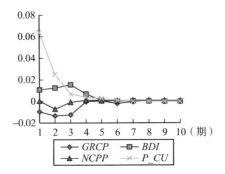

图 6 - 1　结构性冲击对国际期铜价格的影响

2 期便由负转正，可见金融投机对国际期铜价格的影响以正向为主，金融投机炒作整体推升了期铜价格；④其他预防性需求冲击对期铜价格波动的影响在前 10 期显著为正，并在当期就达到最大值 0.0640，之后正向影响逐渐减弱。可以看出，在四种结构性冲击中，供给冲击对国际期铜价格具有抑制作用，而经济需求冲击、金融投机冲击及其他预防性需求冲击对国际期铜价格具有推升作用。

图 6-2 报告了国际期铝价格波动在前 10 期内对供给冲击、经济需求冲击、金融投机冲击及预防性需求冲击等四种结构性冲击的脉冲响应结果。可以看出：①供给冲击在前 10 期内对国际期铝价格波动的影响为负，并在当期达到负向最大值 0.0035，之后负向影响减弱，并趋于 0，这表明供给冲击对国际期铝价格波动具有负向影响；②经济需求冲击在前 10 期对国际期铝波动的影响显著为正，并在第 2 期达到正向最大值 0.0095，之后正向影响减弱，并逐渐收敛于 0，这意味着全球经济的繁荣加大了对铝的需求，推动期铝价格上涨；③金融投机冲击在前 10 期对国际期铝价格波动的影响为正，并在当期达到正向最大值 0.0102，可见金融投机对国际期铝价格的影响显著为正，金融投机炒作整体推升了期铝价格；④其他预防性需求冲击对期铝价格波动的影响在前 10 期显著为正，并在当期就达到最大值 0.0487，之后正向影响逐渐减弱。可以看出，在四种结构性冲击中，供给冲击对国际期铝价格具有抑制作用，而经济需求冲击、金融投机冲击及其他预防性需求冲击对国际期铝价格具有推升作用。总而言之，不同来源有色金属价格冲击在作用方向、影响强度与持续时间上具有差异性。脉冲响应函数结果佐证了进行有色金属结构性冲击分解的有效性与必要性，因此，本书在分析考虑金融化因素的有色金属价格波动的行业传导效应时，将从有色金属价格冲击的来源入手，对不同类型结构性冲击的影响进行差异性分析。

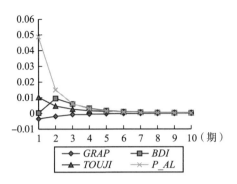

图 6 - 2　结构性冲击对国际期铝价格的影响

6.2　考虑金融化因素的价格波动对行业影响的相对重要性分析

6.2.1　金融化因素对有色金属行业影响的 SVAR 模型构建

前面已采用 SVAR 模型分解出供给冲击、经济需求冲击、金融投机冲击及其他预防性需求冲击，并发现经济需求冲击、金融投机冲击及其他预防性需求冲击对有色金属价格波动具有推动作用，而供给冲击则具有抑制作用，为刻画不同来源的有色金属价格波动对我国有色金属行业的影响，本书给定供给冲击一个标准差的负向变动，以衡量供给冲击带来的有色金属价格上涨，而对经济需求冲击、金融投机冲击及其他预防性需求冲击都给定一个标准差的正向变动，以衡量经济需求冲击、金融投机冲击及其他预防性需求冲击带来的有色金属价格上涨，接下来本书首先通过构建 SVAR 模型，重点考察金融投机冲击对我国有色金属行业产出及价格的影响，并比较分析金融投机冲击同其他结构性冲击影响效应的相对重要性。

有色金属行业分别包括上游的有色金属开采行业、中游的冶炼加工行业和下游的电气等终端消费领域，因此对于有色金属行业产出与价格数据的选取，本书首先依据孙莉和康辰（Sun and Kang，2012）、吴烨（2013）等相关文献，选取有代表性的三个工业行业，并划分为上中下游行业，即上游行业：有色金属矿采选业（YJ）；中游行业：有色金属冶炼及压延加工业（YJY）；至于下游行业的选取，对于铜，由于电气行业年均耗铜量占全国铜消费量的40%左右，是国内最大的铜消费行业，因此选取电气机械及器材制造业（DQ）作为铜行业下游部门的代表；对于铝，交通用铝消费量是仅次于建筑业的第二大行业，因此选取铁路、船舶、航空航天和其他运输设备制造业（TL）作为铝下游行业的代表，然后以这三个行业的工业增加值同比增速作为衡量行业产出的指标，记为 IAV，以工业出厂品价格指数作为衡量行业价格的指标，记为 PPI，同前面的四类结构性冲击构建一个6变量 SVAR 模型：

$$A y_t = \phi_1 y_{t-1} + \cdots + \phi_p y_{t-p} + \varepsilon_t \qquad (6-8)$$

其中，$y_t = (SU，BDI，NCPP，P，IAV，PPI)$，$P$ 是国际有色金属价格，SU 代表国际有色金属供给，BDI 代表经济需求，$NCPP$ 代表金融投机，ε_t 为白噪声向量，A 为变量之间的同期关系矩阵，对矩阵 A 设置 $6 \times (6-1)/2 = 15$ 个约束条件，并依据凯丽安（2009），张倩（2012），谭小芬等（2015）及胡春艳等（2017）的研究作如下假设：①由于有色金属生产调整周期较长，以及短期内生产规模调整的高成本，当期的供给冲击变量只受自身的影响，即 $\alpha_{12} = \alpha_{13} = \alpha_{14} = \alpha_{15} = \alpha_{16} = 0$；②当期的经济需求冲击变量只受供给冲击变量的影响，而不受其他变量的影响，即 $\alpha_{23} = \alpha_{24} = \alpha_{25} = \alpha_{26} = 0$；③金融投机活动会加剧有色金属价格波动，但仍以供需基本面为基础，当期金融投机冲击只受本期供给冲击和经济需求冲击的影响，即 $\alpha_{34} = \alpha_{35} = \alpha_{36} = 0$；④预防性需求冲击是基于未来有色金属供给不确定而产生的预防性需求，当期预防性需求冲击变量只由供给冲击、经济需求冲击及金融投机冲击变量决定，即 $\alpha_{45} = \alpha_{46} = 0$；⑤当期产出由供给冲击、经济需求冲击、金融投机冲击及预防性需求冲击变量共同决定，即 $\alpha_{56} = 0$；⑥当期价格受国际有色金属价格冲击、产出的共同影响。同样需要说明的是，本书所作的假设仅仅适用于当期。通过以上假定，式（6-8）的估计形式为：

$$
\begin{pmatrix}
1 & 0 & 0 & 0 & 0 & 0 \\
\alpha_{21} & 1 & 0 & 0 & 0 & 0 \\
\alpha_{31} & \alpha_{32} & 1 & 0 & 0 & 0 \\
\alpha_{41} & \alpha_{42} & \alpha_{43} & 1 & 0 & 0 \\
\alpha_{51} & \alpha_{52} & \alpha_{53} & \alpha_{54} & 1 & 0 \\
\alpha_{61} & \alpha_{62} & \alpha_{63} & \alpha_{64} & \alpha_{65} & 1
\end{pmatrix}
\begin{pmatrix}
e_{SU} \\
e_{BDI} \\
e_{NCPP} \\
e_{P} \\
e_{IAV} \\
e_{PPI}
\end{pmatrix}
=
\begin{pmatrix}
b_{11} & 0 & 0 & 0 & 0 & 0 \\
0 & b_{22} & 0 & 0 & 0 & 0 \\
0 & 0 & b_{33} & 0 & 0 & 0 \\
0 & 0 & 0 & b_{44} & 0 & 0 \\
0 & 0 & 0 & 0 & b_{55} & 0 \\
0 & 0 & 0 & 0 & 0 & b_{66}
\end{pmatrix}
\begin{pmatrix}
u_{SU} \\
u_{BDI} \\
u_{NCPP} \\
u_{P} \\
u_{IAV} \\
u_{PPI}
\end{pmatrix}
$$

$$(6-9)$$

本书通过构建 SVAR 模型来刻画金融化因素导致的有色金属价格波动对我国有色金属行业影响的相对重要性。在开展实证分析前，对有色金属上中下游行业 IAV 与 PPI 进行单位根检验，发现各行业 IAV 与 PPI 原序列均为平稳序列。接下来本书将依次从有色金属上游行业、中游行业及下游行业三个层面进行探讨。

6.2.2 对上游行业影响的相对重要性

接着探讨铜、铝市场金融化导致的有色金属价格波动对上游行业有色金属矿采选业（YJ）的影响，根据 AIC 准则，对于铜铝，均构建滞后 2 阶 SVAR 模型，并采用脉冲响应函数与方差分解研究金融投机冲击对有色金属矿采选业的影响方向、持续时间及影响程度。图 6-3 给出了包括金融投机冲击在内的四种结构性铜价冲击在前 36 期内对我国有色金属矿采选业产出的影响,可以看出,金融投机冲击在前 36 期内对我国有色金属矿采选业产出的影响都显著为负,并在第 7 期达到负向最大值 0.01499,之后负向影响逐渐减弱并收敛,可见,铜市场投机引发的冲击抬高了铜价,提高有色金属矿采选业的成本,抑制了产出扩张。至于铜供给冲击,其即期影响为正,但在第 2 期由正转负,并在第 3 期达到负向最大值 0.0061,之后又在第 5 期短暂由负转正后,又在第 6 期由正转负,并持续到第 13 期,之后又由负转正并逐渐收敛;经济需求冲击的即期影响为正,并在当期达到正向最大值 0.0056,之后在第 3 期由正转负,持续 10 期后,随后在第 13 期由负转正并收敛,可见,经济需求冲击对我国有色金属矿采选业产出的影响以正向为主;其他预防性需求冲击则在前 36 期内对我国有色金属矿采选业产出的影响都显著为正,并在第 3 期达到正向最大值 0.0077。

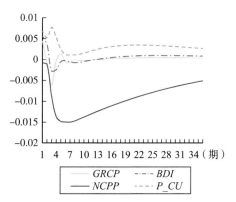

图 6 - 3　结构性铜价冲击对上游产出的影响

再看包括金融投机冲击在内的四种结构性铜价冲击在前 36 期内对我国有色金属矿采选业价格的影响,如图 6 - 4 所示,可以看出金融投机冲击引发的铜价抬升在前 3 期对价格的影响为负,之后从第 4 期开始影响方向由负转正，并在第 13 期达到正向最大值 0.0037，显示金融投机冲击对有色金属矿采选业价格的推升具有滞后效应；对于铜供给冲击、经济需求冲击及其他预防性需求冲击的影响，其对有色金属矿采选业价格的影响在前 36 期内全为正，并分别在第 4 期、第 5 期及第 5 期达到正向最大值 0.0053、0.0174 及 0.0230，供给冲击、金融投机冲击及其他预防性需求冲击引发的铜价提升主要通过成本对我国有色金属矿采选业价格产生影响，也就是说理论上会带来成本型通胀；而经济需求冲击引发的铜价提升主要通过需求对我国有色金属矿采选业价格产生影响，也就是说会产生需求型通胀。从脉冲响应结果来看，三种结构性冲击的成本通胀效应都十分显著，而经济需求通过需求带来的需求型通胀也十分显著。

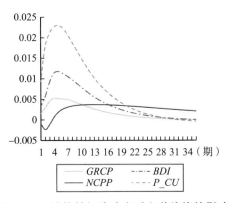

图 6 - 4　结构性铜价冲击对上游价格的影响

　　进一步采用方差分解来量化不同类型结构性铜价冲击对有色金属矿采选业产出与价格的影响程度，如表 6 - 1 所示。

　　可以看出，在不同来源铜价冲击中，金融投机冲击对有色金属矿采选业产出变动的贡献率最大，在第 36 期稳定时，达到 48.4377%，甚至超过有色金属矿采选业产出自身的贡献率 41.3891%，其他预防性需求冲击的影响次之，预测方差贡献度为 5.5892%，经济需求冲击与供给冲击的影响较小，分别仅为 1.0211% 和 0.8664%，可见随着铜市场金融化的增强，给我国有色金属矿采选业带来严重负面影响，成为影响我国有色金属矿采选业产出最主要的制约因素。对于不同来源铜价冲击对有色金属矿采选业价格的影响，可以看出，其他预防性需求冲击的贡献率最大，在第 36 期稳定时，达到 29.7593%，仅次于工业价格自身的影响，经济需求冲击的影响次之，预测方差贡献度为 7.4230%，金融投机冲击与供给冲击的影响较小，分别仅为 2.1760% 和 1.6411%，可见，我国有色金属矿采选业通胀来源中，其他预防性需求冲击带来的成本型通胀是最主要来源，而金融投机冲击的影响效应较小。

表 6 - 1 方差分解结果 单位：%

类别	期数	GRCP	BDI	NCPP	P_CU	YJ	YJPPI
YJ 的方差分解	1	1.1782	1.8775	0.0358	2.6932	94.2154	0.0000
	12	1.2290	1.1966	37.5754	3.6008	53.2747	3.1235
	24	0.9392	0.9871	46.9628	4.5765	43.9750	2.5594
	36	0.8664	1.0211	48.4377	5.5892	41.3891	2.6965
YJPPI 的方差分解	1	0.4431	2.0902	0.1814	16.3998	3.8553	77.0302
	12	1.5900	7.2370	0.7076	29.9338	13.9678	46.5638
	24	1.6477	7.4550	1.6431	29.9420	13.6037	45.7086
	36	1.6411	7.4230	2.1760	29.7593	13.5281	45.4725

图 6 - 5 给出了包括金融投机冲击在内的四种结构性铝价冲击在前 36 期内对我国有色金属矿采选业产出的影响，可以看出，金融投机冲击对我国有色金属矿采选业产出的即期影响为负，但持续 2 期后，在第 3 期由负转正，并在第 7 期达到正向最大值 0.0049，之后正向影响逐渐减小，并在第 19 期由正转负，可见，铝市场金融投机引发的冲击对有色金

属矿采选业产出的影响方向不固定；铝供给冲击的影响在前 36 期内全为负，并在第 3 期达到负向最大值 0.0105，之后负向影响逐渐减弱并收敛；经济需求冲击的即期影响为正，并在第 2 期达到正向最大值 0.0049，之后在第 3 期由正转负，持续 12 期后，随后在第 15 期由负转正并收敛，可见，经济需求冲击对我国有色金属矿采选业产出的影响以正向为主；其他预防性需求冲击则在前 36 期内除第 7 期外，对我国有色金属矿采选业产出的影响都显著为正，并在当期达到正向最大值 0.0067。

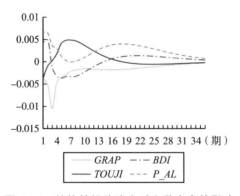

图 6 - 5 结构性铝价冲击对上游产出的影响

再看包括金融投机冲击在内的四种结构性铝价冲击在前 36 期内对我国有色金属矿采选业价格的影响，如图 6 - 6 所示，可以看出金融投机冲击引发的铝价提升在前 3 期对行业价格的影响为正，之后从第 4 期开始影响方向由正转负，并在第 8 期达到负向最大值 0.0086，显示铝金融投机冲击对有色金属矿采选业价格的推动作用并不显著；对于铝供给冲击的影响，其在前 21 期内的影响为负，并在第 7 期达到负向最大值 0.0069，之后从第 22 期开始由负转正，可见供给冲击对有色金属矿采选业价格的推动作用也不显著；经济需求冲击及其他预防性需求冲击对有色金属矿采选业价格的影响都呈现先正后负的轨迹，其中经济需求冲击在前 24 期内的影响为正，并在第 7 期达到正向最大值 0.0128，之后从第 25 期开始由正转负，而其他预防性需求冲击在前 22 期内的影响为正，并在第 5 期达到正向最大值 0.0242，之后在第 23 期由正转负，可见经济需求冲击与其他预防性需求冲击对有色金属矿采选业价格的推动作用较为显著。

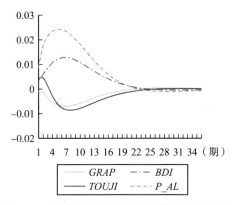

图6-6　结构性铝价冲击对上游价格的影响

进一步采用方差分解来量化不同类型结构性铝价冲击对有色金属矿采选业产出与价格的影响程度，如表6-2所示。

表6-2　　　　　　　方差分解结果　　　　　　单位：%

类别	期数	GRAP	BDI	TOUJI	P_AL	YJ	YJPPI
YJ 的方差分解	1	0.6584	0.9808	0.7476	2.2779	95.3353	0.0000
	12	3.4536	1.9695	2.5295	1.9400	87.2182	2.8892
	24	3.5408	1.9615	2.3692	4.0199	84.3343	3.7743
	36	3.5705	2.0521	2.3653	4.5294	83.5494	3.9333

类别	期数	GRAP	BDI	TOUJI	P_AL	YJ	YJPPI
YJPPI 的方差 分解	1	0.2222	2.3263	4.1089	14.9409	1.8435	76.5583
	12	2.6765	9.9856	3.9392	37.4696	10.4807	35.4484
	24	2.7775	10.5755	4.4439	37.9248	10.1387	34.1397
	36	2.7813	10.5603	4.4354	37.9026	10.2232	34.0972

可以看出，在不同来源铝价冲击中，其他预防性需求冲击对有色金属矿采选业产出变动的贡献率最大，在第 36 期稳定时，达到 4.5294%，供给冲击的影响次之，预测方差贡献度为 3.5705%，金融投机冲击与经济需求冲击的影响较小，分别仅为 2.3653% 和 2.0521%，结合前面脉冲响应函数分析，铝市场金融化的增强对我国有色金属矿采选业产出的负面影响并不显著。对于不同来源铝价冲击对有色金属矿采选业价格的影响，可以看出，其他预防性需求冲击的贡献率最大，在第 36 期稳定时，达到 37.9026%，甚至超过工业价格自身的影响，经济需求冲击的影响次之，预测方差贡献度为 10.5603%，金融投机冲击与供给冲击的影响较小，分别仅为 4.4354% 和 2.7813%，可见，我国有色金属矿采选业通胀来源中，其他预防性需求冲击引发的铝价上涨引致的成本型通胀是最主要来源，而金融投机冲击的影响效应较小。

6.2.3 对中游行业影响的相对重要性

接着探讨铜、铝市场金融化引致的有色金属价格波动对中游行业有色金属冶炼及压延加工业（YJY）的影响，依据 AIC 准则，对于铜，构建滞后 2 阶 SVAR 模型，对于铝，构建滞后 3 阶 SVAR 模型。并采用脉冲响应函数与方差分解研究金融投机冲击对有色金属冶炼及压延加工业的影响方向、持续时间及影响程度。图 6-7 给出了包括金融投机冲击在内的四种结构性铜价冲击在前 36 期内对我国有色金属冶炼及压延加工业产出的影响，可以看出，除当期外，金融投机冲击在前 36 期内对我国有色金属冶炼及压延加工业产出的影响都显著为负，并在第 11 期达到负向最大值 0.0080，之后负向影响逐渐减弱并收敛，可见，铜市场投机引发的冲击抬高了铜价，提高了有色金属冶炼及压延加工业的成本，抑制了产出扩张。至于铜供给冲击，其即期影响为正，但在第 2 期由正转负，并在第 3 期达到负向最大值 0.0027，之后又在第 4 期短暂由负转正后，又在第 6 期由正转负，并持续到第 19 期，之后又由负转正并逐渐收敛；经济需求冲击的即期影响为正，并在第 2 期达到正向最大值 0.0071，之后在第 11 期由正转负，持续 10 期后，随后在第 21 期由负转正并收敛，可见，经济需求冲击对我国有色金属冶炼及压延加工业产出的影响以正向为主；其他预防性需求冲击在前 36 期内除第 11~15 期外对我国有色金属冶炼及压延加工业产出的影响都显著为正，并在第 3 期达到正向最大值 0.0060。

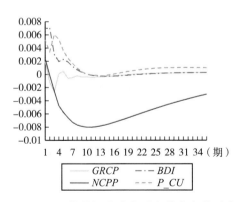

图 6-7　结构性铜价冲击对中游产出的影响

再看包括金融投机冲击在内的四种结构性铜价冲击在前 36 期内对我

国有色金属冶炼及压延加工业价格的影响，如图 6 - 8 所示，可以看出金融投机冲击引发的铜价提升在前 5 期对价格的影响为负，之后从第 6 期开始影响方向由负转正，并在第 20 期达到正向最大值 0.0059，显示金融投机冲击对有色金属冶炼及压延加工业价格的推动具有滞后效应；对于铜供给冲击、经济需求冲击及其他预防性需求冲击的影响，其对有色金属冶炼及压延加工业价格的影响在前 36 期内全为正，并分别在第 4 期、第 5 期及第 4 期达到正向最大值 0.0084、0.0105 及 0.0269，供给冲击、金融投机冲击及其他预防性需求冲击引发的铜价提升主要通过成本对我国有色金属冶炼及压延加工业价格产生影响，也就是说理论上会带来成本型通胀；而经济需求冲击引发的铜价提升主要通过需求对我国有色金属冶炼及压延加工业价格产生影响，也就是说会产生需求型通胀。从脉冲响应结果来看，三种结构性冲击的成本通胀效应都十分显著，而经济需求冲击通过需求带来的需求型通胀也十分显著。

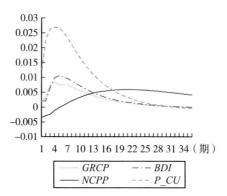

图 6 - 8　结构性铜价冲击对中游价格的影响

进一步采用方差分解来量化不同类型结构性铜价冲击对有色金属冶炼及压延加工业产出与价格的影响程度，如表 6 - 3 所示。

表 6 – 3 方差分解结果 单位：%

类别	期数	GRCP	BDI	NCPP	P_CU	YJY	YJPPI
YJY 的方差分解	1	0.4673	6.0654	0.7081	3.3316	89.4277	0.0000
	12	0.5031	4.4500	17.3020	4.5813	72.1366	1.0270
	24	0.4289	3.6933	30.6620	3.8843	60.2899	1.0416
	36	0.4196	3.4695	34.2856	3.9746	56.4995	1.3513
YJYPPI 的方差分解	1	0.5220	0.6068	1.7711	18.9222	0.0007	78.1773
	12	2.8275	4.2720	0.5116	32.1634	2.4563	57.7692
	24	2.8811	4.3724	2.4935	31.5219	2.2497	56.4815
	36	2.8397	4.3108	3.9683	31.0250	2.2441	55.6122

可以看出，在不同来源铜价冲击中，金融投机冲击对有色金属冶炼及压延加工业产出变动的贡献率最大，在第 36 期稳定时，达到 34.2856%，仅次于有色金属冶炼及压延加工业产出自身的贡献率 56.4995%，相比对上游行业有色金属矿采选业的方差贡献度要小，这与产业链所处位置有关，上游行业产出对金融投机冲击的响应首当其冲；其他预防性需求冲击与经济需求冲击的影响次之，预测方差贡献度分别为 3.9746% 和 3.4695%，供给冲击的影响最小，仅为 0.4196%，可见随着铜市场金融化的增强，给我国有色金属冶炼及压延加工业带来严重负面影响，成为影响我国有色金属冶炼及压延加工业产出最主要的因素。对于不同来源铜价冲击对有色金属冶炼及压延加工业价格的影响，可以看出，其他预防性需求冲击的贡献率最大，在第 36 期稳定时，达到 31.0250%，仅次于工业价格自身的影响，经济需求冲击的影响次之，预测方差贡献度为 4.3108%，金融投机冲击与供给冲击的影响较小，分别仅为 3.9683% 和 2.8397%，可见，我国有色金属冶炼及压延加工业通胀来源中，其他预防性需求冲击带来的成本型通胀是最主要来源，而金融投机冲击的影响效应较小，但其影响程度要大于上游行业。

图 6 - 9 给出了包括金融投机冲击在内的四种结构性铝价冲击在前 36 期内对我国有色金属冶炼及压延加工业产出的影响，可以看出，金融投机冲击对我国有有色金属冶炼及压延加工业产出的影响在前 36 期内都为正，并在第 11 期达到正向最大值 0.0040，之后正向影响逐渐减小；可见，铝市场投机引发的冲击对有色金属冶炼及压延加工业产出的负面影响并没有发挥；铝供给冲击的影响在前 36 期内除第 15 ~ 19 期外全为负，并在第 4 期达到负向最大值 0.0083，之后负向影响逐渐减弱并收敛；经济需求冲击的即期影响为正，并在当期达到正向最大值 0.0074，之后在第 10 期由正转负，并在第 15 期达到负向最大值 0.0015，之后负向影响逐渐减弱并收敛，可见，经济需求冲击对我国有色金属冶炼及压延加工业产出的影响呈现先正后负的影响轨迹；其他预防性需求冲击的即期影响为正，并在第 4 期达到正向最大值 0.0066，之后在第 13 期由正转负，并在第 16 期达到负向最大值 0.0011，随后又在第 24 期由负转正，可见其他预防性需求冲击对我国有色金属冶炼及压延加工业产出的影响并不固定。

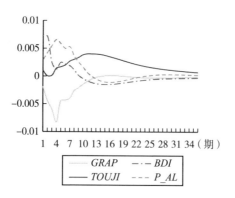

图 6 - 9　结构性铝价冲击对中游产出的影响

再看包括金融投机冲击在内的四种结构性铝价冲击在前 36 期内对我

国有色金属冶炼及压延加工业价格的影响, 如图 6 – 10 所示, 可以看出金融投机冲击引发的铝价提升在前 36 期内对价格的影响全为负, 并在第 8 期达到负向最大值 0.0114, 显示铝金融投机冲击对有色金属矿采选业价格的推动作用并没有发挥; 对于铝供给冲击的影响, 其在前 13 期内的影响为负, 并在第 6 期达到负向最大值 0.0085, 之后从第 14 期开始由负转正, 可见供给冲击对我国有色金属冶炼及压延加工业价格的推动作用并不显著; 经济需求冲击对有色金属冶炼及压延加工业价格的影响在前 36 期都为正, 并在第 3 期达到正向最大值 0.0037, 而其他预防性需求冲击对有色金属冶炼及压延加工业价格的影响呈现先正后负的影响轨迹, 其在前 22 期内的影响为正, 并在第 6 期达到正向最大值 0.0300, 之后在第 23 期由正转负, 可见经济需求冲击与其他预防性需求冲击对有色金属冶炼及压延加工业价格的推动作用较为显著。

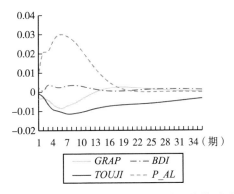

图 6 – 10 结构性铝价冲击对中游价格的影响

进一步采用方差分解来量化不同类型结构性铝价冲击对有色金属冶炼及压延加工业产出与价格的影响程度, 如表 6 – 4 所示。可以看出, 在不同来源铝价冲击中, 其他预防性需求冲击对有色金属冶炼及压延加工业产出变动的贡献率最大, 在第 36 期稳定时, 达到 6.5413%, 金融投机冲击的影响次之，预测方差贡献度为 6.3315%，供给冲击与经济需求冲击的影响较小，分别仅为 5.9859% 和 4.5453%，结合前文脉冲响应函数分析，铝市场金融化的增强对我国有色金属冶炼及压延加工业产出的负面影响并没有发挥，反而有增强作用。对于不同来源铝价冲击对有色金属冶炼及压延加工业价格的影响，可以看出，其他预防性需求冲击的贡献率最大，在第 36 期稳定时，达到 30.0319%，金融投机冲击的影响次之，预测方差贡献度为 8.0391%，供给冲击与经济需求冲击的影响较小，分别仅为 1.7931% 和 0.5449%。可见，我国有色金属冶炼及压延加工业通胀来源中，其他预防性需求冲击引发的铝价上涨引致的成本型通胀是最主要来源，虽然金融投机冲击的贡献率较大，但结合前文脉冲响应分析，可知金融投机冲击对我国有色金属冶炼及压延加工业通胀的推动作用并没有发挥。

表 6 - 4　　　　　　　　　　方差分解结果　　　　　　　　单位：%

类别	期数	GRAP	BDI	TOUJI	P_AL	YJY	YJYPPI
YJY 的方差分解	1	0.4151	6.3303	0.1269	0.9660	92.1617	0.0000
	12	6.4957	4.2962	2.7807	6.8813	78.6612	0.8849
	24	6.0476	4.5412	5.9382	6.6039	75.6885	1.1805
	36	5.9859	4.5453	6.3315	6.5413	75.4252	1.1708
YJYPPI 的方差分解	1	2.2481	0.6097	0.0801	12.8759	0.1694	84.0168
	12	1.9159	0.4906	5.3184	35.2099	2.6025	54.4628
	24	1.8132	0.4485	7.1178	31.0240	10.6718	48.9247
	36	1.7931	0.5449	8.0391	30.0319	12.1357	47.4554

6.2.4　对下游行业影响的相对重要性

接着探讨铜、铝市场金融化导致的有色金属价格波动对下游行业影响的相对重要性，对于铜，构建滞后二阶 SVAR 模型，对于铝，构建滞后一阶 SVAR 模型。并采用脉冲响应函数与方差分解研究金融投机冲击对有色金属下游行业的影响方向、持续时间及影响程度。图 6 - 11 给出了包括金融投机冲击在内的四种结构性铜价冲击在前 36 期内对我国电气机械及器材制造业产出的影响，可以看出，金融投机冲击在前 36 期内对我国电气机械及器材制造业产出的影响都显著为负，并在第 6 期达到负向最大值 0.0072，之后负向影响逐渐减弱并收敛，可见，铜市场投机引发的冲击抬高了铜价，提高了电气机械及器材制造业的成本，抑制了产出扩张。至于铜供给冲击与其他预防性需求冲击，其在前 36 期内的影响都为正，并分别在第 1 期及第 2 期达到正向最大值 0.0036 及 0.0080；经济需求冲击的影响在前 36 期内除第 2 期为负外，其余各期的影响均为正，并在第 13 期达到正向最大值 0.0015。

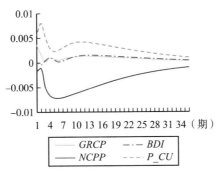

图 6 - 11　结构性铜价冲击对下游产出的影响

再看包括金融投机冲击在内的四种结构性铜价冲击在前 36 期内对我国电气机械及器材制造业价格的影响，如图 6 - 12 所示，可以看出金融投机冲击引发的铜价提升在前 11 期对价格的影响为负，之后从第 12 期开始影响方向由负转正，并在第 23 期达到正向最大值 0.0007，显示金融投机冲击对电气机械及器材制造业价格的推动具有滞后效应；对于铜供给冲击、经济需求冲击及其他预防性需求冲击的影响，其对电气机械及器材制造业价格的影响在前 36 期内都呈现先正后负的轨迹，并分别在第 6 期、第 6 期及第 5 期达到正向最大值 0.0021、0.0026 及 0.0062，然后分别在第 29 期、第 30 期、第 27 期由正转负，供给冲击、金融投机冲击及其他预防性需求冲击引发的铜价提升主要通过成本对我国电气机械及器材制造业价格产生影响，也就是说理论上会带来成本型通胀；而经济需求冲击引发的铜价提升主要通过需求对我国电气机械及器材制造业价格产生影响，也就是说会产生需求型通胀。从脉冲响应结果来看，除金融投机的影响具有滞后效应外，三种结构性冲击的成本通胀效应都十分显著，而经济需求通过需求带来的需求型通胀也十分显著。

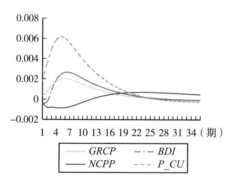

图 6 - 12　结构性铜价冲击对下游价格的影响

进一步采用方差分解来量化不同类型结构性铜价冲击对电气机械及器材制造业产出与价格的影响程度，如表 6 - 5 所示。可以看出，在不同来源铜价冲击中，金融投机冲击对电气机械及器材制造业产出变动的贡献率最大，在第 36 期稳定时，达到 26.0149%，仅次于电气机械及器材制造业产出自身的贡献率 42.3156%，相较中游行业有色金属冶炼及压延加工业产出的方差贡献度要小，这表明铜金融投机对铜行业产出的影响沿着产业链方向由上游往下游正向传导，并且冲击影响逐渐减弱；其他预防性需求冲击的影响次之，预测方差贡献度分别为16.1687%，供给冲击与经济需求冲击的影响较小，分别仅为1.7833%和1.4693%，可见随着铜市场金融化的增强，给我国电气机械及器材制造业带来严重负面影响，成为影响我国电气机械及器材制造业产出最主要的因素。对于不同来源铜价冲击对电气机械及器材制造业价格的影响，可以看出，其他预防性需求冲击的贡献率最大，在第36期稳定时，达到31.8796%，仅次于工业价格自身的影响，经济需求冲击的影响次之，预测方差贡献度为5.9952%，供给冲击与金融投机冲击的影响较小，分别仅为3.6209和1.4333%，可见，我国电气机械及器材制造业通胀来源中，其他预防性需求冲击带来的成本型通胀是最主要来源，而金融投机冲击的影响效应较小，也小于对中游行业的影响。

表6-5 方差分解结果 单位：%

类别	期数	GRCP	BDI	NCPP	P_CU	DQ	DQPPI
DQ 的方差分解	1	2.0858	0.0047	0.4489	5.0412	92.4193	0.0000
	12	1.3997	0.5276	23.1337	12.7702	55.1047	7.0640
	24	1.7070	1.2902	25.9194	15.5664	44.1532	11.3639
	36	1.7833	1.4693	26.0149	16.1687	42.3156	12.2483
DQPPI 的方差分解	1	0.3378	0.7145	0.4269	10.8529	1.4248	86.2431
	12	3.5046	5.6053	0.5865	31.9319	0.6986	57.6730
	24	3.6403	6.0266	0.9691	32.0442	0.7952	56.5246
	36	3.6209	5.9952	1.4333	31.8796	0.8689	56.2022

图6-13给出了包括金融投机冲击在内的四种结构性铝价冲击在前36期内对铝下游行业铁路、船舶、航空航天和其他运输设备制造业

（TL）产出的影响，可以看出，金融投机冲击对我国铁路、船舶、航空航天和其他运输设备制造业产出的影响在前36期内都为正，并在第8期达到正向最大值0.0164，之后正向影响逐渐减小，可见，铝市场投机引发的冲击对铁路、船舶、航空航天和其他运输设备制造业产出的负面影响并没有发挥；铝供给冲击的影响在前36期内除第1期外全为正，并在第2期达到正向最大值0.0013，之后正向影响逐渐减弱并收敛，可见铝供给冲击的抑制作用并没有发挥，这是因为处于下游，价格传导机制粘滞，价格无法顺利传导的缘故；经济需求冲击在前3期的影响为正，但从第4期开始转为负，并在第10期达到负向最大值0.0051，之后负向影响逐渐减弱并收敛；其他预防性需求冲击在前11期的影响为正，并在第2期达到正向最大值0.0066，之后在第12期由正转负，并在第16期达到负向最大值0.0007，可见经济需求冲击、其他预防性需求冲击对我国铁路、船舶、航空航天和其他运输设备制造业产出的影响方向并不固定。

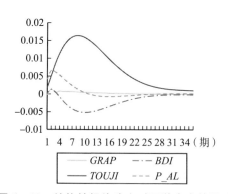

图 6 – 13　结构性铝价冲击对下游产出的影响

再看包括金融投机冲击在内的四种结构性铝价冲击在前36期内对我国铁路、船舶、航空航天和其他运输设备制造业价格的影响，如图 6 – 14 所示，可以看出金融投机冲击引发的铝价抬升对行业价格的即期影响为正，但从第 3 期开始转变为负向影响，并在第 6 期达到负向最大值 0.0073，之后又从第 11 期开始转变为正向影响，并在第 20 期达到正向最大值 0.0006，显示铝金融投机冲击对铁路、船舶、航空航天和其他运输设备制造业价格的抬升发挥了一定推动作用；对于铝供给冲击的影响，除第 1 期及第 3 期外，其在前 36 期内的影响全为正；经济需求冲击对铁路、船舶、航空航天和其他运输设备制造业价格的影响在前 15 期都为正，并在第 5 期达到正向最大值 0.0005，之后从第 16 期开始转变为负向影响，而其他预防性需求冲击的即期影响为负，但在第 3 期转变为正向影响，并在第 9 期达到正向最大值 0.0003，之后在第 27 期由正转负，可见经济需求冲击与其他预防性需求冲击对有铁路、船舶、航空航天和其他运输设备制造业价格发挥了一定推动作用。

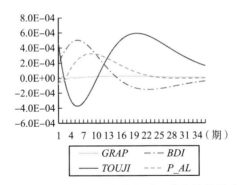

图 6 - 14　结构性铝价冲击对下游价格的影响

进一步采用方差分解来量化不同类型结构性铝价冲击对铁路、船舶、航空航天和其他运输设备制造业产出与价格的影响程度，如表 6 - 6 所示。

表 6－6   方差分解结果   单位：%

类别	期数	GRAP	BDI	TOUJI	P_AL	TL	TLPPI
TL 的方差分解	1	0.0041	0.0133	0.3664	1.9564	97.6598	0.0000
	12	0.0633	1.9745	26.6069	2.0321	57.4366	11.8866
	24	0.0609	2.7318	31.5151	1.7844	52.1450	11.7628
	36	0.0608	2.7204	31.5915	1.7723	52.1763	11.6787
TLPPI 的方差分解	1	0.1359	0.5525	4.1387	0.0235	3.2293	91.9201
	12	0.0232	4.1698	2.0051	1.6607	28.4516	63.6896
	24	0.0299	3.5912	7.6445	1.7461	35.7745	51.2138
	36	0.0309	3.6486	9.6263	1.6755	35.6303	49.3885

可以看出，在不同来源铝价冲击中，金融投机冲击对铁路、船舶、航空航天和其他运输设备制造业产出变动的贡献率最大，在第 36 期稳定时，达到 31.5915%，经济需求冲击的影响次之，预测方差贡献度为 2.7204%，供给冲击与其他预防性需求冲击的影响较小，分别仅为 0.0608% 和 1.7723%，结合前文脉冲响应函数分析，铝市场金融化的增强对我国铁路、船舶、航空航天和其他运输设备制造业产出的负面影响并没有发挥，反而有增强作用。对于不同来源铝价冲击对铁路、船舶、航空航天和其他运输设备制造业产出价格的影响，可以看出，金融投机冲击的贡献率最大，在第 36 期稳定时，达到 9.6263%，经济需求冲击的影响次之，预测方差贡献度为 3.6486%，其他预防性需求冲击与供给冲击的影响较小，分别仅为 1.6755% 和 0.0309%，可见，我国铁路、船舶、航空航天和其他运输设备制造业通胀来源中，金融投机冲击引发的铝价上涨引致的成本型通胀是最主要来源，结合前文脉冲响应分析，可知金融投机冲击对我国有铁路、船舶、航空航天和其他运输设备制造业通胀的形成发挥了显著作用。

6.3　考虑金融化因素的价格波动对行业影响的时变性分析

前面已经采用 SVAR 模型考察了金融化因素导致的有色金属价格波动对我国有色金属上中下游行业的影响方向、时滞、影响程度及在各个结构性有色金属冲击中的相对重要性，但由于模型限制，前文考察的金融化因素导致的有色金属价格波动对有色金属行业的影响效应是静态的。为弥补这一缺陷，本书在 SVAR 模型的基础上，进一步采用一个带有随机波动的时变参数结构向量自回归（TVP – SVAR – SV）模型，通过允许 SVAR 模型参数时变，以充分捕捉金融化因素导致的有色金属价格波动对我国有色金属上中下游行业影响效应的时变特征。

6.3.1　TVP – SVAR – SV 模型构建

TVP – SVAR – SV 模型建立在 TVP – VAR – SV 模型的基础上，而 TVP – VAR – SV 模型由普里米切里（Primiceri，2005）提出，此模型的最大优势在于由于将参数设定为随机游走过程，因此可以有效捕捉各变量之间内在关系的动态特征。

本书构建的 TVP – SVAR – SV 模型建立在结构向量自回归模型（SVAR）的基础上，依据普里米切里（2005）、大森等（Omori et al.，2007）以及中岛等（Nakajima et al.，2011）的研究，式（6 – 8）可以写成如下形式：

$$y_t = X_t \beta + A^{-1} \sum \varepsilon_t \qquad (6-10)$$

β 是 $(36i+i) \times 1$ 向量，$X_t = I_i \otimes (y'_{t-1}, \cdots, y'_{t-i})$，$\sum$ 是以 $[\sigma_{1t},$ $\sigma_{2t}, \cdots, \sigma_{6t}]$ 为对角线的 6×6 维矩阵，本书将时间因素纳入式 (6 - 10)，从而得到 TVP - SVAR - SV 模型：

$$y_t = X_t \beta_t + A_t^{-1} \sum_t \varepsilon_t \qquad (6-11)$$

式 (6 - 11) 是 TVP - SVAR - SV 模型的观测方程。依据普里米切里 (2005)、中岛等 (2011)、曹广西 (Cao，2012) 和杰巴布里等 (Jebabli et al.，2014) 的研究，参数应该遵循如下的随机游走过程：

$$\begin{cases} \beta_{t+1} = \beta_t + u_{\beta t} \\ \alpha_{t+1} = \alpha_t + u_{\alpha t} \\ h_{t+1} = h_t + u_{ht} \end{cases} \qquad (6-12)$$

有：$h_t = (h_{1t}, h_{2t}, h_{3t}, h_{4t}, h_{5t}, h_{6t})'$，并且 $h_{jt} = \log \sigma_{jt}^2$，$j = 1, \cdots,$ 6；$t = s+1, \cdots, n$。

$$\beta_{s+1} \sim N(u_{\beta_0}, \sum\nolimits_{\beta_0})$$
$$\alpha_{s+1} \sim N(u_{\alpha_0}, \sum\nolimits_{\alpha_0}) \qquad (6-13)$$
$$h_{s+1} \sim N(u_{h_0}, \sum\nolimits_{h_0})$$

模型的方差系数矩阵为块对角矩阵：

$$\begin{pmatrix} \varepsilon_t \\ \mu_{\beta t} \\ u_{\alpha t} \\ u_{ht} \end{pmatrix} \sim N \left(0, \begin{pmatrix} I & 0 & 0 & 0 \\ 0 & \sum_\beta & 0 & 0 \\ 0 & 0 & \sum_\alpha & 0 \\ 0 & 0 & 0 & \sum_h \end{pmatrix} \right) \qquad (6-14)$$

其中 $\sum_\beta$，$\sum_\alpha$ 和 $\sum_h$ 被假定为对角矩阵。

同前面一样，本书选择有色金属行业上中下游三个行业的工业增加值同比增速以及工业出厂品价格指数，以及供给冲击、经济需求冲击、金融投机冲击及其他预防性需求冲击构建一个 6 变量 TVP - SVAR - SV 模型。并依据普里米切里（2005）的研究，模型参数的估计主要基于贝叶斯框架，并具体采用马尔科夫蒙特卡罗（MCMC）算法进行估计，主要有三步：首先，设置参数先验概率分布，并设定 MCMC 算法的初始迭代值；其次，采用 MCMC 算法对参数的条件后验概率依次进行抽样；最后，构造合适的冲击矩阵，模拟脉冲响应冲击结果。

6.3.2 不同时间周期下对我国有色金属行业的影响

铜、铝市场金融化因素导致的有色金属价格波动对有色金属矿采选业产出影响的 TVP - SVAR - SV 模型估计结果分别如图 6 - 15、图 6 - 16 所示。本书选取冲击影响时间周期为 3 个月、6 个月和 12 个月，分别表示短期、中期和长期。由图 6 - 15 可以看出，样本期间金融投机冲击引发的铜价波动对有色金属矿采选业产出的影响具有明显的时变效应，且在不同时间周期下的影响程度也不同。从 3 个月脉冲响应函数曲线可以看出，在整个样本期内，金融投机冲击对有色金属矿采选业产出具有负向影响，负向影响程度在 2008 年 7 月达到最大值，显示短期内金融投机冲击对我国有色金属矿采选业产出产生严重负面影响。金融投机冲击导致的铜价波动对有色金属矿采选业产出的中期影响在 2008 年以前为负，此后正负交替，以负向影响为主，并且影响程度相对较小；12 个月的脉冲响应函数曲线显示，有色金属矿采选业产出对金融投机冲击的响应程度在样本期内始终趋于 0，基本不存在影响。

由图 6 - 16 可以看出，样本期间金融投机冲击导致的铝价波动对有色金属矿采选业产出的影响也具有明显的时变效应，且在不同时间尺度上的影响效应也具有差异性。从 3 个月脉冲响应函数曲线可以看出，金融投机冲击对有色金属矿采选业产出的影响方向不固定，并且影响程度波动较大，在 2008 年 5 月之前，金融投机冲击对有色金属矿采选业产出的影响以正向为主，接着在 2008 年 5 月至 2014 年初这段时间内，影响效应以负向为主，并在 2011 年 11 月达到负向最大值，之后一直到 2016 年 5 月，影响方向又转变为正向为主，接着又呈现一波负向影响趋势；有色金属矿采选业产出对金融投机冲击的中期响应方向也不固定，在 2012 年初以前波动相对较大，正负交替，此后以负向为主，并且波动相对较小；12 个月的脉冲响应函数曲线显示，有色金属矿采选业产出对金融投机冲击的响应程度在样本期内始终趋于 0，基本不存在影响。

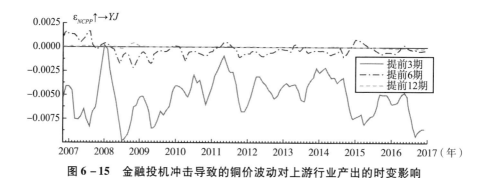

图 6-15　金融投机冲击导致的铜价波动对上游行业产出的时变影响

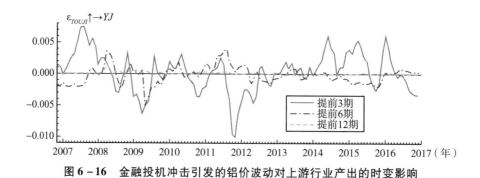

图 6-16　金融投机冲击引发的铝价波动对上游行业产出的时变影响

　　铜、铝市场金融化因素导致的有色金属价格波动对有色金属矿采选业价格影响的 TVP – SVAR – SV 模型估计结果分别如图 6 – 17、图 6 – 18 所示。本书选取冲击影响时间周期为 3 个月、6 个月和 12 个月，分别表示短期、中期和长期。由图 6 – 17 可以看出，样本期间金融投机冲击引发的铜价波动对有色金属矿采选业价格的影响具有明显的时变效应，但在不同时间周期下的影响趋势基本一致，在 2013 年 6 月以前，作用方向以负向为主，并且都在 2008 年 7 月达到负向最大值，之后转变为一段短暂的正向影响，并在 2014 年末转为负向影响，但持续约 1 年后，从 2015 年 10 月开始，呈现一波正向增强趋势。

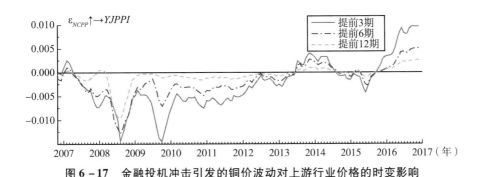

图 6 – 17　金融投机冲击引发的铜价波动对上游行业价格的时变影响

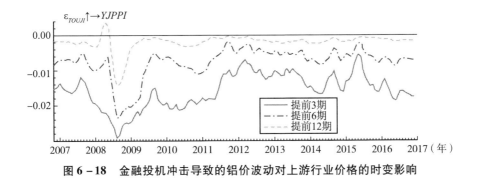

图 6 – 18　金融投机冲击导致的铝价波动对上游行业价格的时变影响

由图 6 – 18 可以看出，样本期间金融投机冲击导致的铝价波动对有色金属矿采选业价格的影响具有时变性，同时在不同时间周期下的影响趋势具有一致性，除长期趋势在 2008 年年中具有短暂正向影响外，都表现为负向影响，在 2008 年 8 月达到负向最大值，只是在影响程度上，呈现出短期 > 中期 > 长期的特征。

铜、铝市场金融化因素导致的有色金属价格波动对有色金属冶炼及压延加工业产出影响的 TVP‒SVAR‒SV 模型估计结果分别如图 6‒19、图 6‒20 所示。本书选取冲击影响时间周期为 3 个月、6 个月和 12 个月，分别表示短期、中期和长期。由图 6‒19 可以看出，样本期间金融投机冲击导致的铜价波动对有色金属冶炼及压延加工业产出的影响具有明显的时变效应，且在不同时间周期下的影响程度也不同。从 3 个月脉冲响应函数曲线可以看出，在整个样本期内，金融投机冲击对有色金属冶炼及压延加工业产出具有负向影响，并且负向影响在 2011 年 11 月达到最大值，显示短期内金融投机冲击对有色金属冶炼及压延加工业产出产生严重负面影响；金融投机冲击对有色金属冶炼及压延加工业产出的中期影响除在 2007 年年中有过短暂为正外，其余时间都为负向影响，并且负向影响程度在 2008 年 10 月达到最大值；12 个月的脉冲响应函数曲线显示，除在 2007 年年末 2008 年年初外，有色金属冶炼及压延加工业产出对金融投机冲击的响应在样本期内为负，但响应值趋于 0，显示响应程度较小。

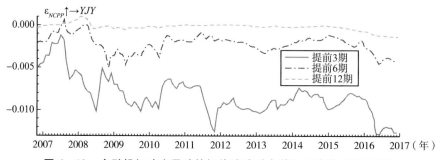

图 6‒19　金融投机冲击导致的铜价波动对中游行业产出的时变影响

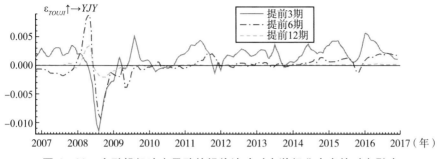

图6-20　金融投机冲击导致的铝价波动对中游行业产出的时变影响

由图6-20可以看出，样本期间金融投机冲击导致的铝价波动对有色金属冶炼及压延加工业产出的影响也具有明显的时变效应，且在不同时间尺度上的影响效应也具有差异性。从3个月脉冲响应函数曲线可以看出，受国际金融危机的影响，金融投机冲击在2008年对有色金属冶炼及压延加工业产出的影响为负，并在2008年8月达到负向最大值，其余时期则以正向影响为主；有色金属冶炼及压延加工业产出对金融投机冲击的中期响应在两个时期表现得特别明显，在2007年11月至2008年6月表现出显著的正向响应，并在2008年3月达到正向最大值，之后直到2010年初，表现出一波显著的负向响应，并在2008年8月达到负向最大值，此后响应值相对较小，基本接近于0；12个月的脉冲响应函数曲线显示，有色金属冶炼及压延加工业产出对金融投机冲击导致的铝价波动的响应除在2008年初有过一段显著为正外，其余时期在样本期内始终趋于0，基本不存在影响。

铜、铝市场金融化因素导致的有色金属价格波动对有色金属冶炼及压延加工业价格影响的TVP-SVAR-SV模型估计结果分别如图6-21、图6-22所示。本书选取冲击影响时间约束为3个月、6个月和12个月，分别表示短期、中期和长期时间约束。由图6-21可以看出，样本期间金融投机冲击引发的铜价波动对有色金属冶炼及压延加工业价格的影响具有显著的时变效应，但在不同时间尺度下的影响趋势基本一致，在 2013 年 6 月以前，作用方向以负向为主，并且都在 2009 年 10 月达到负向最大值，之后在 2013 年初转为正向影响，并且呈现一波正向增强趋势。

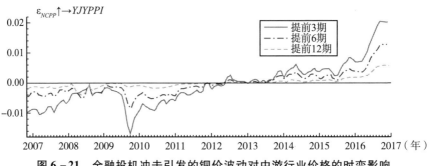

图 6 - 21 金融投机冲击引发的铜价波动对中游行业价格的时变影响

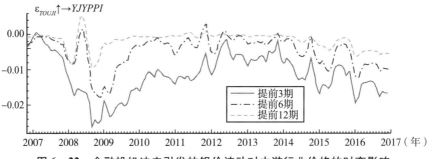

图 6 - 22 金融投机冲击引发的铝价波动对中游行业价格的时变影响

由图 6 - 22 可以看出，样本期间金融投机冲击导致的铝价波动对有色金属冶炼及压延加工业价格的影响具有时变性，同时在不同时间周期下的影响趋势具有一致性，除长期趋势在 2008 年年中具有显著正向影响外，其余时期都以负向影响为主，在 2008 年 9 月达到负向最大值，只是在影响程度上，呈现出短期 > 中期 > 长期的特征。

铜、铝市场金融化因素导致的有色金属价格波动对下游行业产出影响的 TVP - SVAR - SV 模型估计结果分别如图 6 - 23、图 6 - 24 所示。本书选取冲击影响时间周期为 3 个月、6 个月和 12 个月，分别表示短期、中期和长期。由图 6 - 23 可以看出，样本期间金融投机冲击导致的铜价波动对电气机械及器材制造业产出的影响具有明显的时变效应，且在不同时间周期下的影响程度也不同。从 3 个月脉冲响应函数曲线可以看出，在整个样本期内，金融投机冲击对电气机械及器材制造业产出具有负向影响，并且负向影响在 2011 年 11 月达到最大值，显示短期内金融投机冲击对电气机械及器材制造业产出产生严重负面影响；金融投机冲击对电气机械及器材制造业产出的中期影响程度除在 2008 年初有过一段显著为正外，其余时间的影响都不大；12 个月的脉冲响应函数曲线则显示，电气机械及器材制造业产出对金融投机冲击的响应趋于 0，基本不存在影响。

由图 6 - 24 可以看出，样本期间金融投机冲击导致的铝价波动对铁路、船舶、航空航天和其他运输设备制造业产出的影响业具有明显的时变效应，且在不同时间周期下的影响效应也具有差异性。从 3 个月脉冲响应函数曲线可以看出，金融投机冲击在 2008 年末与 2011 年末对铁路、船舶、航空航天和其他运输设备制造业产出的影响为负，其余时

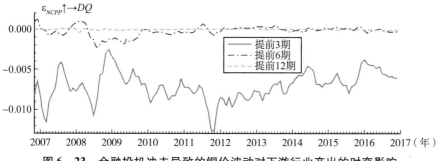

图 6 - 23　金融投机冲击导致的铜价波动对下游行业产出的时变影响

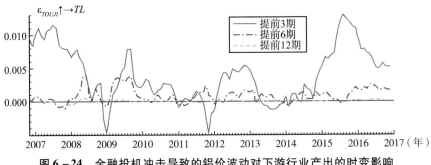

图 6 - 24　金融投机冲击导致的铝价波动对下游行业产出的时变影响

期则以正向影响为主；铁路、船舶、航空航天和其他运输设备制造业产出对金融投机冲击的中期响应则以正向为主，并且响应值相对较小；12 个月的脉冲响应函数曲线显示铁路、船舶、航空航天和其他运输设备制造业产出对金融投机冲击的响应程度始终趋于 0，基本不存在影响。

　　铜、铝市场金融化因素导致的有色金属价格波动对下游价格影响的 TVP - SVAR - SV 模型估计结果分别如图 6 - 25、图 6 - 26 所示。本书选取冲击影响时间周期为 3 个月、6 个月和 12 个月，分别表示短期、中期和长期。由图 6 - 25 可以看出，样本期间金融投机冲击引发的铜价波动对电气机械及器材制造业价格的影响具有显著的时变效应，但在不同时间尺度下的影响趋势基本一致，在 2008 年 4 月以前，作用方向以正向为主，此后转为负向影响，并在 2008 年 7 月达到负向最大值，此后正负交替，并在 2013 年年中转为正向影响，并且呈现一波正向增强趋势；由图 6 - 26 可以看出，样本期间金融投机冲击引发的铝价波动对铁路、船舶、航空航天和其他运输设备制造业价格的影响具有时变性，且在不同时间尺度上趋势基本一致，在 2010 年以前以负向影响为主，之后正负交替，近期呈现正向增强趋势。

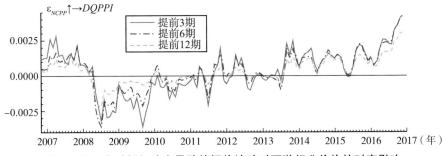

图 6 - 25 金融投机冲击导致的铜价波动对下游行业价格的时变影响

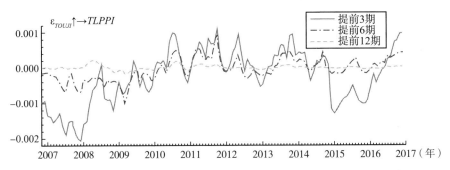

图 6 - 26 金融投机冲击导致的铝价波动对下游行业价格的时变影响

6.3.3 不同时间节点下对我国有色金属行业的影响

前面本书分析了不同时间周期下金融投机冲击对有色金属行业产出与价格的影响，下面分析不同时间节点有色金属行业产出与价格对金融投机冲击的脉冲响应。本书在样本中选择 2008 年 9 月、2011 年 7 月、2014 年 10 月三个时点进行分析，2008 年 9 月国际金融危机全面爆发，金融化对我国经济影响发生结构性改变；2011 年 7 月有色金属市场供需发生逆转，开启一轮价格下行周期；2014 年 10 月美国量化宽松货币政策正式退出，金融化对我国经济影响的渠道发生改变。因此，本书通过分析不同时点的脉冲响应函数的差异，分析近年来金融化导致的有色金属价格波动对我国有色金属行业影响的时变性。

图6-27和图6-28给出了在不同时间点金融投机冲击引发的铜铝价格波动对有色金属矿采选业产出影响的脉冲响应图。由图6-27可以看出，在后金融危机时期与下行周期中，当期影响为正，并分别在第1期达到正向最大值0.002和0.001，之后在第2期转变为负向影响，并分别达到负向最大值0.007和0.010，此后影响逐渐减小并收敛；而在美国宣布推出量化宽松货币政策后，金融投机冲击的即期影响为正，但在第1期就转为负向影响，并在第2期达到负向最大值0.010，此后影响逐渐减小并收敛，可见，在后量化宽松时代，金融投机冲击的影响以负向为主。由图6-28可以看出，三个时点中有色金属矿采选业产出对金融投机冲击引发的铝价波动的响应具有差异性，在后金融危机时期，在前6期的响应均为负，并且在第2期达到负向最大值0.0075，此后在第7期短暂转为正后，响应值逐渐收敛；在下行周期中，即期响应为正，并在第2期达到正向最大值0.010，此后正负响应交替并收敛；而在美国宣布退出量化宽松货币政策后，即期响应也为正，并在第2期达到正向最大值0.0025，之后逐渐收敛。可见，在不同时间节点上，金融投机冲击对我国有色金属矿采选业产出的影响以抑制效应为主，但抑制效应具有时滞性，这在下行周期中尤为明显。

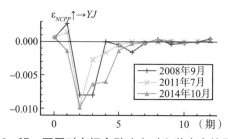

图6-27　不同时点铜金融冲击对上游产出的影响

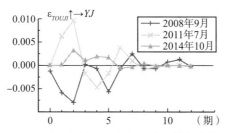

图 6 - 28 不同时点铝金融冲击对上游产出的影响

图 6 - 29 及图 6 - 30 给出了在不同时间点金融投机冲击导致的铜铝价格波动对有色金属矿采选业价格影响的脉冲响应图。由图 6 - 29 可以看出，在后金融危机时期、下行周期及后量化宽松时期三个时期中，金融投机冲击引发的铜价波动对有色金属矿采选业价格的影响都为负，并分别在第 2 期、第 1 期、第 1 期达到负向最大值 0.010、0.005 及 0.002，此后影响效应逐渐减小并收敛于 0；由图 6 - 30 可以看出，在后金融危机时期与后量化宽松时期，金融投机冲击引发的铝价波动对有色金属矿采选业价格的影响在前 12 期全为负，并分别在第 3 期达到负向最大值 0.025 及 0.015；而在下行周期中，在前 12 期内除第 1 期短暂为正外，其余时期全为负向影响，在第 3 期达到负向最大值 0.010。可见，在不同时间点上，金融投机冲击对我国工业价格以抑制效应为主，产生通货紧缩，并且不同时间点上的作用程度和持续时间具有很大的差异性。相对来说，在后金融危机时期，影响程度相对较大，持续时间也相对较长。

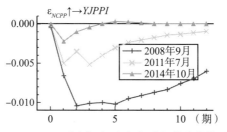

图 6 - 29 不同时点铜金融冲击对上游价格的影响

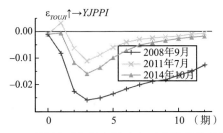

图 6 - 30　不同时点铝金融冲击对上游价格的影响

接下来选择 2008 年 9 月、2011 年 7 月、2014 年 10 月三个时点进行分析，通过分析不同时点的脉冲响应函数的差异，分析近年来金融化因素导致的有色金属价格波动对有色金属冶炼及压延加工业影响的时变性。图 6 - 31 及图 6 - 32 给出了在不同时间点金融投机冲击引发的铜铝价格波动对有色金属冶炼及压延加工业产出影响的脉冲响应图。由图 6 - 31

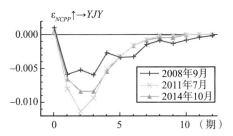

图 6 - 31　不同时点铜金融冲击对中游产出的影响

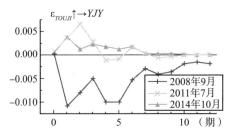

图 6 - 32　不同时点铝金融冲击对中游产出的影响

可以看出，在后金融危机、下行周期及后量化宽松三个时期，当期影响都为正，但在第1期转为负向影响，并分别在第1期、第2期及第3期达到负向最大值0.006、0.011和0.008，之后影响逐渐减小并收敛；由图6-32可以看出，三个时期中有色金属冶炼及压延加工业产出对金融投机冲击引发的铝价波动的响应具有差异性，在后金融危机时期，在前12期的响应均为负，并且在第1期达到负向最大值0.010，此后响应值逐渐收敛；在下行周期中，即期响应为正，并在第2期达到正向最大值0.005，此后正负响应交替并收敛；而在美国宣布退出量化宽松货币政策后，即期响应也为正，并在第1期达到正向最大值0.0025，之后逐渐收敛。可见，在不同时间点上，金融投机冲击引发的有色金属价格波动对有色金属冶炼及压延加工业产出的影响具有差异性。

图6-33及图6-34给出了在不同时间点金融投机冲击导致的铜铝价格波动对有色金属冶炼及压延加工业价格影响的脉冲响应图。由图6-33可以看出，在后金融危机时期，金融投机冲击引发的铜价波动对有色金属冶炼及压延加工业价格的即期影响为正，但在第1期转为负向影响，并在第2期达到负向最大值0.005，此后影响效应逐渐减小；在下行周期中，即期影响也为正，但随后在第2期由正转负，并在第3期达到负向最大值0.002，此后逐渐收敛；而在后量化宽松时期，在前12期的影响全为正，并在第4期达到正向最大值0.005，此后正向影响逐渐减小并收敛；由图6-34可以看出，在后金融危机时期，金融投机冲击引发的铝价波动对有色金属冶炼及压延加工业价格的影响在前12期全为负，并在第3期达到负向最大值0.025；而在下行周期与后量化宽松时期，在前12期内除第1期短暂为正外，其余时期全为负向影响，在第3期达到负向最大值0.010。可见，在不同时间点上，金融投机冲击对我国工业价格的影响以抑制效应为主，产生通货紧缩，并且不同时间点上的作用程度和持续时间具有很大的差异性。相对来说，在后金融危机时期，

影响程度相对较大，持续时间也相对较长。

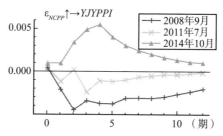

图6-33　不同时点铜金融冲击对中游价格的影响

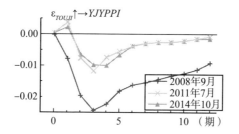

图6-34　不同时点铝金融冲击对中游价格的影响

接下来选择2008年9月、2011年7月、2014年10月三个时点进行分析，通过分析不同时点的脉冲响应函数的差异，分析近年来金融化因素导致的有色金属价格波动对下游行业影响的时变性。图6-35和图6-36给出了在不同时间点金融投机冲击导致的铜铝价格波动对下游行业产出影响的脉冲响应图。由图6-35可以看出，在后金融危机、下行周期及后量化宽松三个时期，在前12期内都为负向影响，并分别在第2期达到负向最大值0.015，之后影响逐渐减小并收敛；由图6-36可以看出，三个时期中铁路、船舶、航空航天和其他运输设备制造业产出对金融投机冲击引发的铝价波动的响应具有差异性，在后金融危机时期，在前2期的响应均为负，并且在第1期达到负向最大值0.0025，此后在第3期转为正，并达到正向最大值 0.0025，此后响应值逐渐收敛；在下行周期中，即期响应为负，并在第 1 期转正，在第 2 期达到正向最大值 0.0025，此后影响逐渐减小；而在美国宣布退出量化宽松货币政策后，即期响应为负，并在第 1 期达到负向最大值 0.005，之后在第 2 期由负转正，并在第 3 期达到正向最大值 0.0025，之后逐渐收敛。可见，在不同时间点上，金融投机冲击导致的有色金属价格波动对其下游产出影响具有差异性。

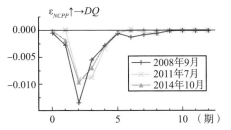

图 6 - 35 不同时点铜金融冲击对下游产出的影响

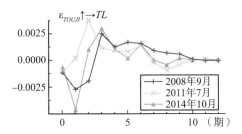

图 6 - 36 不同时点铝金融冲击对下游产出的影响

图 6 - 37 和图 6 - 38 给出了在不同时间点金融投机冲击导致的铜铝价格波动对下游行业价格影响的脉冲响应图。由图 6 - 37 可以看出，在后金融危机时期，金融投机冲击引发的铜价波动对电气机械及器材制造业价格的影响在前 12 期全为负，并在第 3 期达到负向最大值 0.003，此

后影响效应逐渐减小；在下行周期中，其即期影响也为负，但整体影响
较小，接近于 0；而在后量化宽松时期，在前 2 期的影响为负，但在第 3
期转为正向影响，并在第 4 期达到正向最大值 0.002，此后正向影响逐
渐减小；由图 6 - 38 可以看出，在后金融危机时期，金融投机冲击引发
的铝价波动对铁路、船舶、航空航天和其他运输设备制造业价格的即期
影响为正，并在第 1 期达到正向最大值 0.001，之后在第 2 期由正转负，
并达到负向最大值 0.001，之后影响逐渐减小；而在下行周期与后量化
宽松时期，在前 12 期全为正向影响，并分别在第 2 期与第 1 期达到正向
最大值 0.001 及 0.0012。可见，金融投机冲击不同时间点上的作用程度
和持续时间具有很大的差异性。相对来说，在后金融危机时期，其影响
以负向为主，影响程度相对较大，持续时间也相对较长。

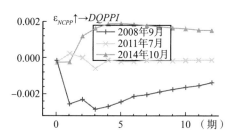

图 6 - 37　不同时点铜金融冲击对下游价格的影响

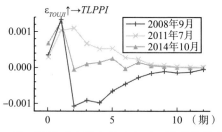

图 6 - 38　不同时点铝金融冲击对下游价格的影响

6.4 本章小结

本章在第4、第5章分析有色金属价格波动微观机理的基础上，从宏观经济角度，将金融化因素纳入有色金属价格冲击体系，通过构建SVAR模型，从供需层面与金融面层面将导致有色金属价格波动的结构性冲击分解为供给冲击、经济需求冲击、金融投机冲击及其他预防性需求冲击，在统一框架下全面量化考虑金融化因素的各种结构性冲击对我国有色金属行业的影响，并着重分析金融化因素导致的有色金属价格波动对有色金属上中下游行业的相对重要性及差异性，结果发现金融投机引发的铜价波动对我国有色金属行业产出具有显著抑制作用，并且作为最主要的影响因素，其作用程度随着产业链方向由上游行业往下游行业进行正向传导，并且冲击影响程度逐渐减弱；而金融投机引发的铝价冲击除对有色金属上游行业产出有微弱负面影响外，其对整个有色金属行业产出的抑制作用并没有发挥。此外，金融投机导致的铜价波动所产生的成本型通胀具有滞后效应，且产业链位置越靠后，其时滞越长；金融投机引发的铝价波动对有色金属上中游行业主要带来通货紧缩压力，而对下游行业则主要带来成本型通胀。

在此基础上，本书进一步利用带有随机波动的时变参数结构向量自回归（TVP–SVAR–SV）模型，将不同时间周期及有色金属价格波动的结构突变特征考虑在内，对金融化因素导致的有色金属价格波动对有色金属上中下游行业影响的动态变化特征进行实证研究。结果发现金融投机对我国有色金属行业产出与价格的影响具有显著的时变性，对于产出其影响在不同时间周期上具有差异性，短期较为显著，而中长期影响较小，对于价格其影响在不同时间周期上则具有趋同性。此外，金融投机冲击在不同时点上的影响方向、作用程度与持续时间具有差异性，国际金融危机整体放大了金融化因素导致的有色金属价格波动对我国有色金属行业的影响，在后金融危机时代，铜铝市场金融化因素都对我国有色金属上中下游产出形成显著的抑制效应，并且加大了我国有色金属行业的通货紧缩压力；而进入下行周期以来，铝价下行的成本红利足以抵消铝市场金融化因素的抑制效应，导致金融投机冲击对有色金属行业产出的影响以正向为主，而铜价下行的成本红利无法充分抵消铜市场金融化因素的抑制效应，导致其对有色金属行业产出的影响仍为负。这些结论为我国从细分行业角度有针对性应对有色金属产业链金融化，防范和化解金融化风险提供了实证依据。

第7章

金融化视角下应对有色金属
价格波动的政策建议

在有色金属金融化背景下，金融化因素对有色金属价格波动的影响在显著增强，同时对我国有色金属行业产生了一系列负面影响，考虑到有色金属金融化趋势在短时间内难以逆转，现阶段亟须加强中国铜铝等有色金属期货市场建设，力争优先发展为国际定价中心，以从金融层面寻求定价权的实质性突破。作为有色金属第一消费大国与金融市场的弱势方，我国要以国家总体安全观为指导，在国家层面加强顶层设计与战略布局，以加强国际投机资金管控、防控金融风险为着力点，以提升我国期货市场国际影响力为突破口，着力应对有色金属金融化趋势，并提升我国有色金属定价权。接下来本书结合研究结论就有效应对有色金属金融化，防范和化解有色金属价格波动风险提出一系列政策建议。

7.1　加强有色金属金融化顶层设计

有色金属金融化在未来仍是大概率事件，在短期内不可逆转，我国应当积极地、主动地建设有色金属金融化，而不是被动地让有色金属金融化进程给我国经济发展产生负面影响，成为我国经济安全的隐患。对于以期货定价的铜铝等有色金属而言，金融化对其影响尤为突出，短时期内，我国应加强国际合作，加强国际投机资金监控，同时应立足全球视角与战略高度，建立健全有色金属期货市场，努力形成体现中国利益、以需求为导向的有色金属交易和国际定价中心。与此同时，要进一步建设良好的金融环境，完善金融基础设施，吸引更多有市场影响力的外资机构与境外参与者，充分发挥市场机制在应对有色金属金融化不利冲击中的作用。

长期而言，则需要提升我国货币的话语权与影响力，进一步加快人民币国际化步伐，利用我国人民币加入 SDR 的机遇以及"一带一路"倡议，开展现货及期货跨境交易的人民币结算与计价，增强金融定价权。与此同时，要采取一系列鼓励政策与措施，重点扶持具备一定资金实力的金融机构，与具有一定规模的有色金属企业强强联合，积极参与国际有色金属业务。要进一步推动我国金融业务的国际化，积极实施"走出去"战略，主动参与与适应国际市场竞争，通过拓展我国金融影响力来影响定价规则，规避和防范有色金属价格操纵风险，并增强我国应对有色金属金融化不利冲击的能力。

7.2　加强对国际投机资金监控，
深化金融监管国际合作

针对金融化因素对有色金属价格波动影响不断增强这一趋势，国家必须紧密结合有色金属的金融化发展趋势，全面研判金融市场的汇率冲击、投机操纵、利率波动、石油联动等对有色金属价格波动的影响，构建有色金属价格波动风险防范和化解体系，由于不同区制状态下各个影响因素的作用机理、传导路径不同，因此，政策实施必须厘清不同状态

下，哪些因素是监控波动风险的关键，哪些行为是识别和防范价格波动风险的突破点，从而对有色金属价格波动的金融化因素实施动态管控。具体而言，政策制定者应首先判定国际有色金属市场的区制状态状况，明确不同区制下有色金属价格波动的主要驱动因素，然后采取有针对性的措施。例如，当短期内国际期铜价格稳步上涨时，监管机构必须关注联邦基金利率的反向效应，在当前下行周期背景下，石油价格对有色金属价格的风险联动作用尤为显著，因此当前要重点防范国际石油价格的冲击影响。此外，"中国因素"在有色金属价格波动中的作用被明显夸大，实质上这是投机基金利用中国需求变相进行价格操纵。因此，政府应加强对投机资金规模和杠杆作用的监督，构建完善的信息披露机制，规避过度投机造成的有色金属价格波动风险。

有色金属市场金融化的形成对有色金属与传统金融资产的跨市场监管提出了更高的要求，这要求监管层要提升金融监管能力，依据股市动向，建立相应的应急反应机制与联合监管机制，同时，要针对不同有色金属的金融化程度差异，分类提出相应的监管措施，以提高监管政策的有效性。此外，我国有色金属金融化主要来源于国际市场，特别是发达市场，因此金融监管要加强国际合作，特别是同加拿大、美国等发达国家的合作。在金融危机期间，有色金属金融化程度会在短期内显著增强，因此要特别重视危机期间的金融风险，国际金融危机的爆发在某种程度上是过度金融化的结果，过高的金融杠杆加之金融监管水平的滞后，不仅给有色金属市场带来巨大风险，也在某种程度上冲击现有国际金融体系，在经历国际金融危机的阵痛后，世界出现了一股进一步加强金融监管，实施去金融化的势头，中国应抓住这一契机，在现有国际组织如IMF的框架下，积极推动对金融杠杆率进一步限制、完善金融监管等准则的制定和实施。同时，要积极参与应对有色金属金融化的技术合作，增强应对有色金属金融化的技术能力，要强化与澳大利亚、智利等主要有色金属供应国的伙伴关系，加强对这些国家有色金属矿山的投资，从供给端防范和应对有色金属金融化风险。

7.3 完善我国有色金属期货市场建设，增大市场活跃度

随着有色金属金融化程度的提高，有色金属现货价格逐渐参照期货定价。期货市场是金融资本影响有色金属价格最直接的场所。因此，要有效遏制有色金属价格的过度波动，最根本的要求就是大力发展期货市场。中国应立足全球视野，加快有色金属期货市场建设，以完善法律制度、扩大产品种类、充实套期保值工具以及构建信息披露制度为重点，加大市场活跃度，实现基于供需基本面的价格发现功能，提升中国有色金属市场的国际定价能力。

从我国有色金属期货市场的建设现状来看，在品种上，虽然有色金属的品种已经涵盖铜铝铅锌锡镍六种，但与发达国家相比，有色金属期货种类还相对较少，缺乏丰富的金融衍生工具。因此，要利用我国有色金属消费量大的相对优势，加快研发力度，推出有竞争力，能够影响国际市场格局的期货品种，完善现有有色金属品种格局；在充分借鉴美国品种上市机制的基础上，结合我国特色，对有色金属期货小品种实行备案制，而对关乎国计民生的重要有色金属期货品种则实行核准制。同时，建议国家进一步提高有色金属衍生品市场的开放度，允许银行等金融机构参与并拓展衍生金融交易领域，搭建银行间金融衍生产品交易平台，充分发挥金融机构的资金运营优势，提升中国在应对有色金属金融化中的金融权重。另外要对接国际标准，推动24小时连续交易，增加夜场期货品种，以有助于国际资金的进入，提高我国有色金属期货市场的流动

性与活跃度，还可进一步设立场外电子盘交易，尽量做到交易时间的同步。

7.4　加快人民币国际化进程，推动建立有色金属—人民币定价体系

美元汇率对有色金属价格波动有着重要影响，人民币走强对应对有色金属金融化不利冲击，推动我国有色金属市场定价权提升有着积极作用，有色金属可以作为人民币国际化的有效载体，积极推动人民币在有色金属市场中计价，从而为我国应对有色金属金融化，提升有色金属定价权开辟新的道路。我国要进一步加快人民币汇率市场化改革，放松外汇管制，利用有色金属最大消费国的有利地位，将人民币币种与有色金属需求有效结合，坚定不移地加快有色金属"走出去"步伐，要进一步加大人民币在有色金属国际贸易中的使用与结算，着力提升人民币的支付能力与信誉，有步骤建立"有色金属—人民币"体系。同时，我国要利用"一带一路"倡议，积极与智利、秘鲁、澳大利亚等主要有色金属出口国进行协商，在铜、铝等有色金属的交易中部分以人民币计价。此外，利用我国加入 SDR 的机遇，同步推动人民币在离岸市场等层面的国际化进程，进一步拓宽人民币的使用界限与范围，积极鼓励国外投资者使用人民币，推动人民币成为世界货币与国际储备货币，为应对有色金属金融化奠定货币基础。在积极推动人民币国际化的同时，要根据不同有色金属品种的差异性，先着力推动人民币成为影响期铜定价的关键货币，然后逐步扩展到铝等有色金属定价领域，完善有色金属定价规则与布局。

7.5　有色金属行业要积极应对产业链金融化

　　实证结果表明我国有色金属上中下游行业不同程度受到国际金融投机的负面影响，因此在有色金属产业链金融化趋势增强的背景下，国家要进一步推出与有色金属产品配套的相关衍生服务，为有色金属各个环节的企业和公司提供便利的套期保值与风险对冲工具，同时我国有色金属企业要积极学习金融化业务知识，自觉运用有色金属期货及金融衍生品来进行套期保值，积极推动产融结合，有效提升企业风险管控水平，以规避有色金属价格波动风险，推动企业可持续发展。由于金融化引发的有色金属价格波动对有色金属产业链不同环节产出的影响具有差异性，因此要采取差异化策略。对于上游行业而言，由于距离产业链条近，因此上游行业要降低对国际有色金属的依存度，对外建立多元化的海外有色金属供应体系，对内要加强有色金属战略储备体系建设，提高资源的利用率；对于中下游行业，则需加快供给侧改革，优化其产业结构，并且积极扩大市场需求，从需求端来缓解金融化对其带来的高成本冲击。此外，针对不同有色金属品种的金融化程度差异，也要采取差异化政策，在应对有色金属金融化不利冲击中，对于金融化程度较高的铜，其应该成为政策关注的重点。

附　录

附表 1　　2个月内中国铜期货市场与全球代表性股票市场收益溢出效应程度

单位：%

H＝2	SCU	USS	JAS	CAS	UKS	FRS	GES	HOS	AUS	HKS	CHS	KOS	SIS	MAS	THS	INS	BRS	IDS	ARS	MES	RUS	From
SCU	52.596	12.690	1.260	12.490	0.196	0.032	0.471	1.363	2.593	0.325	1.568	0.271	0.528	1.496	4.667	0.644	0.228	2.337	0.062	0.129	4.054	47.404
USS	0.474	91.771	0.210	0.374	0.421	0.034	0.083	0.007	0.958	0.506	1.506	0.000	0.114	1.545	0.150	0.445	0.003	0.093	0.438	0.163	0.705	8.229
JAS	0.000	49.426	43.509	0.448	0.389	0.166	0.031	0.071	0.679	0.517	1.677	0.395	0.444	0.655	0.187	0.382	0.001	0.452	0.022	0.376	0.174	56.491
CAS	0.133	63.983	1.067	28.879	0.047	0.517	0.005	0.238	0.649	1.499	0.895	0.465	0.296	0.443	0.068	0.324	0.000	0.185	0.024	0.142	0.141	71.121
UKS	0.238	73.290	0.554	0.969	17.953	0.271	0.002	0.024	0.490	0.929	0.788	0.012	1.173	1.409	0.262	0.345	0.010	0.318	0.047	0.841	0.074	82.047
FRS	0.329	72.872	1.079	0.523	5.594	15.008	0.018	0.096	0.217	0.413	0.725	0.010	1.034	0.532	0.246	0.455	0.002	0.580	0.047	0.175	0.046	84.992
GES	0.025	71.889	1.205	0.025	3.026	9.324	9.924	0.093	0.554	0.564	0.582	0.011	0.904	0.383	0.397	0.121	0.191	0.528	0.191	0.010	0.054	90.076
HOS	0.126	74.347	0.804	0.926	4.630	4.825	0.417	8.613	0.626	0.381	0.540	0.031	0.945	0.566	0.096	0.420	0.001	0.903	0.012	0.735	0.054	91.387
AUS	0.155	57.115	1.950	2.959	4.227	0.471	0.149	0.550	25.900	2.233	1.123	0.124	0.611	0.219	0.206	0.136	0.341	0.463	0.023	0.958	0.088	74.100
HKS	0.110	53.124	0.617	3.997	2.439	0.678	0.783	1.087	0.913	33.400	1.358	0.237	0.017	0.710	0.204	0.176	0.024	0.001	0.022	0.099	0.005	66.600
CHS	0.062	5.223	0.573	1.046	0.812	0.380	1.278	0.038	1.111	11.795	77.214	0.054	0.043	0.089	0.027	0.066	0.045	0.073	0.036	0.016	0.020	22.786
KOS	0.161	44.545	1.118	3.546	1.028	0.667	2.859	0.264	1.835	2.756	0.423	36.995	0.302	1.646	0.141	0.290	0.082	0.680	0.157	0.240	0.265	63.005
SIS	0.031	57.340	1.110	3.109	2.222	0.108	0.778	0.288	1.156	7.961	1.120	1.195	18.944	2.540	1.178	0.192	0.180	0.007	0.235	0.301	0.008	81.056
MAS	0.889	25.606	0.168	0.521	2.667	0.207	3.370	0.704	0.753	3.700	0.390	1.461	4.624	51.873	0.025	0.910	0.524	0.936	0.243	0.336	0.093	48.127
THS	0.205	31.292	0.052	1.729	1.426	1.897	2.451	0.270	0.760	2.853	0.404	2.684	1.150	2.258	49.257	0.125	0.605	0.268	0.015	0.103	0.195	50.743
INS	0.062	39.580	3.034	2.980	0.938	0.117	0.372	0.067	2.051	11.135	0.072	2.327	1.641	3.083	2.464	28.996	0.040	0.002	0.001	1.034	0.003	71.004
BRS	0.224	43.588	1.446	10.975	3.457	0.075	0.589	0.290	0.920	6.967	0.496	2.327	0.032	0.553	0.543	0.225	26.449	0.160	0.061	0.001	0.621	73.551
IDS	0.162	34.641	0.436	4.546	1.198	0.721	2.841	0.584	2.241	2.723	0.551	3.671	1.453	6.029	4.766	1.296	0.146	31.079	0.009	0.638	0.268	68.921
ARS	0.161	21.404	2.402	5.244	1.203	0.178	0.698	0.140	0.038	4.620	0.062	3.011	4.088	2.226	1.926	0.301	3.224	0.811	47.392	0.113	0.758	52.608
MES	0.002	43.898	1.776	5.247	1.200	0.581	1.813	0.192	2.434	2.911	1.842	5.699	0.093	3.905	0.012	0.211	2.138	0.279	1.250	24.518	0.000	75.482
RUS	0.020	26.963	1.777	17.756	2.248	1.023	0.058	0.452	0.544	1.434	0.402	4.106	0.135	3.529	1.918	1.236	1.010	0.869	0.880	0.436	33.206	66.794
To	3.570	902.82	22.636	79.410	39.369	22.271	19.067	6.818	21.520	66.222	16.522	28.091	19.628	33.818	19.482	8.302	8.794	9.943	3.774	6.848	7.626	1 346.526
Total	56.165	994.59	66.145	108.29	57.322	37.279	28.990	15.43	47.421	99.622	93.736	65.086	38.571	85.691	68.739	37.298	35.243	41.022	51.165	31.366	40.832	64.12

附表2 6个月内中国铜期货市场与全球代表性股票市场收益溢出效应程度

单位：%

H=6	SCU	USS	JAS	CAS	UKS	FRS	GES	HOS	AUS	HKS	CHS	KOS	SIS	MAS	THS	INS	BRS	IDS	ARS	MES	RUS	From
SCU	50.192	12.792	1.267	13.770	0.224	0.039	0.749	1.611	2.650	0.536	1.515	0.514	0.508	1.474	4.506	0.654	0.519	2.243	0.145	0.170	3.922	49.808
USS	0.510	89.889	0.215	1.308	0.416	0.207	0.085	0.037	0.949	0.522	1.828	0.044	0.114	1.602	0.182	0.445	0.138	0.105	0.452	0.192	0.759	10.111
JAS	0.025	48.340	42.475	0.933	0.403	0.358	0.117	0.092	0.670	0.509	2.211	0.644	0.505	0.670	0.355	0.390	0.097	0.453	0.142	0.426	0.185	57.525
CAS	0.185	62.792	1.111	28.962	0.057	0.645	0.024	0.359	0.675	1.521	1.200	0.594	0.294	0.513	0.083	0.369	0.092	0.180	0.061	0.140	0.143	71.038
UKS	0.248	72.344	0.559	1.356	17.914	0.338	0.015	0.028	0.488	0.923	0.994	0.036	1.163	1.414	0.312	0.369	0.094	0.354	0.126	0.850	0.077	82.086
FRS	0.329	71.949	1.070	0.879	5.631	14.868	0.018	0.160	0.216	0.409	0.998	0.028	1.070	0.528	0.305	0.458	0.041	0.573	0.139	0.255	0.075	85.132
GES	0.028	71.096	1.219	0.231	2.993	9.306	9.802	0.094	0.577	0.617	0.815	0.016	0.958	0.402	0.434	0.138	0.367	0.524	0.298	0.018	0.068	90.198
HOS	0.129	73.176	0.800	1.317	4.704	4.770	0.426	8.466	0.707	0.379	0.950	0.073	0.944	0.640	0.170	0.416	0.080	0.890	0.036	0.789	0.137	91.534
AUS	0.199	56.053	1.911	3.764	4.230	0.542	0.168	0.718	25.055	2.225	1.704	0.206	0.594	0.352	0.214	0.148	0.336	0.454	0.030	0.961	0.136	74.945
HKS	0.119	52.409	0.643	4.235	2.423	0.715	1.029	1.217	0.929	32.749	1.503	0.301	0.039	0.707	0.262	0.194	0.129	0.006	0.139	0.099	0.154	67.251
CHS	0.078	5.740	0.559	1.406	0.827	0.491	1.246	0.164	1.221	11.645	75.621	0.168	0.193	0.113	0.034	0.076	0.046	0.072	0.051	0.149	0.099	24.379
KOS	0.173	43.971	1.114	3.516	1.036	0.686	3.044	0.295	1.869	2.742	0.437	36.602	0.384	1.630	0.250	0.296	0.290	0.674	0.266	0.262	0.464	63.398
SIS	0.047	55.858	1.112	3.945	2.193	0.184	1.241	0.279	1.134	7.666	1.697	1.518	17.952	2.468	1.121	0.184	0.478	0.155	0.366	0.302	0.098	82.048
MAS	0.894	26.323	0.310	0.621	2.834	0.242	3.404	0.919	0.739	3.764	0.613	1.614	4.432	49.717	0.264	0.881	0.621	0.937	0.267	0.430	0.173	50.283
THS	0.260	30.927	0.114	1.787	1.439	1.856	2.748	0.306	0.802	2.900	0.398	2.777	1.155	2.214	48.108	0.195	0.856	0.294	0.233	0.165	0.467	51.892
INS	0.062	38.981	3.044	3.177	0.984	0.150	0.941	0.099	2.046	11.395	0.077	2.249	1.588	2.971	2.390	27.861	0.370	0.182	0.088	1.106	0.238	72.139
BRS	0.297	42.435	1.793	10.903	3.388	0.162	0.716	0.541	0.964	7.134	0.499	2.280	0.072	0.556	0.679	0.229	25.869	0.197	0.179	0.010	1.097	74.131
IDS	0.189	33.166	0.536	4.545	1.218	0.806	3.902	0.842	2.147	2.903	0.969	3.991	1.496	5.953	4.526	1.293	0.656	29.353	0.129	0.655	0.726	70.647
ARS	0.282	21.215	2.637	5.485	1.304	0.259	0.719	0.422	0.074	5.099	0.069	2.941	3.972	2.153	1.947	0.299	3.188	0.854	45.775	0.211	1.095	54.225
MES	0.016	43.186	1.860	5.354	1.241	0.705	1.995	0.211	2.387	2.910	1.858	5.752	0.111	3.829	0.127	0.274	2.322	0.319	1.309	24.110	0.124	75.890
RUS	0.022	25.860	1.778	18.566	2.115	1.416	0.111	1.018	0.531	1.409	0.540	4.901	0.140	3.350	2.032	1.246	1.003	1.050	1.204	0.464	31.242	68.758
To	4.092	888.613	23.652	87.095	39.660	23.879	22.699	9.412	21.774	67.209	20.873	30.649	19.732	33.538	20.193	8.555	11.724	10.516	5.661	7.654	10.236	1 367.418
Total	54.285	978.502	66.127	116.057	57.575	38.747	32.501	17.88	46.828	99.958	96.495	67.251	37.684	83.256	68.301	36.415	37.593	39.869	51.436	31.764	41.478	65.115

附表 3　　12 个月内中国铜期货市场与全球代表性股票市场收益溢出效应程度

单位：%

H=12	SCU	USS	JAS	CAS	UKS	FRS	GES	HOS	AUS	HKS	CHS	KOS	SIS	MAS	THS	INS	BRS	IDS	ARS	MES	RUS	From
SCU	50.189	12.792	1.267	13.770	0.224	0.040	0.749	1.612	2.650	0.536	1.515	0.514	0.508	1.474	4.506	0.654	0.519	2.244	0.145	0.170	3.922	49.811
USS	0.510	89.888	0.215	1.308	0.416	0.207	0.085	0.037	0.949	0.522	1.828	0.045	0.114	1.602	0.182	0.445	0.138	0.105	0.452	0.192	0.759	10.112
JAS	0.025	48.339	42.475	0.933	0.403	0.358	0.117	0.092	0.670	0.509	2.211	0.644	0.505	0.670	0.355	0.390	0.097	0.453	0.142	0.426	0.185	57.525
CAS	0.185	62.792	1.111	28.962	0.057	0.645	0.024	0.359	0.675	1.521	1.200	0.594	0.294	0.513	0.083	0.369	0.092	0.180	0.061	0.140	0.143	71.038
UKS	0.248	72.344	0.559	1.356	17.914	0.338	0.015	0.028	0.488	0.923	0.994	0.036	1.163	1.414	0.312	0.369	0.094	0.354	0.126	0.850	0.077	82.086
FRS	0.329	71.948	1.070	0.879	5.631	14.868	0.018	0.160	0.216	0.409	0.998	0.028	1.070	0.528	0.305	0.458	0.041	0.573	0.139	0.255	0.075	85.132
GES	0.028	71.096	1.219	0.231	2.993	9.306	9.802	0.094	0.577	0.617	0.816	0.016	0.958	0.402	0.434	0.138	0.367	0.524	0.298	0.018	0.068	90.198
HOS	0.129	73.176	0.800	1.317	4.704	4.770	0.426	8.466	0.707	0.379	0.951	0.074	0.944	0.640	0.170	0.416	0.080	0.890	0.036	0.789	0.137	91.534
AUS	0.199	56.052	1.911	3.764	4.230	0.542	0.168	0.719	25.054	2.225	1.704	0.207	0.594	0.352	0.214	0.148	0.337	0.454	0.031	0.961	0.136	74.946
HKS	0.119	52.408	0.643	4.235	2.423	0.715	1.029	1.217	0.929	32.749	1.503	0.301	0.039	0.707	0.262	0.194	0.129	0.006	0.139	0.099	0.154	67.251
CHS	0.078	5.742	0.559	1.407	0.827	0.491	1.246	0.164	1.221	11.644	75.617	0.168	0.194	0.114	0.034	0.076	0.046	0.073	0.051	0.149	0.099	24.383
KOS	0.173	43.970	1.114	3.516	1.036	0.686	3.044	0.296	1.869	2.742	0.437	36.601	0.384	1.630	0.250	0.296	0.290	0.675	0.266	0.262	0.464	63.399
SIS	0.047	55.855	1.112	3.945	2.193	0.184	1.242	0.280	1.134	7.666	1.697	1.518	17.951	2.468	1.121	0.184	0.479	0.155	0.367	0.302	0.099	82.049
MAS	0.894	26.321	0.310	0.621	2.834	0.242	3.405	0.920	0.739	3.764	0.613	1.615	4.432	49.715	0.264	0.882	0.622	0.937	0.267	0.430	0.174	50.285
THS	0.260	30.925	0.115	1.788	1.439	1.856	2.748	0.307	0.802	2.900	0.398	2.777	1.155	2.213	48.104	0.195	0.856	0.295	0.233	0.165	0.467	51.896
INS	0.062	38.978	3.044	3.178	0.985	0.151	0.942	0.101	2.046	11.394	0.077	2.249	1.588	2.970	2.389	27.858	0.371	0.183	0.088	1.106	0.239	72.142
BRS	0.298	42.433	1.793	10.903	3.388	0.162	0.716	0.542	0.964	7.134	0.500	2.280	0.072	0.556	0.679	0.230	25.867	0.198	0.179	0.010	1.098	74.133
IDS	0.190	33.160	0.536	4.547	1.219	0.806	3.903	0.844	2.146	2.904	0.969	3.992	1.496	5.952	4.525	1.293	0.656	29.350	0.129	0.655	0.728	70.650
ARS	0.282	21.214	2.637	5.485	1.305	0.259	0.720	0.422	0.074	5.099	0.069	2.941	3.972	2.153	1.947	0.299	3.189	0.854	45.772	0.211	1.096	54.228
MES	0.016	43.184	1.860	5.354	1.241	0.705	1.995	0.211	2.387	2.910	1.858	5.752	0.111	3.829	0.127	0.274	2.322	0.319	1.309	24.109	0.124	75.891
RUS	0.022	25.860	1.778	18.566	2.115	1.416	0.111	1.018	0.531	1.410	0.541	4.901	0.140	3.350	2.032	1.246	1.003	1.050	1.204	0.464	31.241	68.759
To	4.093	888.589	23.653	87.104	39.663	23.880	22.704	9.422	21.774	67.207	20.876	30.652	19.733	33.537	20.192	8.557	11.729	10.522	5.663	7.655	10.244	1367.447
Total	54.282	978.478	66.128	116.065	57.577	38.748	32.505	17.89	46.828	99.956	96.493	67.253	37.684	83.252	68.296	36.415	37.596	39.872	51.435	31.764	41.485	65.117

附表 4　　　　2 个月内中国铝期货市场与全球代表性股票市场收益溢出效应程度

单位：%

H = 2	SAL	USS	JAS	CAS	UKS	FRS	GES	HOS	AUS	HKS	CHS	KOS	SIS	MAS	THS	INS	BRS	IDS	ARS	MES	RUS	From
SAL	64.633	3.698	0.946	9.479	0.072	0.299	0.960	0.846	0.016	2.796	2.402	2.558	0.450	1.619	1.221	0.397	1.799	3.589	0.584	0.107	1.528	35.367
USS	1.769	90.594	0.220	0.376	0.428	0.032	0.092	0.001	0.994	0.581	1.402	0.002	0.102	1.503	0.128	0.512	0.013	0.044	0.344	0.173	0.692	9.406
JAS	0.122	49.416	43.386	0.452	0.416	0.147	0.030	0.080	0.671	0.517	1.660	0.403	0.449	0.671	0.170	0.428	0.000	0.408	0.014	0.391	0.169	56.614
CAS	0.672	63.423	1.114	28.859	0.053	0.481	0.008	0.270	0.657	1.555	0.846	0.501	0.278	0.424	0.060	0.362	0.002	0.138	0.012	0.149	0.136	71.141
UKS	1.571	71.980	0.596	0.984	18.026	0.221	0.003	0.044	0.498	0.977	0.709	0.020	1.099	1.355	0.285	0.412	0.023	0.227	0.023	0.877	0.069	81.974
FRS	0.467	73.238	1.018	0.483	5.659	14.714	0.025	0.114	0.226	0.431	0.648	0.008	0.976	0.491	0.244	0.452	0.007	0.520	0.061	0.172	0.045	85.286
GES	0.166	72.261	1.147	0.024	3.155	8.798	9.991	0.082	0.548	0.555	0.547	0.012	0.857	0.362	0.396	0.131	0.207	0.492	0.206	0.009	0.052	90.009
HOS	0.591	73.997	0.786	0.912	4.710	4.688	0.434	8.677	0.633	0.398	0.492	0.038	0.905	0.545	0.104	0.459	0.000	0.804	0.023	0.752	0.052	91.323
AUS	0.884	56.292	1.990	2.976	4.231	0.475	0.159	0.608	25.942	2.322	1.065	0.145	0.595	0.212	0.184	0.167	0.298	0.376	0.010	0.985	0.084	74.058
HKS	0.377	53.037	0.627	3.927	2.486	0.650	0.699	1.123	0.927	33.332	1.308	0.259	0.025	0.665	0.207	0.183	0.035	0.004	0.028	0.096	0.005	66.668
CHS	0.040	5.602	0.475	1.029	0.796	0.324	1.108	0.034	1.125	11.696	77.334	0.049	0.044	0.086	0.031	0.047	0.046	0.063	0.040	0.012	0.019	22.666
KOS	0.216	44.857	1.067	3.459	1.046	0.580	2.680	0.270	1.850	2.756	0.388	37.164	0.263	1.555	0.153	0.277	0.102	0.653	0.159	0.243	0.263	62.836
SIS	0.028	57.642	1.095	3.080	2.278	0.152	0.768	0.308	1.169	7.688	1.119	1.149	18.819	2.575	1.159	0.215	0.177	0.009	0.245	0.316	0.007	81.182
MAS	0.491	26.324	0.181	0.525	2.678	0.050	3.537	0.772	0.805	3.375	0.451	1.289	4.588	52.085	0.022	0.847	0.445	0.863	0.216	0.361	0.095	47.915
THS	1.823	29.889	0.084	1.772	1.413	1.672	2.382	0.285	0.749	2.991	0.366	2.755	1.233	2.318	48.720	0.164	0.699	0.361	0.005	0.118	0.202	51.280
INS	0.737	38.833	3.142	3.012	0.951	0.090	0.372	0.084	2.037	11.312	0.074	2.360	1.738	3.005	2.366	28.821	0.057	0.000	0.000	1.005	0.004	71.179
BRS	0.577	43.165	1.517	10.877	3.447	0.063	0.567	0.315	0.927	7.049	0.488	2.391	0.020	0.498	0.547	0.219	26.514	0.132	0.069	0.001	0.618	73.486
IDS	0.002	34.627	0.428	4.556	1.309	0.930	2.882	0.592	2.269	2.575	0.558	3.581	1.445	6.142	4.727	1.357	0.135	30.939	0.009	0.666	0.271	69.061
ARS	1.069	20.617	2.565	5.293	1.150	0.234	0.783	0.165	0.033	4.826	0.045	3.158	4.350	2.181	1.693	0.388	3.259	0.709	46.615	0.103	0.765	53.385
MES	0.907	42.706	1.905	5.348	1.230	0.547	1.927	0.197	2.405	2.976	1.807	5.760	0.127	3.880	0.017	0.147	2.122	0.218	1.170	24.604	0.000	75.396
RUS	0.817	25.703	1.967	17.979	2.267	1.017	0.102	0.491	0.526	1.508	0.406	4.199	0.209	3.872	1.649	1.474	1.002	0.821	0.741	0.480	32.770	67.230
To	13.326	887.309	22.869	76.542	39.774	21.451	19.520	6.680	19.065	68.883	16.781	30.635	19.753	33.959	15.363	8.639	10.428	10.433	3.960	7.016	5.076	1 337.462
Total	77.959	977.902	66.255	105.402	57.800	36.165	29.511	15.36	45.007	102.215	94.114	67.799	38.572	86.044	64.084	37.460	36.942	41.371	50.575	31.620	37.847	63.689

附表 5　6个月内中国铝期货市场与全球代表性股票市场收益溢出效应程度

单位：%

H=6	SAL	USS	JAS	CAS	UKS	FRS	GES	HOS	AUS	HKS	CHS	KOS	SIS	MAS	THS	INS	BRS	IDS	ARS	MES	RUS	From
SAL	62.123	3.945	0.942	10.395	0.080	0.292	0.978	1.016	0.037	3.128	2.342	2.912	0.443	1.692	1.537	0.398	1.958	3.479	0.580	0.119	1.604	37.877
USS	1.884	88.340	0.227	1.199	0.427	0.143	0.112	0.037	0.987	0.715	1.782	0.071	0.104	1.575	0.231	0.507	0.259	0.081	0.365	0.180	0.775	11.660
JAS	0.192	48.372	42.374	0.931	0.429	0.288	0.106	0.104	0.663	0.516	2.170	0.625	0.512	0.692	0.341	0.432	0.120	0.408	0.117	0.425	0.181	57.626
CAS	0.708	62.213	1.163	28.835	0.070	0.561	0.015	0.388	0.670	1.662	1.178	0.652	0.278	0.502	0.097	0.394	0.150	0.137	0.034	0.147	0.148	71.165
UKS	1.587	70.905	0.596	1.325	17.981	0.250	0.009	0.046	0.501	0.977	0.943	0.048	1.100	1.374	0.423	0.449	0.176	0.292	0.064	0.867	0.087	82.019
FRS	0.485	72.246	1.015	0.790	5.706	14.542	0.028	0.162	0.224	0.440	0.988	0.026	1.024	0.489	0.356	0.453	0.060	0.514	0.132	0.245	0.073	85.458
GES	0.186	71.431	1.163	0.221	3.120	8.753	9.860	0.084	0.567	0.632	0.787	0.017	0.916	0.385	0.447	0.145	0.410	0.490	0.296	0.016	0.073	90.140
HOS	0.613	72.725	0.780	1.283	4.792	4.613	0.436	8.516	0.697	0.400	0.931	0.085	0.911	0.638	0.229	0.454	0.123	0.800	0.036	0.784	0.154	91.484
AUS	0.965	55.137	1.945	3.702	4.253	0.507	0.163	0.778	25.044	2.415	1.680	0.250	0.580	0.365	0.221	0.174	0.309	0.382	0.011	0.966	0.151	74.956
HKS	0.385	52.349	0.666	4.112	2.462	0.662	0.898	1.237	0.929	32.761	1.480	0.332	0.043	0.662	0.284	0.193	0.168	0.011	0.116	0.102	0.148	67.239
CHS	0.061	6.177	0.469	1.342	0.813	0.448	1.077	0.131	1.258	11.480	75.708	0.184	0.185	0.102	0.034	0.058	0.046	0.065	0.057	0.182	0.121	24.292
KOS	0.255	44.276	1.077	3.420	1.058	0.588	2.827	0.293	1.863	2.761	0.413	36.769	0.343	1.540	0.294	0.279	0.324	0.644	0.242	0.268	0.467	63.231
SIS	0.049	56.216	1.095	3.934	2.255	0.195	1.212	0.298	1.155	7.414	1.645	1.432	17.838	2.508	1.111	0.205	0.504	0.172	0.362	0.310	0.090	82.162
MAS	0.503	27.030	0.285	0.684	2.890	0.078	3.599	0.929	0.821	3.373	0.572	1.375	4.401	49.939	0.398	0.827	0.551	0.870	0.250	0.467	0.158	50.061
THS	1.919	29.481	0.134	1.781	1.437	1.659	2.604	0.315	0.775	3.147	0.368	2.825	1.242	2.280	47.517	0.264	1.052	0.397	0.138	0.232	0.433	52.483
INS	0.728	38.164	3.134	3.158	1.006	0.108	0.853	0.117	2.014	11.756	0.077	2.277	1.677	2.886	2.315	27.619	0.492	0.225	0.055	1.124	0.215	72.381
BRS	0.640	42.015	1.903	10.744	3.369	0.123	0.650	0.544	0.945	7.356	0.481	2.333	0.059	0.502	0.728	0.226	25.974	0.171	0.149	0.011	1.078	74.026
IDS	0.123	33.233	0.512	4.577	1.345	0.948	3.919	0.810	2.190	2.749	0.900	3.834	1.479	6.069	4.478	1.362	0.700	29.283	0.112	0.693	0.683	70.717
ARS	1.090	20.406	2.798	5.434	1.287	0.282	0.777	0.437	0.052	5.589	0.051	3.077	4.218	2.102	1.735	0.393	3.282	0.783	44.896	0.251	1.061	55.104
MES	0.923	41.976	1.958	5.416	1.290	0.606	2.057	0.209	2.356	3.036	1.818	5.771	0.147	3.795	0.189	0.238	2.414	0.292	1.193	24.217	0.099	75.783
RUS	0.813	24.793	1.941	18.796	2.139	1.272	0.128	1.120	0.513	1.567	0.510	4.914	0.205	3.674	1.753	1.447	1.073	0.938	0.998	0.470	30.936	69.064
To	14.108	873.091	23.802	83.243	40.230	22.378	22.448	9.057	19.215	71.113	21.119	33.038	19.865	33.834	17.201	8.898	14.172	11.152	5.309	7.856	7.797	1 358.928
Total	76.231	961.431	66.176	112.078	58.211	36.920	32.308	17.57	44.260	103.874	96.827	69.807	37.703	83.773	64.719	36.517	40.146	40.435	50.205	32.073	38.734	64.711

附表6　12个月内中国铝期货市场与全球代表性股票市场收益溢出效应程度

单位：%

H=12	SAL	USS	JAS	CAS	UKS	FRS	GES	HOS	AUS	HKS	CHS	KOS	SIS	MAS	THS	INS	BRS	IDS	ARS	MES	RUS	From
SAL	62.119	3.945	0.942	10.396	0.080	0.292	0.979	1.017	0.037	3.128	2.342	2.912	0.443	1.692	1.537	0.398	1.959	3.480	0.580	0.119	1.604	37.881
USS	1.884	88.338	0.227	1.199	0.427	0.143	0.112	0.037	0.987	0.715	1.782	0.071	0.104	1.575	0.231	0.507	0.259	0.081	0.365	0.180	0.775	11.662
JAS	0.192	48.371	42.373	0.931	0.429	0.288	0.106	0.105	0.663	0.516	2.170	0.625	0.512	0.692	0.341	0.432	0.120	0.408	0.117	0.425	0.181	57.627
CAS	0.708	62.212	1.163	28.834	0.070	0.561	0.015	0.388	0.670	1.662	1.179	0.652	0.278	0.502	0.097	0.394	0.150	0.137	0.034	0.147	0.148	71.166
UKS	1.588	70.905	0.596	1.325	17.981	0.250	0.009	0.046	0.501	0.977	0.944	0.048	1.100	1.374	0.423	0.449	0.176	0.292	0.064	0.867	0.087	82.019
FRS	0.485	72.245	1.015	0.790	5.706	14.542	0.028	0.162	0.224	0.440	0.989	0.027	1.024	0.489	0.356	0.453	0.060	0.514	0.133	0.245	0.073	85.458
GES	0.186	71.430	1.163	0.221	3.120	8.753	9.860	0.084	0.567	0.633	0.788	0.017	0.916	0.385	0.447	0.145	0.410	0.490	0.296	0.016	0.073	90.140
HOS	0.613	72.724	0.780	1.283	4.792	4.613	0.436	8.516	0.697	0.400	0.931	0.085	0.911	0.638	0.229	0.454	0.123	0.800	0.036	0.784	0.154	91.484
AUS	0.965	55.136	1.945	3.702	4.253	0.507	0.163	0.778	25.043	2.415	1.681	0.250	0.580	0.365	0.221	0.174	0.309	0.382	0.011	0.966	0.151	74.957
HKS	0.385	52.348	0.666	4.112	2.462	0.662	0.898	1.238	0.929	32.760	1.480	0.332	0.043	0.662	0.284	0.193	0.168	0.011	0.116	0.102	0.148	67.240
CHS	0.061	6.179	0.469	1.343	0.813	0.449	1.077	0.131	1.258	11.480	75.705	0.185	0.186	0.102	0.034	0.058	0.046	0.065	0.057	0.182	0.121	24.295
KOS	0.255	44.275	1.076	3.420	1.058	0.588	2.827	0.293	1.863	2.761	0.413	36.768	0.343	1.540	0.294	0.279	0.324	0.645	0.242	0.268	0.468	63.232
SIS	0.050	56.212	1.096	3.934	2.255	0.195	1.212	0.299	1.155	7.413	1.645	1.433	17.838	2.508	1.111	0.205	0.504	0.172	0.362	0.310	0.091	82.163
MAS	0.503	27.029	0.285	0.685	2.890	0.079	3.600	0.930	0.821	3.372	0.572	1.375	4.401	49.936	0.398	0.827	0.551	0.870	0.250	0.467	0.159	50.064
THS	1.919	29.479	0.134	1.783	1.437	1.659	2.604	0.317	0.775	3.147	0.368	2.826	1.242	2.280	47.513	0.264	1.052	0.398	0.138	0.232	0.433	52.487
INS	0.729	38.161	3.134	3.159	1.007	0.109	0.854	0.119	2.014	11.755	0.078	2.277	1.677	2.885	2.315	27.616	0.492	0.226	0.056	1.124	0.216	72.384
BRS	0.640	42.014	1.903	10.744	3.370	0.123	0.650	0.545	0.945	7.356	0.481	2.333	0.059	0.502	0.728	0.226	25.973	0.172	0.149	0.011	1.078	74.027
IDS	0.125	33.226	0.512	4.581	1.346	0.948	3.921	0.813	2.189	2.748	0.900	3.835	1.479	6.068	4.477	1.363	0.700	29.278	0.113	0.693	0.685	70.722
ARS	1.090	20.405	2.798	5.434	1.287	0.282	0.778	0.438	0.052	5.589	0.051	3.077	4.218	2.102	1.735	0.393	3.283	0.783	44.893	0.251	1.061	55.107
MES	0.923	41.974	1.958	5.417	1.290	0.606	2.057	0.210	2.356	3.036	1.818	5.771	0.147	3.795	0.189	0.238	2.414	0.293	1.193	24.215	0.099	75.785
RUS	0.813	24.792	1.941	0.685	2.139	1.272	0.128	1.120	0.513	1.567	0.511	4.914	0.205	3.674	1.753	1.447	1.073	0.938	0.998	0.470	30.936	69.064
To	14.114	873.062	23.804	83.255	40.232	22.380	22.453	9.071	19.215	71.110	21.123	33.043	19.865	33.832	17.200	8.900	14.174	11.157	5.311	7.857	7.805	1 358.963
Total	76.233	961.400	66.178	112.089	58.213	36.922	32.313	17.59	44.259	103.870	96.828	69.811	37.702	83.768	64.713	36.516	40.147	40.435	50.205	32.073	38.741	64.713

附表 7　　　　　2 个月内国际铜期货市场与全球代表性股票市场收益溢出效应程度

单位：%

H=2	LCU	USS	JAS	CAS	UKS	FRS	GES	HOS	AUS	HKS	CHS	KOS	SIS	MAS	THS	INS	BRS	IDS	ARS	MES	RUS	From
LCU	50.028	13.880	0.697	16.156	0.412	0.045	0.061	2.176	1.602	0.272	1.255	0.128	1.188	2.003	4.019	0.854	0.251	0.859	0.261	0.137	3.717	49.972
USS	0.751	91.335	0.203	0.390	0.432	0.039	0.059	0.008	0.983	0.501	1.487	0.001	0.125	1.679	0.133	0.444	0.002	0.104	0.434	0.186	0.704	8.665
JAS	0.234	48.641	43.823	0.483	0.427	0.178	0.052	0.073	0.671	0.491	1.705	0.371	0.462	0.732	0.164	0.430	0.002	0.454	0.020	0.418	0.169	56.177
CAS	0.418	63.484	1.058	29.029	0.055	0.536	0.000	0.239	0.659	1.474	0.891	0.425	0.311	0.506	0.056	0.341	0.000	0.193	0.023	0.163	0.138	70.971
UKS	0.416	72.939	0.531	0.984	17.931	0.280	0.000	0.021	0.502	0.939	0.790	0.010	1.183	1.509	0.281	0.346	0.009	0.331	0.045	0.880	0.073	82.069
FRS	0.567	72.441	1.068	0.536	5.601	15.035	0.010	0.089	0.226	0.416	0.723	0.014	1.055	0.604	0.269	0.456	0.001	0.600	0.048	0.196	0.045	84.965
GES	0.121	71.652	1.251	0.030	3.023	9.316	9.952	0.095	0.556	0.566	0.594	0.011	0.907	0.415	0.414	0.128	0.185	0.533	0.193	0.007	0.052	90.048
HOS	0.246	74.096	0.810	0.945	4.614	4.827	0.418	8.592	0.636	0.384	0.540	0.028	0.962	0.622	0.107	0.424	0.001	0.918	0.013	0.766	0.053	91.408
AUS	0.362	56.747	1.956	2.985	4.241	0.480	0.119	0.551	25.954	2.214	1.115	0.106	0.636	0.262	0.187	0.142	0.352	0.477	0.021	1.006	0.087	74.046
HKS	0.540	52.434	0.623	4.089	2.499	0.706	0.908	1.075	0.915	33.336	1.357	0.199	0.013	0.800	0.180	0.197	0.020	0.000	0.023	0.079	0.006	66.664
CHS	0.401	4.927	0.585	1.077	0.865	0.396	1.416	0.040	1.106	11.593	77.101	0.041	0.047	0.116	0.020	0.079	0.039	0.069	0.034	0.024	0.022	22.899
KOS	1.024	43.553	1.139	3.627	1.105	0.674	3.202	0.288	1.834	2.631	0.458	36.441	0.328	1.847	0.112	0.332	0.071	0.701	0.162	0.196	0.275	63.559
SIS	0.001	57.139	1.158	3.198	2.181	0.109	0.816	0.287	1.151	8.062	1.129	1.278	18.787	2.599	1.157	0.211	0.171	0.007	0.239	0.313	0.007	81.213
MAS	0.405	25.652	0.099	0.576	2.587	0.195	3.436	0.674	0.758	3.857	0.434	1.689	4.523	52.113	0.028	0.821	0.502	0.972	0.247	0.337	0.096	47.888
THS	0.740	30.675	0.050	1.782	1.466	1.921	2.621	0.291	0.761	2.776	0.438	2.517	1.227	2.372	49.045	0.141	0.582	0.255	0.014	0.127	0.199	50.955
INS	0.245	39.211	3.036	3.027	0.952	0.123	0.422	0.067	2.056	11.125	0.069	2.358	1.608	3.213	2.429	29.019	0.037	0.003	0.001	0.994	0.004	70.981
BRS	0.500	43.193	1.442	11.041	3.519	0.082	0.587	0.289	0.929	6.890	0.485	2.275	0.037	0.595	0.522	0.230	26.525	0.169	0.062	0.000	0.626	73.475
IDS	0.049	34.483	0.483	4.650	1.206	0.732	2.934	0.556	2.237	2.751	0.565	3.802	1.395	6.026	4.776	1.269	0.138	31.023	0.009	0.643	0.271	68.977
ARS	0.183	21.245	2.377	5.239	1.201	0.183	0.628	0.143	0.036	4.596	0.056	2.978	4.002	2.257	1.939	0.296	3.284	0.829	47.659	0.107	0.760	52.341
MES	0.155	43.393	1.805	5.359	1.215	0.593	1.929	0.198	2.426	2.891	1.857	5.670	0.090	4.043	0.008	0.187	2.114	0.281	1.230	24.554	0.000	75.446
RUS	0.041	26.527	1.885	17.944	2.285	1.037	0.057	0.471	0.544	1.411	0.400	4.041	0.127	3.623	1.904	1.296	0.983	0.863	0.872	0.465	33.225	66.775
To	7.399	896.311	22.255	84.119	39.886	22.451	19.674	7.631	20.588	65.843	16.348	27.943	20.226	35.824	18.707	8.626	8.744	8.616	3.952	7.045	7.305	1 349.493
Total	57.427	987.646	66.079	113.147	57.817	37.487	29.625	16.22	46.542	99.180	93.449	64.383	39.013	87.936	67.752	37.645	35.269	39.638	51.611	31.599	40.531	64.262

附表 8　6个月内国际铜期货市场与全球代表性股票市场收益溢出效应程度

单位：%

H=6	LCU	USS	JAS	CAS	UKS	FRS	GES	HOS	AUS	HKS	CHS	KOS	SIS	MAS	THS	INS	BRS	IDS	ARS	MES	RUS	From
LCU	47.876	13.773	0.689	17.165	0.409	0.056	0.437	2.607	1.773	0.413	1.204	0.263	1.183	2.027	3.825	0.841	0.610	0.814	0.285	0.213	3.537	52.124
USS	0.958	89.236	0.207	1.367	0.424	0.197	0.060	0.063	0.971	0.511	1.806	0.028	0.130	1.758	0.161	0.446	0.138	0.111	0.451	0.221	0.754	10.764
JAS	0.306	47.572	42.814	1.051	0.429	0.338	0.162	0.124	0.668	0.483	2.150	0.546	0.540	0.765	0.292	0.439	0.120	0.449	0.120	0.455	0.173	57.186
CAS	0.714	62.070	1.096	29.090	0.061	0.649	0.037	0.414	0.700	1.482	1.162	0.508	0.319	0.607	0.068	0.387	0.102	0.187	0.046	0.161	0.140	70.910
UKS	0.418	72.018	0.537	1.392	17.865	0.339	0.018	0.031	0.498	0.935	0.996	0.028	1.177	1.520	0.325	0.367	0.094	0.365	0.109	0.890	0.076	82.135
FRS	0.611	71.474	1.061	0.918	5.608	14.877	0.011	0.182	0.227	0.411	0.989	0.030	1.105	0.605	0.320	0.460	0.042	0.591	0.121	0.280	0.076	85.123
GES	0.136	70.848	1.260	0.258	2.989	9.286	9.832	0.099	0.583	0.615	0.811	0.014	0.968	0.441	0.443	0.146	0.369	0.530	0.289	0.014	0.068	90.168
HOS	0.278	72.891	0.805	1.364	4.663	4.763	0.433	8.446	0.721	0.382	0.942	0.059	0.964	0.713	0.175	0.420	0.084	0.903	0.030	0.822	0.140	91.554
AUS	0.610	55.509	1.911	3.843	4.206	0.540	0.157	0.769	25.044	2.193	1.663	0.157	0.620	0.436	0.200	0.155	0.351	0.464	0.024	1.008	0.139	74.956
HKS	0.748	51.565	0.639	4.361	2.500	0.739	1.201	1.272	0.954	32.582	1.466	0.229	0.052	0.785	0.218	0.215	0.143	0.006	0.112	0.080	0.132	67.418
CHS	0.633	5.398	0.571	1.498	0.893	0.487	1.390	0.228	1.188	11.409	75.268	0.110	0.236	0.166	0.042	0.089	0.045	0.070	0.042	0.153	0.085	24.732
KOS	1.370	42.804	1.124	3.587	1.099	0.706	3.428	0.360	1.906	2.602	0.469	35.838	0.450	1.815	0.197	0.337	0.318	0.696	0.234	0.224	0.434	64.162
SIS	0.053	55.601	1.134	4.102	2.164	0.175	1.324	0.275	1.144	7.759	1.650	1.538	17.810	2.543	1.103	0.203	0.491	0.171	0.364	0.314	0.082	82.190
MAS	0.421	26.308	0.187	0.697	2.758	0.227	3.475	0.885	0.756	3.932	0.595	1.798	4.339	50.005	0.289	0.802	0.625	0.994	0.279	0.463	0.163	49.995
THS	0.725	30.330	0.101	1.847	1.488	1.888	2.949	0.307	0.825	2.822	0.436	2.583	1.242	2.333	47.925	0.207	0.862	0.290	0.196	0.200	0.443	52.075
INS	0.320	38.540	3.030	3.246	1.001	0.159	1.038	0.120	2.070	11.347	0.080	2.267	1.561	3.088	2.361	27.837	0.386	0.187	0.072	1.068	0.221	72.163
BRS	0.743	41.929	1.796	10.949	3.450	0.181	0.741	0.596	0.987	7.020	0.495	2.231	0.095	0.585	0.643	0.235	25.872	0.204	0.153	0.009	1.086	74.128
IDS	0.085	32.988	0.535	4.675	1.244	0.809	4.050	0.782	2.153	2.933	0.948	4.065	1.440	5.980	4.541	1.262	0.678	29.345	0.126	0.673	0.689	70.655
ARS	0.528	20.981	2.633	5.478	1.282	0.278	0.669	0.460	0.081	5.033	0.066	2.896	3.888	2.180	1.963	0.291	3.236	0.859	45.906	0.191	1.099	54.094
MES	0.201	42.685	1.864	5.494	1.251	0.705	2.135	0.202	2.386	2.891	1.872	5.683	0.116	3.962	0.115	0.246	2.322	0.330	1.276	24.161	0.102	75.839
RUS	0.314	25.361	1.845	18.846	2.144	1.415	0.139	1.144	0.546	1.375	0.499	4.670	0.142	3.413	1.979	1.306	0.983	1.017	1.169	0.488	31.204	68.796
To	10.173	880.646	23.024	92.139	40.063	23.938	23.854	10.92	21.137	66.551	20.301	29.704	20.570	35.722	19.260	8.855	12.001	9.240	5.500	7.928	9.641	1 371.167
Total	58.050	969.882	65.839	121.229	57.929	38.815	33.685	19.37	46.182	99.133	95.569	65.542	38.379	85.727	67.185	36.691	37.873	38.585	51.406	32.088	40.845	65.294

附表9　　12个月内国际铜期货市场与全球代表性股票市场收益出效应程度

单位：%

H=12	LCU	USS	JAS	CAS	UKS	FRS	GES	HOS	AUS	HKS	CHS	KOS	SIS	MAS	THS	INS	BRS	IDS	ARS	MES	RUS	From
LCU	47.871	13.772	0.689	17.165	0.410	0.057	0.438	2.608	1.774	0.413	1.205	0.263	1.183	2.027	3.824	0.841	0.611	0.814	0.285	0.213	3.538	52.129
USS	0.958	89.235	0.207	1.367	0.424	0.197	0.060	0.063	0.972	0.511	1.806	0.028	0.130	1.758	0.161	0.446	0.138	0.111	0.451	0.221	0.755	10.766
JAS	0.306	47.572	42.814	1.051	0.429	0.338	0.163	0.125	0.668	0.483	2.150	0.546	0.541	0.765	0.292	0.439	0.121	0.449	0.120	0.455	0.173	57.186
CAS	0.714	62.069	1.096	29.089	0.061	0.649	0.038	0.414	0.700	1.482	1.162	0.508	0.319	0.607	0.068	0.387	0.103	0.188	0.046	0.161	0.140	70.911
UKS	0.418	72.018	0.537	1.392	17.865	0.339	0.019	0.031	0.498	0.936	0.996	0.028	1.177	1.520	0.325	0.367	0.094	0.365	0.109	0.890	0.076	82.135
FRS	0.611	71.473	1.061	0.918	5.608	14.876	0.011	0.182	0.227	0.411	0.989	0.030	1.105	0.605	0.320	0.460	0.042	0.591	0.121	0.280	0.076	85.124
GES	0.136	70.847	1.260	0.258	2.989	9.286	9.832	0.099	0.583	0.615	0.811	0.014	0.968	0.441	0.443	0.146	0.369	0.530	0.289	0.014	0.068	90.168
HOS	0.278	72.891	0.805	1.364	4.663	4.763	0.433	8.446	0.721	0.382	0.942	0.059	0.964	0.713	0.175	0.420	0.084	0.903	0.030	0.822	0.140	91.554
AUS	0.610	55.507	1.911	3.844	4.206	0.540	0.158	0.769	25.043	2.193	1.663	0.158	0.620	0.436	0.200	0.154	0.352	0.464	0.024	1.008	0.139	74.957
HKS	0.748	51.563	0.639	4.361	2.500	0.739	1.201	1.272	0.954	32.581	1.466	0.229	0.052	0.785	0.218	0.215	0.144	0.007	0.112	0.080	0.133	67.419
CHS	0.633	5.399	0.571	1.499	0.894	0.487	1.390	0.228	1.188	11.409	75.261	0.110	0.237	0.167	0.042	0.089	0.046	0.070	0.042	0.153	0.085	24.739
KOS	1.371	42.801	1.125	3.588	1.099	0.706	3.428	0.361	1.906	2.602	0.470	35.835	0.450	1.815	0.197	0.337	0.319	0.697	0.234	0.224	0.435	64.165
SIS	0.053	55.596	1.135	4.102	2.165	0.175	1.325	0.276	1.144	7.759	1.650	1.538	17.808	2.543	1.103	0.203	0.492	0.172	0.365	0.314	0.083	82.192
MAS	0.422	26.306	0.187	0.698	2.758	0.228	3.476	0.886	0.756	3.932	0.595	1.799	4.339	50.002	0.289	0.803	0.626	0.995	0.279	0.463	0.164	49.998
THS	0.726	30.328	0.101	1.849	1.488	1.888	2.949	0.308	0.825	2.822	0.436	2.584	1.242	2.333	47.919	0.208	0.863	0.291	0.196	0.200	0.444	52.081
INS	0.321	38.536	3.030	3.248	1.002	0.159	1.038	0.122	2.070	11.346	0.080	2.267	1.560	3.087	2.361	27.834	0.387	0.188	0.072	1.069	0.222	72.167
BRS	0.743	41.927	1.796	10.949	3.450	0.181	0.741	0.598	0.987	7.020	0.496	2.231	0.095	0.585	0.643	0.235	25.870	0.204	0.153	0.009	1.086	74.130
IDS	0.086	32.980	0.535	4.677	1.244	0.809	4.051	0.784	2.152	2.933	0.948	4.065	1.440	5.978	4.540	1.263	0.679	29.341	0.127	0.674	0.691	70.659
ARS	0.528	20.980	2.633	5.478	1.282	0.278	0.670	0.460	0.082	5.034	0.066	2.896	3.888	2.180	1.963	0.292	3.237	0.860	45.902	0.191	1.100	54.098
MES	0.202	42.683	1.865	5.495	1.251	0.705	2.136	0.203	2.386	2.891	1.872	5.683	0.116	3.961	0.115	0.246	2.322	0.331	1.276	24.159	0.103	75.841
RUS	0.314	25.361	1.845	18.846	2.144	1.415	0.139	1.144	0.546	1.375	0.499	4.670	0.142	3.414	1.979	1.306	0.984	1.017	1.169	0.488	31.203	68.797
To	10.179	880.608	23.027	92.148	40.068	23.940	23.862	10.93	21.139	66.550	20.304	29.706	20.569	35.720	19.258	8.857	12.012	9.247	5.503	7.930	9.652	1 371.212
Total	58.050	969.842	65.840	121.237	57.933	38.816	33.694	19.38	46.183	99.131	95.566	65.541	38.378	85.722	67.178	36.691	37.882	38.588	51.405	32.089	40.856	65.296

附表 10　　2 个月内国际铝期货市场与全球代表性股票市场收益出效应程度

单位：%

H=2	LAL	USS	JAS	CAS	UKS	FRS	GES	HOS	AUS	HKS	CHS	KOS	SIS	MAS	THS	INS	BRS	IDS	ARS	MES	RUS	From
LAL	55.089	14.704	0.438	12.984	0.429	0.222	0.821	2.846	0.529	0.328	0.263	0.396	0.698	1.312	2.802	0.085	1.727	1.733	0.217	1.039	1.337	44.911
USS	1.546	90.487	0.198	0.402	0.426	0.037	0.066	0.021	1.120	0.549	1.444	0.000	0.095	1.664	0.152	0.402	0.006	0.076	0.376	0.216	0.717	9.513
JAS	0.774	48.029	43.818	0.496	0.435	0.174	0.048	0.052	0.746	0.524	1.696	0.386	0.430	0.758	0.172	0.410	0.001	0.408	0.011	0.460	0.172	56.182
CAS	0.572	63.508	1.060	28.855	0.052	0.511	0.003	0.201	0.726	1.539	0.872	0.455	0.282	0.494	0.066	0.306	0.000	0.168	0.015	0.173	0.143	71.145
UKS	1.512	71.771	0.515	1.008	17.966	0.259	0.000	0.008	0.601	0.970	0.745	0.009	1.129	1.547	0.268	0.327	0.013	0.280	0.027	0.970	0.076	82.034
FRS	0.634	72.705	1.065	0.509	5.657	14.835	0.011	0.069	0.273	0.441	0.673	0.013	1.013	0.582	0.245	0.407	0.004	0.553	0.061	0.204	0.048	85.165
GES	0.376	71.426	1.266	0.032	3.156	8.983	10.101	0.117	0.607	0.573	0.564	0.009	0.881	0.415	0.401	0.121	0.195	0.505	0.212	0.004	0.054	89.899
HOS	0.373	74.204	0.815	0.902	4.739	4.601	0.428	8.513	0.694	0.399	0.511	0.027	0.948	0.631	0.101	0.390	0.000	0.864	0.019	0.786	0.056	91.487
AUS	0.776	56.409	1.955	2.985	4.240	0.473	0.127	0.495	25.920	2.295	1.100	0.117	0.599	0.275	0.199	0.123	0.328	0.427	0.013	1.055	0.090	74.080
HKS	0.746	52.401	0.619	4.027	2.477	0.662	0.792	1.015	0.974	33.420	1.341	0.236	0.026	0.748	0.207	0.172	0.027	0.002	0.032	0.071	0.005	66.580
CHS	0.005	5.484	0.548	1.027	0.805	0.335	1.147	0.034	1.110	11.781	77.275	0.053	0.044	0.082	0.030	0.053	0.049	0.069	0.038	0.012	0.019	22.725
KOS	0.453	44.285	1.114	3.523	1.042	0.644	2.790	0.225	1.887	2.787	0.397	37.073	0.279	1.688	0.145	0.267	0.092	0.663	0.174	0.212	0.262	62.927
SIS	0.196	56.878	1.176	3.132	2.257	0.133	0.872	0.236	1.158	7.883	1.129	1.156	18.999	2.633	1.148	0.222	0.171	0.010	0.258	0.347	0.007	81.001
MAS	0.851	26.657	0.088	0.477	2.738	0.055	3.531	0.541	0.775	3.559	0.427	1.384	4.667	51.436	0.021	0.779	0.473	0.915	0.218	0.309	0.100	48.564
THS	0.972	30.430	0.045	1.780	1.415	1.810	2.552	0.266	0.843	2.899	0.378	2.695	1.116	2.330	49.102	0.117	0.626	0.287	0.007	0.137	0.191	50.898
INS	0.146	39.761	3.032	2.910	0.977	0.088	0.358	0.040	2.076	11.115	0.080	2.344	1.539	3.056	2.526	28.899	0.044	0.002	0.000	1.002	0.003	71.101
BRS	0.361	43.499	1.454	10.896	3.436	0.075	0.536	0.257	0.963	7.017	0.492	2.354	0.023	0.540	0.566	0.209	26.484	0.153	0.071	0.000	0.613	73.516
IDS	0.159	35.222	0.504	4.429	1.337	0.982	2.853	0.500	2.217	2.627	0.539	3.646	1.407	5.744	4.780	1.210	0.132	30.811	0.007	0.620	0.274	69.189
ARS	0.492	21.126	2.373	5.254	1.170	0.196	0.681	0.110	0.029	4.688	0.052	3.029	3.983	2.265	1.940	0.281	3.304	0.784	47.397	0.093	0.753	52.603
MES	0.931	42.560	1.802	5.390	1.227	0.563	1.951	0.222	2.511	2.925	1.828	5.625	0.110	4.031	0.015	0.193	2.123	0.253	1.210	24.529	0.000	75.471
RUS	0.130	26.608	1.891	2.308	2.308	1.051	0.064	0.441	0.531	1.421	0.410	4.066	0.141	3.662	1.867	1.272	0.989	0.841	0.872	0.484	33.156	66.844
To	12.005	897.668	21.958	79.955	40.323	21.853	19.631	7.695	20.372	66.322	14.941	27.999	19.410	34.457	17.649	7.346	10.302	8.994	3.839	8.196	4.919	1345.835
Total	67.094	988.155	65.776	108.810	58.289	36.688	29.732	16.21	46.292	99.742	92.216	65.072	38.409	85.893	66.751	36.245	36.785	39.805	51.236	32.725	38.074	64.087

附表 11　6 个月内国际铝期货市场与全球代表性股票市场收益溢出效应程度

单位: %

H=6	LAL	USS	JAS	CAS	UKS	FRS	GES	HOS	AUS	HKS	CHS	KOS	SIS	MAS	THS	INS	BRS	IDS	ARS	MES	RUS	From
LAL	53.041	15.238	0.493	13.444	0.446	0.252	0.820	3.312	0.540	0.728	0.285	0.434	0.718	1.297	2.802	0.085	1.724	1.668	0.239	1.122	1.310	46.959
USS	1.629	88.591	0.211	1.289	0.421	0.125	0.087	0.105	1.111	0.568	1.828	0.028	0.100	1.710	0.196	0.395	0.150	0.083	0.388	0.240	0.745	11.409
JAS	0.813	47.078	42.855	1.021	0.449	0.272	0.110	0.138	0.735	0.517	2.175	0.541	0.516	0.779	0.305	0.406	0.127	0.409	0.095	0.483	0.178	57.145
CAS	0.603	62.447	1.105	28.883	0.063	0.584	0.010	0.385	0.727	1.559	1.206	0.560	0.286	0.559	0.082	0.324	0.097	0.167	0.038	0.172	0.144	71.117
UKS	1.517	70.820	0.519	1.386	17.920	0.278	0.004	0.051	0.617	0.972	0.973	0.020	1.126	1.547	0.339	0.385	0.109	0.302	0.075	0.965	0.075	82.080
FRS	0.641	71.755	1.057	0.836	5.696	14.646	0.016	0.178	0.272	0.435	1.003	0.031	1.062	0.577	0.321	0.405	0.041	0.544	0.133	0.285	0.066	85.354
GES	0.409	70.676	1.270	0.246	3.118	8.924	9.973	0.127	0.619	0.622	0.794	0.015	0.947	0.435	0.436	0.129	0.386	0.501	0.298	0.011	0.065	90.027
HOS	0.429	73.032	0.807	1.290	4.805	4.528	0.433	8.369	0.744	0.398	0.953	0.054	0.949	0.706	0.188	0.386	0.080	0.849	0.035	0.840	0.125	91.631
AUS	0.847	55.419	1.908	3.756	4.247	0.497	0.132	0.755	25.013	2.281	1.718	0.178	0.583	0.408	0.214	0.124	0.320	0.415	0.014	1.047	0.126	74.987
HKS	0.728	51.800	0.646	4.247	2.446	0.669	0.978	1.239	0.972	32.747	1.502	0.278	0.056	0.748	0.257	0.175	0.141	0.007	0.117	0.079	0.168	67.253
CHS	0.013	6.020	0.536	1.337	0.820	0.459	1.116	0.128	1.239	11.615	75.683	0.196	0.193	0.102	0.031	0.065	0.048	0.069	0.055	0.164	0.113	24.317
KOS	0.463	43.753	1.113	3.490	1.049	0.662	2.935	0.283	1.893	2.771	0.419	36.656	0.376	1.674	0.259	0.266	0.299	0.657	0.261	0.236	0.486	63.344
SIS	0.196	55.565	1.158	4.004	2.229	0.165	1.294	0.238	1.140	7.606	1.636	1.408	18.021	2.561	1.104	0.211	0.507	0.168	0.367	0.335	0.086	81.979
MAS	0.852	27.100	0.193	0.609	2.958	0.109	3.614	0.844	0.814	3.628	0.556	1.525	4.465	49.254	0.322	0.749	0.607	0.949	0.260	0.425	0.167	50.746
THS	0.984	30.189	0.099	1.825	1.422	1.795	2.781	0.282	0.861	2.947	0.379	2.755	1.135	2.282	47.989	0.215	0.880	0.309	0.177	0.215	0.480	52.011
INS	0.152	39.241	3.049	3.089	1.016	0.110	0.883	0.088	2.057	11.369	0.082	2.265	1.490	2.949	2.452	27.772	0.368	0.160	0.075	1.080	0.253	72.228
BRS	0.401	42.359	1.832	10.813	3.363	0.148	0.630	0.557	0.976	7.180	0.485	2.304	0.071	0.552	0.711	0.215	25.906	0.175	0.168	0.005	1.148	74.094
IDS	0.200	33.667	0.565	4.450	1.375	1.036	3.985	0.804	2.154	2.811	0.897	3.943	1.438	5.682	4.525	1.199	0.669	29.116	0.136	0.658	0.692	70.884
ARS	0.503	21.052	2.637	5.451	1.285	0.255	0.681	0.462	0.055	5.165	0.059	2.947	3.870	2.191	1.964	0.297	3.264	0.803	45.732	0.196	1.131	54.268
MES	0.948	41.965	1.860	5.502	1.268	0.614	2.076	0.219	2.467	2.940	1.840	5.614	0.138	3.956	0.121	0.307	2.349	0.292	1.237	24.175	0.114	75.825
RUS	0.132	25.628	1.872	18.653	2.176	1.364	0.105	1.115	0.522	1.397	0.527	4.763	0.148	3.476	1.948	1.259	1.000	1.015	1.170	0.492	31.237	68.763
To	12.461	884.801	22.928	86.738	40.654	22.847	22.690	11.31	20.514	67.509	19.316	29.859	19.667	34.190	18.576	7.596	13.167	9.543	5.340	9.049	7.671	1 366.423
Total	65.502	973.392	65.783	115.621	58.574	37.493	32.663	19.68	45.527	100.256	94.999	66.515	37.689	83.444	66.564	35.368	39.072	38.659	51.071	33.224	38.908	65.068

附表 12　　12 个月内国际铝期货市场与全球代表性股票市场收益溢出效应程度

单位：%

H=12	LAL	USS	JAS	CAS	UKS	FRS	GES	HOS	AUS	HKS	CHS	KOS	SIS	MAS	THS	INS	BRS	IDS	ARS	MES	RUS	From
LAL	53.039	15.238	0.494	13.444	0.446	0.252	0.820	3.312	0.540	0.728	0.285	0.434	0.718	1.297	2.802	0.085	1.725	1.668	0.239	1.123	1.311	46.961
USS	1.629	88.590	0.211	1.289	0.421	0.125	0.087	0.105	1.111	0.568	1.829	0.028	0.100	1.710	0.196	0.395	0.150	0.083	0.388	0.240	0.745	11.410
JAS	0.813	47.077	42.854	1.021	0.449	0.272	0.110	0.138	0.735	0.517	2.175	0.541	0.516	0.779	0.305	0.406	0.127	0.409	0.095	0.483	0.178	57.146
CAS	0.603	62.446	1.105	28.882	0.063	0.584	0.010	0.385	0.727	1.559	1.206	0.560	0.286	0.559	0.082	0.324	0.097	0.167	0.038	0.172	0.144	71.118
UKS	1.517	70.819	0.519	1.386	17.920	0.278	0.004	0.051	0.617	0.972	0.973	0.020	1.126	1.547	0.339	0.385	0.109	0.302	0.075	0.965	0.075	82.080
FRS	0.641	71.754	1.057	0.836	5.696	14.646	0.016	0.178	0.272	0.435	1.003	0.031	1.062	0.577	0.321	0.405	0.041	0.544	0.133	0.285	0.066	85.354
GES	0.409	70.675	1.270	0.246	3.118	8.924	9.973	0.127	0.619	0.622	0.794	0.015	0.947	0.435	0.436	0.129	0.386	0.501	0.298	0.011	0.065	90.027
HOS	0.429	73.031	0.807	1.290	4.805	4.528	0.433	8.369	0.744	0.398	0.953	0.055	0.949	0.706	0.188	0.386	0.080	0.849	0.035	0.840	0.125	91.631
AUS	0.847	55.418	1.908	3.757	4.247	0.497	0.132	0.755	25.011	2.281	1.719	0.178	0.583	0.408	0.214	0.124	0.320	0.415	0.014	1.047	0.126	74.989
HKS	0.728	51.799	0.646	4.247	2.446	0.669	0.978	1.239	0.972	32.746	1.502	0.278	0.056	0.748	0.257	0.176	0.141	0.007	0.117	0.079	0.168	67.254
CHS	0.013	6.021	0.536	1.337	0.820	0.459	1.116	0.128	1.239	11.615	75.679	0.197	0.193	0.102	0.031	0.065	0.049	0.069	0.055	0.164	0.113	24.321
KOS	0.463	43.752	1.113	3.491	1.049	0.662	2.935	0.283	1.893	2.771	0.419	36.655	0.376	1.674	0.259	0.266	0.300	0.657	0.261	0.236	0.487	63.345
SIS	0.196	55.561	1.158	4.005	2.229	0.165	1.295	0.239	1.140	7.605	1.635	1.408	18.020	2.561	1.104	0.212	0.508	0.169	0.368	0.335	0.087	81.980
MAS	0.852	27.098	0.193	0.611	2.958	0.109	3.615	0.845	0.814	3.628	0.556	1.526	4.465	49.250	0.322	0.749	0.608	0.949	0.260	0.425	0.167	50.750
THS	0.984	30.187	0.099	1.826	1.423	1.795	2.781	0.283	0.860	2.947	0.380	2.755	1.135	2.282	47.984	0.215	0.881	0.310	0.177	0.215	0.481	52.016
INS	0.152	39.238	3.049	3.090	1.017	0.110	0.884	0.089	2.057	11.369	0.082	2.265	1.490	2.949	2.452	27.770	0.369	0.161	0.075	1.080	0.253	72.230
BRS	0.401	42.358	1.832	10.812	3.364	0.148	0.630	0.558	0.976	7.180	0.485	2.304	0.071	0.552	0.711	0.215	25.905	0.175	0.168	0.005	1.148	74.095
IDS	0.201	33.660	0.565	4.453	1.376	1.036	3.986	0.806	2.154	2.810	0.897	3.944	1.438	5.680	4.524	1.199	0.670	29.112	0.137	0.658	0.695	70.888
ARS	0.503	21.051	2.637	5.451	1.285	0.255	0.681	0.462	0.055	5.165	0.059	2.947	3.870	2.191	1.964	0.297	3.264	0.804	45.730	0.196	1.131	54.270
MES	0.948	41.963	1.860	5.502	1.268	0.614	2.076	0.220	2.467	2.940	1.840	5.614	0.138	3.956	0.121	0.307	2.349	0.292	1.237	24.174	0.114	75.826
RUS	0.132	25.627	1.872	18.653	2.176	1.364	0.106	1.115	0.522	1.398	0.528	4.763	0.148	3.476	1.948	1.259	1.000	1.015	1.170	0.492	31.236	68.764
To	12.462	884.774	22.930	86.747	40.658	22.848	22.694	11.32	20.513	67.508	19.321	29.862	19.668	34.189	18.574	7.597	13.171	9.548	5.342	9.050	7.680	1 366.453
Total	65.501	973.364	65.784	115.630	58.578	37.493	32.667	19.69	45.525	100.254	95.000	66.517	37.688	83.439	66.558	35.367	39.076	38.661	51.072	33.224	38.916	65.069

参 考 文 献

中文部分

［1］安毅，王书明．我国农产品期货价格过度波动中的羊群行为研究［J］．价格理论与实践，2014（7）：90 - 91．

［2］边璐，张江朋，宋宇辰，范兆瑞．国际金属价格指数、广义需求与中国稀土产品价格——基于两市场协整视角下的多因素模型研究［J］．资源科学，2014（3）：641 - 652．

［3］晁增义和谌金宇．我国大宗商品价格波动的货币因素研究［J］．价格理论与实践，2015（10）：90 - 92．

［4］陈文，廖泽安．基于油价冲击分解的价格传递效应研究［J］．财务与金融，2017（4）：73 - 78 + 85．

［5］成思，刘泽豪，罗煜．中国商品金融化分层与通货膨胀驱动机制［J］．经济研究，2014（1）：140 - 154．

［6］成金华，尤喆，朱永光，鄢红兵．有色金属国际价格波动的影响因素研究［J］．中国人口·资源与环境，2017，27（7）：35 - 45．

［7］丁志华，缪协兴，何凌云，周梅华．基于动静态视角的煤炭价格波动对我国 GDP 影响研究［J］．资源科学，2013，35（12）：2467 - 2473．

［8］董珊珊，冯芸，杜威．我国贵金属期货市场价格发现功能研究［J］．价格理论与实践，2016（2）：128 - 130．

[9] 方毅. 国内外期铜价格之间的长期记忆成分和短期波动溢出效应 [J]. 数理统计与管理, 2008, 27 (2): 304 – 312.

[10] 冯辉, 张蜀林. 国际黄金期货价格决定要素的实证分析 [J]. 中国管理科学, 2012, 20 (S1): 424 – 428.

[11] 高金余, 刘庆富. 伦敦与上海期铜市场之间的信息传递关系研究 [J]. 金融研究, 2007 (2): 63 – 73.

[12] 郭树华, 王华, 高祖博, 王俐娴. 金属期货市场价格联动及其波动关系研究 [J]. 国际金融研究, 2010 (4): 79 – 88.

[13] 顾荣宝, 刘海飞, 李心丹. 股票市场的羊群行为与波动: 关联及其演化——来自深圳股票市场的证据 [J]. 管理科学学报, 2015, 18 (11): 82 – 94.

[14] 韩立岩, 郑葵方. 铜期货市场信息的国际传递 [J]. 管理评论, 2008 (1): 9 – 16.

[15] 韩立岩, 尹力博. 投机行为还是实际需求? ——国际大宗商品价格影响因素的广义视角分析 [J]. 经济研究, 2012 (12): 83 – 96.

[16] 华仁海, 陈百助. 国内、国际期货市场期货价格之间的关联研究 [J]. 经济学 (季刊), 2004, 3 (3): 727 – 741.

[17] 华仁海, 卢斌, 刘庆富. 中国期铜市场的国际定价功能研究 [J]. 数量经济技术经济研究, 2008 (8): 83 – 93.

[18] 侯乃堃, 齐中英. 基于油价冲击分解的石油价格波动与经济增长的动态变化关系研究 [J]. 中国软科学, 2009 (8): 132 – 143.

[19] 黄健柏, 李琼鹤. 国际期铜价格中的"中国因素"研究 [J]. 价格理论与实践, 2011 (12): 61 – 62.

[20] 黄健柏, 程慧, 郭尧琦, 邵留国. 美元石油和金属价格——基于VAR模型的实证研究 [J]. 经济经纬, 2012 (3): 43 – 49.

[21] 黄健柏, 宋婉婷, 钟美瑞. 有色金属价格波动对中国宏观经

济的影响——基于金属资源安全视角的分析［J］. 商业研究，2017
（12）：111 - 116.

［22］黄先明. 国际大宗农产品价格金融化机理分析及我国政策选
择［J］. 国际贸易，2012（6）：23 - 26.

［23］胡东滨，张展英. 基于 DCC - GARCH 模型的金属期货市场与
外汇、货币市场的动态相关性研究［J］. 数理统计与管理，2012，31
（5）：906 - 914.

［24］胡振华，钟代立，王欢芳. 中国铁矿石期货市场的定价影响
力研究——基于 VEC - SVAR 模型的实证分析［J］. 中国管理科学，
2018，26（2）：96 - 106.

［25］蒋序标，周志明. LME 与 SHFE 期铜价格引导关系实证研究
［J］. 系统工程，2004（9）：66 - 68.

［26］金洪飞，金荦. 国际石油价格对中国股票市场的影响——基于
行业数据的经验分析［J］. 金融研究，2010（2）：173 - 187.

［27］贾瑞，乔家君. 领先经济体与新兴经济体实需因素及货币因
素对大宗商品价格的影响——基于 MS - VAR 模型的实证分析［J］. 经济
经纬，2017（1）：100 - 105.

［28］李志斌，张维. 贵金属现货、原油和人民币汇率动态关系的
实证分析［J］. 财贸经济，2014（4）：48 - 58.

［29］李智，林伯强，许嘉峻. 基于 MSVAR 的国际原油期货价格变
动研究［J］. 金融研究，2014（1）：99 - 109.

［30］李文博，龙如银，丁志华. 线性和非线性双重视角下煤炭价
格波动对中国经济增长的影响［J］. 资源科学，2015，37（10）：1973 -
1982.

［31］刘庆富、张金清、华仁海. LME 与 SHFE 金属期货市场之间的
信息传递效应研究［J］. 管理工程学报，2008，22（2）：155 - 159.

[32] 刘向丽，成思危，汪寿阳，洪永森．期现货市场间信息溢出效应研究 [J]．管理科学学报，2008，11 (3)：125 – 139.

[33] 刘建，蒋殿春．国际原油价格波动对我国工业品出厂价格的影响——基于行业层面的实证分析 [J]．经济评论，2010 (2)：110 – 119.

[34] 刘建．市场基本面、期货投机与国际油价波动——基于 SVAR 模型的实证分析 [J]．经济经纬，2013 (6)：125 – 129.

[35] 刘映琳，鞠卓，刘永辉．基于 DCC – GARCH 的中国大宗商品金融化研究 [J]．国际商务研究，2017 (5)：75 – 83.

[36] 刘璐，张翔，王海全．金融投机、实需与国际大宗商品价格——信息摩擦视角下的大宗商品价格影响机制研究 [J]．金融研究，2018 (4)：35 – 52.

[37] 马林，马超群，马宗刚．基于套利收益的矿产品价格模型构建 [J]．系统工程理论与实践，2011 (4)：771 – 777.

[38] 钱浩祺，吴力波，汤维祺．成本效应与需求效应——原油价格冲击的行业传导机制研究 [J]．世界经济文汇，2014 (3)：69 – 83.

[39] 邵燕敏，汪寿阳．基于门限向量误差修正模型的中国与国际有色金属期货价格关联性研究 [J]．系统工程理论与实践，2012，32 (11)：2387 – 2393.

[40] 盛卫峰，张兵，谢世宏．基于溢出指数的上海与伦敦铜期货市场收益联动研究 [J]．西部论坛，2011，21 (6)：102 – 108.

[41] 宋琳，房珊珊．国内外铜期货市场价格发现功能比较研究 [J]．海南金融，2012 (7)：49 – 55.

[42] 苏治，尹力博，方彤．量化宽松与国际大宗商品市场：溢出性、非对称性和长记忆性 [J]．金融研究，2015 (3)：68 – 82.

[43] 苏梽芳，渠慎宁，陈昌楠．外部资源价格冲击与中国工业部门通胀的内生关联研究 [J]．财经研究，2015，41 (5)：14 – 27.

［44］孙薇，齐中英．石油价格波动与我国进口价格的动态关系研究——基于对油价冲击分解的结构 VAR 模型［J］．运筹与管理，2011，20（2）：125 - 131．

［45］孙泽生，孙便霞，黄伟．中国有色金属价格变化中的货币因素和预期形成：基于金属指数的实证研究［J］．系统管理学报，2014（5）：743 - 754．

［46］谭小芬，任洁．国际大宗商品价格波动中的中国因素——基于2000 - 2013 年月度数据和递归 VAR 模型的分析［J］．财贸经济，2014（10）：114 - 124．

［47］谭小芬，刘杰．实际利率和存货调整对国际油价波动的影响——基于套利模型和 1995 - 2015 年月度数据的实证研究［J］．投资研究，2015a（11）：4 - 21．

［48］谭小芬，韩剑，殷无弦．基于油价冲击分解的国际油价波动对中国工业行业的影响：1998—2015［J］．中国工业经济，2015b（12）：51 - 66．

［49］谭小芬，张峻晓，李玥佳．国际原油价格驱动因素的广义视角分析：2000 - 2015——基于 TVP - FAVAR 模型的实证分析［J］．中国软科学，2015c（10）：47 - 59．

［50］谭小芬，张峻晓．基于 TVP - FAVAR 模型的国际油价驱动因素研究：2000 - 2015［J］．投资研究，2015d（8）：4 - 22．

［51］田利辉，谭德．大宗商品现货定价的金融化和美国化问题［J］．中国工业经济，2014（10）：72 - 84．

［52］田利辉，谭德凯，王冠英．我国大宗商品期货市场存在羊群行为吗？［J］．金融研究，2015a（6）：144 - 158．

［53］田利辉，谭德凯．原油价格的影响因素分析：金融投机还是中国需求？［J］．经济学（季刊），2015b（3）：961 - 982．

[54] 王志刚. "中国因素"对国际铜价影响的实证分析 [J]. 价格理论与实践, 2013 (11): 68 - 69.

[55] 王天祥, 常清. 中美货币政策对大宗商品价格影响探讨——基于 MS - VAR 模型的研究 [J]. 金融理论与实践, 2015 (4): 1 - 4.

[56] 韦镇坤. 上海与伦敦金属期货市场的波动溢出效应研究——MGARCH - BEKK 模型的应用 [J]. 生产力研究, 2008 (17): 51 - 53, 93.

[57] 魏宏杰, 刘锐金. 基于便利收益视角的投机与大宗商品价格波动分析——以天然橡胶为例 [J]. 数学的实践与认识, 2016 (1): 1 - 11.

[58] 吴文锋, 刘太阳, 吴冲锋. 上海与伦敦期铜市场之间的波动溢出效应研究 [J]. 管理工程学报, 2007 (3): 111 - 115.

[59] 吴力波, 汤维祺, 孙立坚, 张中祥. 原油价格冲击的动态传导机制——基于中国工业部门的实证研究 [J]. 世界经济文汇, 2011 (4): 89 - 106.

[60] 吴振信, 薛冰, 王书平. 基于 VAR 模型的油价波动对我国经济影响分析 [J]. 中国管理科学, 2011 (1): 21 - 28.

[61] 吴烨. 当前国际铜价波动对我国铜产业链的影响研究 [J]. 价格理论与实践, 2013 (7): 93 - 94.

[62] 项云帆, 邓学龙. 基于 MSVAR 进出口贸易与经济增长的非线性效应分析 [J]. 管理科学, 2010, 23 (1): 98 - 106.

[63] 谢飞, 韩立岩. 投机还是实需: 国际商品期货价格的影响因素分析 [J]. 管理世界, 2012 (10): 71 - 82.

[64] 徐国祥, 李文. 基于中国金属期货价格指数的价格发现能力实证研究 [J]. 统计研究, 2012 (2): 48 - 57.

[65] 徐国祥, 代吉慧. 中国与国际大宗商品市场价格之间的关联性研究 [J]. 统计研究, 2015 (6): 81 - 89.

[66] 许拟. 沪铜价格变化与期货市场定价话语权研究 [J]. 中国软

科学，2015（9）：182-192.

　　[67] 杨艳军，费然. 基于 Geweke 分解检验的基金投机与国际资源性商品期货价格关系研究——以国际铜市场为例 [J]. 北京工商大学学报（社会科学版），2015（1）：80-85.

　　[68] 尹力博，柳依依. 中国商品期货金融化了吗？——来自国际股票市场的证据 [J]. 金融研究，2016（3）：189-206.

　　[69] 俞剑，陈宇峰. 谁才是推高国际油价的真实动因？——中国需求，资本投机，抑或 OPEC 供给 [J]. 金融研究，2014（2）：30-43.

　　[70] 张雪莹，于鑫，王上文. 商品期货对资产配置的风险分散价值研究 [J]. 当代经济科学，2011，33（2）：112-117.

　　[71] 张海亮，饶永恒. 国内外稀有金属市场间信息溢出效应的实证研究——基于均值、方差和风险 Granger 因果关系 [J]. 中国经济问题，2015（5）：46-56.

　　[72] 张峻晓，谭小芬. 国际大宗商品价格波动：基本面还是投机因素——基于 2003~2014 年全样本 VAR 和滚动 VAR 模型的分析 [J]. 金融评论，2015（3）：59-74.

　　[73] 张天顶. 西方国家货币政策与国际大宗商品的价格动态 [J]. 世界经济研究，2015（10）：23-32+127.

　　[74] 张翔，刘璐，李伦一. 国际大宗商品市场金融化与中国宏观经济波动 [J]. 金融研究，2017（1）：35-51.

　　[75] 郑尊信，徐晓光. 基于库存视角的货币政策与商品价格动态演变——来自上海期货市场的实证检验 [J]. 经济研究，2013（3）：70-82.

　　[76] 钟美瑞，谌杰宇，黄健柏，谌金宇. 基于 MSVAR 模型的有色金属价格波动影响因素的非线性效应研究 [J]. 中国管理科学，2016（4）：45-53.

　　[77] 朱学红，沈玉芳，邵留国. 石油和汇率冲击下的中国金属价

格波动行为 [J]. 系统工程，2012 (11)：30 - 36.

[78] 朱学红，谌金宇，钟美瑞，郭尧琦. 国际有色金属价格波动的 "中国需求" 分解及解释 [J]. 经济经纬，2015 (6)：65 - 70.

[79] 朱学红，谌金宇，彭韬. 中国市场的大宗商品金融化测度 [J]. 统计与决策，2016a (17)：149 - 151.

[80] 朱学红，谌金宇，邵留国. 信息溢出视角下的中国金属期货市场国际定价能力研究 [J]. 中国管理科学，2016b (9)：28 - 35.

[81] 朱学红，谌金宇，钟美瑞. 国际有色金属价格向我国通胀传递的时空特征及影响因素研究 [J]. 国际贸易问题，2016c (7)：130 - 140.

外文部分

[1] Ahmed K, Bhutto N A, Kalhoro M R. Decomposing the links between oil price shocks and macroeconomic indicators：Evidence from SAARC region [J]. Resources Policy, 2018.

[2] Akram Q F. Commodity prices, interest rates and the dollar [J]. Energy Economics, 2009, 31 (6)：838 - 851.

[3] Anderson R W, Danthine J P. Hedger diversity in futures markets [J]. The Economic Journal, 1983, 93 (3)：370 - 389.

[4] Annastiina S, Susan T. Financialization, crisis and commodity correlation dynamics [J]. Journal of International Financial Markets, Institutions & Money, 2013, 24 (4)：42 - 65.

[5] Anshul J, Sajal G. Dynamics of global oil prices, exchange rate and precious metal prices in India [J]. Resources Policy, 2013 (38)：88 - 93.

[6] Antonakakis N, Kizys R. Dynamic spillovers between commodity and currency markets [J]. International Review of Financial Analysis, 2015 (41)：303 - 319.

[7] Anzuini A, Lombardi M J, Pagano P. The impact of monetary policy shocks on commodity prices [J] . International Journal of Central Banking, 2013a, 9 (3): 125 – 150.

[8] Anzuini A, Lombardi M J, Pagano P. The impact of monetary policy shocks on commodity prices [J] . International Journal of Central Banking, 2013b, 9 (3): 119 – 144.

[9] Arbatli E C, Vasishtha G. Growth in Emerging market economies and the commodity boom of 2003 – 2008: Evidence from growth forecast revisions [J]. Bank of Canada, Working Paper, 2012.

[10] Aruga K, Managi S. Tests on price linkage between the US and Japanese gold and silver futures markets [J] . Economics Bulletin, 2011, 31 (2): 1038 – 1046.

[11] Aye G C, Gupta R, Modise M P. Do stock prices impact consumption and interest rate in South Africa? Evidence from a time-varying vector autoregressive model [J] . Journal of Emerging Market Finance, 2015, 14 (2): 176 – 196.

[12] Baffes J. Oil spills on other commodities [J] . Resources Policy, 2007 (32): 126 – 134.

[13] Bahattin Buyuksahin, Michel A. Robe. Does 'paper oil' matter? Energy markets' financialization and equity-commodity co-movements [J]. Ssrn Electronic Journal, 2011.

[14] Balcilar M, Eyden R V, Uwilingiye J, Gupta R. The impact of oil price on south african GDP growth: A bayesian markov switching – VAR analysis [J]. African Development Review, 2017, 29 (2): 319 – 336.

[15] Baumeister C, Peersman G. Time-varying effects of oil supply shocks on the US economy [J] . American Economic Journal: Macroeconom-

ics, 2013, 5 (4): 1 – 28.

[16] Belke A. BordonI G, Volz U. Effects of global liquidity on commodity and food prices [J]. World Development, 2013, 44 (4): 31 – 43.

[17] Benth F E, Cartea Á, Kiesel R. Pricing forward contracts in power markets by the certainty equivalence principle: Explaining the sign of the market risk premium [J]. Journal of Banking & Finance, 2008, 32 (10): 2006 – 2021.

[18] Bernanke B S. Alternative explanations of the money-income correlation [J]. Carnegie – Rochester Conference Series on Public Policy, 1986 (25): 49 – 100.

[19] Bhar R, Hammoudeh S. Commodities and financial variables: Analyzing relationships in a changing regime environment [J] International Review of Economics &Finance, 2011, 20 (4): 469 – 484.

[20] Bikhchandani S, Sharma S. Herd Behavior in Financial Markets [J]. Imf Staff Papers, 2000, 47 (3): 279 – 310.

[21] Boschi M, Pieroni L. Aluminium market and the macroeconomy [J]. Journal of Policy Modeling, 2009, 31 (2): 189 – 207.

[22] Breitenfellner A, Cuaresma J C, Keppel C. Determinants of crude oil prices: Supply, demand, cartel or speculation? [J]. Monetary Policy & the Economy, 2009, 4 (4): 111 – 136.

[23] Broock W A, Scheinkman J A, Dechert W D, LeBaron B. A test for independence based on the correlation dimension [J]. Econometric Reviews, 1996, 15 (3): 197 – 235.

[24] Buyuksahin B, Robe M A. Speculation, commodities and cross-market linkages [J]. Journal of International Money and Finance, 2014, 42 (4): 38 – 70.

[25] Cao G. Time-varying effects of changes in the interest rate and the RMB exchange rate on the stock market of China: Evidence from the long-memory TVP – VAR model [J]. Emerging Markets Finance and Trade, 2012, 48 (2): 230 –248.

[26] Cevik S, Saadi T S. A barrel of oil or a bottle of wine: How do global growth dynamics affect commodity prices? [J]. International Monetary Fund, Working Paper.

[27] Chan K F, Treepongkaruna S, Brooks R, Gray S. Asset market linkages: Evidence from financial, commodity and real estate assets [J]. Journal of Banking & Finance, 2011, 35 (6): 1415 –1426.

[28] Chen M H. Understanding world metals prices—Returns, volatility and diversification [J]. Resources Policy, 2010 (35): 127 –140.

[29] Chen H, Liao H, Tang B J, Wei Y M. Impacts of OPEC's political risk on the international crude oil prices: An empirical analysis based on the SVAR models [J]. Energy Economics, 2016 (57): 42 –49.

[30] Cheung C, Morin S. The impact of emerging Asia on commodity prices [J]. Working Papers, 2007 (2): 181 –224.

[31] Choi, Kyongwook, Shawkat Hammoudeh. Volatility behavior of oil, industrial commodity and stock markets in a regime-switching environment [J]. Energy Policy, 2010 (38): 4388 –4399.

[32] Chong J, Miffre J. Conditional correlation and volatility incommodity futures and traditional asset markets [J]. Journal of Alternative Investments, 2010 (12): 61 –75.

[33] Cifarelli G, Paladino G. Oil price dynamics and speculation: A multivariate financial approach [J]. Energy Economics, 2010, 32 (2): 363 –372.

[34] Cooney S, Pirog R, Folger P. Minerals price increases and volatility: Causes and consequences [R]. CRS Report for Congress, 2008.

[35] Cootner P H. Returns to speculators: Telser vs. Keynes [J]. Journal of Political Economy, 1960 (68): 396 – 404.

[36] Creti A, Joets M, Mignon V. On the links between stock and commodity markets' volatility [J]. Energy Economics, 2013 (1): 16 – 28.

[37] Cross J, Nguyen B H. The relationship between global oil price shocks and China's output: A time-varying analysis [J]. Energy Economics, 2017 (62): 79 – 91.

[38] Cuddington J T, Liang H. Commodity price volatility across exchange rate regimes [Z]. Working Paper, 2003.

[39] Cunado J, Gracia F P. Do oil price shocks matter? Evidence for some European countries [J]. Energy Economics, 2003, 25 (2): 137 – 154.

[40] Cunado J, Jo S, Gracia F P D. Macroeconomic impacts of oil price shocks in Asian economies [J]. Energy Policy, 2015 (86): 867 – 879.

[41] Deaton, A. Laroque G. On the behavior of commodity prices [J]. The Review of Economic Studies, 1992, 59 (1): 1 – 23.

[42] Delatte A L, Lopez C. Commodity and equity markets: Some stylized facts from a copula approach [J]. Journal of Banking & Finance, 2013, 37 (12): 5346 – 5356.

[43] Dempster A P, Laird N M, Rubin D B. Maximum likelihood from incomplete data via the EM algorithm [J]. Journal of the Royal Statistical Society, 1977, 39 (1): 1 – 38.

[44] Diebold F X, Yilmaz K. Measuring financial asset return and volatility spillovers with application to global equity market [J]. Economic Journal, 2009 (119): 158 – 171.

[45] Diebold F X, Yilmaz K. Better to give than to receive: Predictive directional measurement of volatility spillovers [J]. International Journal of Forecasting, 2012 (28): 57 –66.

[46] Domanski D, Alexandra H. Financial investors and commodity markets [J]. BIS Quarterly Review, 2007 (3): 53 –67.

[47] Du D, Zhao X. Financial investor sentiment and the boom/bust in oil prices during 2003 – 2008 [J]. Review of Quantitative Finance and Accounting, 2017, 48 (2), 331 –361.

[48] Engle R. Dynamical conditional correlation: A simple class of multivariate generalized autoregressive conditional heteroskedasticity models [J]. Journal of Business & Economic Statistics, 2002 (20): 339 –350.

[49] Engle R. Risk and volatility: Econometric models and financial practice [J]. The American Economic Review, 2004, 94 (3): 405 –420.

[50] Erb C B, Harvey C R. The golden diemma [J]. NBER Working Paper, 2013 (1): 1 –14.

[51] Ericsson, Magnus, Löf, Anton, Ostensson, Olle. Iron ore review: new pricing, tight supplies and chinese demand flpfinpd the year's market [J]. Engineering & Mining Journal, 2010, 211 (8): 28 –34.

[52] Fan Y, Xu J H. What has driven oil prices since 2000? A structural change perspective [J]. Energy Economics, 2011, 33 (6): 1082 –1094.

[53] Frankel J. A. The effect of monetary policy on real commodity prices [M]. Asset prices and monetary policy. University of Chicago Press, 2008: 291 –333.

[54] Frankel J A. Effects of speculation and interest rates in a "carry trade" model of commodity prices [J]. Journal of International Money & Fi-

nance, 2014 (42): 88 – 112.

[55] Fung H G, Leung W K, Xu X E. Information flows between the U. S. and China commodity futures trading [J]. Review of Quantitave Finance and Accounting, 2003 (21): 267 – 285.

[56] Gilbert D T, Pinel E C, Wilson T D, Blumberg S J, Wheatley T P. Immune neglect: A source of durability bias in affective forecasting [J]. Journal of Personality and Social Psychology, 2008 (75): 617 – 638.

[57] Gong X, Lin B. Time-varying effects of oil supply and demand shocks on China's macro-economy [J]. Energy, 2018 (149): 424 – 437.

[58] Goodwin T H. Business-cycle analysis with a markov-switching model [J]. Journal of Business & Economic Statistics, 1993, 11 (3): 331 – 339.

[59] Gorton G B, Rouwenhorst K G. Facts and Fantasies About Commodity Futures [C]// Yale School of Management, 2006a: 47 – 68.

[60] Gorton G B, Rouwenhorst K G. Facts and fantasies about commodity markets [J]. Financial Analysts Journal, 2006b (62): 2 – 14.

[61] Granger C W J, Newbold P. Spurious regressions in econometrics [J]. Journal of Econometrics, 1974, 2 (2): 111 – 120.

[62] Gray S F. Modeling the conditional distribution of interest rates as a regime-switching process [J]. Journal of Financial Economics, 1996, 42 (1): 27 – 62.

[63] Hamilton J D. Oil and the macroeconomy since World War II [J]. Journal of Political Economy, 1983, 91 (2): 228 – 248.

[64] Hamilton J D. A new approach to the economic analysis of nonstationary time series and the business cycle [J]. Econometrica, 1989, 57 (2): 357 – 384.

[65] Hammoudeh S, Sari R, Ewing B T. Relationships among strategic commodities and with financial variables: A new look [J]. Contemporary Economic Policy, 2008, 27 (2): 251 – 264.

[66] Hansen B E. The likelihood ratio test under nonstandard conditions: Testing the Markov switching model of GNP [J]. Journal of Applied Econometrics, 1992, 7 (1): 61 – 82.

[67] Harri A, Nalley L, Hudson D. The relationship between oil, exchange rates and commodity prices [J]. Journal of Agricultural and Applied Economics, 2009, 41 (2): 29 – 64.

[68] Hess D, Huang H, A. Niessen. How do commodity futures respond to macroeconomic news [J]. Journal of Financial Markets and Portfolio Management, 2008 (22): 127 – 146.

[69] Hirshleifer D. Hedging pressure and futures price movements in a general equilibrium model [J]. Econometrica: Journal of the Econometric Society, 1990, 58 (2): 411 – 428.

[70] Hu C Y, Liu X H, Pan B, Sheng H, Zhong M R, Zhu X H, Wen F H. The impact of international price shocks on China's nonferrous metal companies: A case study of copper [J]. Journal of Cleaner Production, 2017 (168): 254 – 262.

[71] Humphreys D. The great metals boom: A retrospective [J]. Resources Policy, 2010, 35 (1): 1 – 13.

[72] Ibbotson R, Chen Z, Daniel Y J, Hu W Y. Liquidity as an investment style [J]. Financial Analysts Journal, 2013, 69 (3): 30 – 44.

[73] Isabel Figuerola – Ferretti, Jesús Gonzalo. Modelling and measuring price discovery in commodity markets [J]. Journal of Econometrics, 2010 (158): 95 – 107.

[74] Jebabli I, Arouri M, Teulon F. On the effects of world stock market and oil price shocks on food prices: An empirical investigation based on TVP – VAR models with stochastic volatility [J]. Energy Economics, 2014 (45): 66 – 98.

[75] Jiménez – Rodríguez R. The impact of oil price shocks: Evidence from the industries of six OECD countries [J]. Energy Economics, 2008, 30 (6): 3095 – 3108.

[76] Juvenal L, Petrella I. Speculation in the oil market. FRB of St. Louis Working Paper, 2011, No. 2011 – 027E (10).

[77] Kaldor N. Speculation and Economic Stability [J]. Review of Economic Studies, 1939, 7 (1): 1 – 27.

[78] Karanasos M, Ali F M, Margaronis Z, Nath R. Modelling time varying volatility spillovers and conditional correlations across commodity metal futures [J]. International Review of Financial Analysis, 2018 (57): 246 – 256.

[79] Kaufmann R K, Ullman B. Oil prices, speculation, and fundamentals: Interpreting causal relations among spot and futures prices [J]. Energy Economics, 2009, 31 (4): 550 – 558.

[80] Kilian L, Hicks B. Did unexpectedly strong economic growth cause the oil price shock of 2003 – 2008? [C] CEPR Discussion Papers, 2009a.

[81] Kilian L. Not all oil price shocks are alike: Disentangling demand and supply shocks in the crude oil market [J]. American Economic Review, 2009b, 99 (3): 1053 – 1069.

[82] Kilian L, Murphy D P. The role of inventories and speculative trading in the global market for crude oil [J]. Journal of Applied Econometrics, 2014, 29 (3): 454 – 478.

［83］ Koop G, Pesaran M H, Potter S M. Impulse response analysis in nonlinear multivariate models ［J］. Journal of Econometrics, 1996, 74 (1): 119 – 147.

［84］ Koy A. Modelling nonlinear dynamics of oil futures market ［J］. Econometric Research in Finance, 2017, 2 (1): 23 – 42.

［85］ Krippner G. The financialization of the American Economy ［J］. Socio – Economic Review, 2005, 3 (2): 173 – 208.

［86］ Krichene N. Recent inflationary trends in world commodities markets ［J］. Imf Working Papers, 2008, 8 (130): 1 – 26.

［87］ Krolzig H M. Markov switching vector autoregression, modelling, statistical inference and application to business cycle analysis ［J］. International Journal of Mass Spectrometry & Ion Processes, 1997, 156 (1): 85 – 101.

［88］ Krolzig H M. Econometric modelling of Markov-switching vector autoregressions using MSVAR for Ox ［M］. unpublished, Nuffield College, Oxford, 1998.

［89］ Labys W C, Achouch A, Terraza M. Metal prices and the business cycle ［J］. Resources Policy, 1999 (25): 229 – 238.

［90］ Lange R H. The monetary transmission mechanism and inflation targeting: A Regime – Switching VAR approach for Canada ［J］. Applied Economics and Finance, 2016, 3 (2): 263 – 279.

［91］ Le C, David D. Asset price volatility and financial contagion: Analysis using the MS – VAR framework ［J］. Eurasian Economic Review, 2014 (2): 133 – 162.

［92］ Lee K, Ni S. On the dynamic effect of oil price shocks: A study using industry level data ［J］. Journal of Monetary Economics, 2002, 49 (4): 823 – 852.

[93] Lescaroux F. On the excess co-movement of commodity prices – A note about the role of fundamental factors in short-run dynamics [J]. Energy Policy, 2009 (37): 3906 – 3913.

[94] Li X M, Zhang B, Du Z. Correlation in commodity futures and equity markets around the world: Long-run trend and short-run fluctuation [Z]. SSRN Working Paper, 2012.

[95] Li Z, Sun J, Wang S. An information diffusion-based model of oil futures price [J]. Energy Economics, 2013, 36 (3): 518 – 525.

[96] Liu Q F, An Y B. Information transmission in informationally linked market: Evidence from US and Chinese commodity futures market [J]. Journal of International Money and Finance, 2011 (30): 778 – 795.

[97] Lutz L, Thomas K L. Quantifying the speculative component in the real price of oil: The role of global oil inventories [J]. Journal of International Money and Finance, 2013 (1): 42 – 54.

[98] Manera M, Nicolini M, Vignati I. Returns in commodities futures markets and financial speculation: A multivariate GARCH approach [R]. Fondazione Eni Enrico Mattei Working Paper, 2012 (5): 674 – 670.

[99] Masters M W. Testimony of Michael W. masters before the Committee on Homeland Security and Governmental Affairs United States Senate, 2008. May.

[100] McCalla A F. World food prices: Causes and consequences [J]. Canadian Journal of Agricultural Economics, 2009, 57 (1): 23 – 34.

[101] Merino A, Álvaro Ortiz. Explaining the so-called "price premium" in oil markets [J]. Opec Review, 2005, 29 (2): 133 – 152.

[102] Mohaddes K, Raissi M, Raissi M. The differential effects of oil demand and supply shocks on the global economy [J]. Energy Economics,

2014, 44 （C）: 113 – 134.

[103] Motladiile B, Smit E. Relationship between share index volatility, basis and open interest in futures contracts: The South African experience [J]. South African Journal of Business Management, 2003, 34 （3）: 41 – 50.

[104] Movassagh N, Modjtahedi B. Bias and backwardation in natural gas futures prices [J]. Journal of Futures Markets, 2005, 25 （3）: 281 – 308.

[105] Mutafoglu T H, Tokat E, Tokat H A. Forecasting precious metal price movements using trader positions [J]. Resources Policy, 2012, 37 （3）: 273 – 280.

[106] Nakajima J, Kasuya M, Watanabe T. Bayesian analysis of time-varying parameter vector autoregressive model for the Japanese economy and monetary policy [J]. Journal of the Japanese and International Economies, 2011, 25 （3）, 225 – 245.

[107] Nishimura K G. Financial factors in commodity markets [R]. Speech by Mr Kiyohiko G Nishimura, Deputy Governor of the Bank of Japan, at the Paris EUROPLACE International Financial Forum, Tokyo, 2011, 28 November.

[108] Omori Y, Chib S, Shephard N, Nakajima J. Stochastic volatility with leverage: Fast and efficient likelihood inference [J]. Journal of Econometrics, 2007, 140 （2）: 425 – 449.

[109] Ozdemir S, Akgul I. Inflationary effects of oil prices and domestic gasoline prices: Markov-switching – VAR analysis [J]. Petroleum Science, 2015, 12 （2）: 355 – 365.

[110] Ozturk I, Arisoy I. An estimation of crude oil import demand in Turkey: Evidence from time-varying parameters approach [J]. Energy Policy,

2016 (99): 174 –179.

[111] Pagano P, Pisani M. Risk-adjusted forecasts of oil prices [J]. The B. E. Journal of Macroeconomics, 2012, 9 (1): 24 –34.

[112] Palley T I. Financialization: What it is and why it matters [J]. Working Papers, 2007, 26 (9): 9 –15.

[113] Paul M J, Eric O. The time-varying correlation between uncertainty, output, and inflation: Evidence from a DCC – GARCH model [J]. Economics Letters, 2013, 26 (10): 33 –37.

[114] Perry Sadorsky. Modeling volatility and correlations between emerging market stock prices and the prices of copper, oil and wheat [J]. Energy Economics, 2014, 43 (5): 72 –81.

[115] Pierdzioch C, Risse M, Rohloff S. Fluctuations of the real exchange rate, real interest rates, and the dynamics of the price of gold in a small open economy [J]. Empirical Economics, 2016, 51 (4): 1481 –1499.

[116] Pindyck R S, Rotemberg J J. The excess co-movement of commodity prices [J]. Economic Journal, 1990 (100): 1173 –1189.

[117] Pindyck R S. Inventories and the short-run dynamics of commodity prices [J]. Rand Journal of Economics, 1994, 25 (1): 141 –159.

[118] Pindyck R S. The dynamics of commodity spot and futures markets: A primer [J]. Energy Journal, 2001, 22 (3): 1 –29.

[119] Primiceri G. E. Time varying structural vector autoregressions and monetary policy [J]. The Review of Economic Studies, 2005, 72 (3): 821 –852.

[120] Qiao Z, Mcaleer M, Wong W K. Linear and nonlinear causality between change in consumption and consumer attitudes [J]. Economics Let-

ters, 2009 (3): 161 – 164.

[121] Qian Z. The effect of oil price shocks on typical industry of industry chain in China [C] // World Automation Congress (WAC). IEEE, 2012: 1 – 4.

[122] Ratti R A, Vespignani J L. Liquidity and crude oil prices: China's influence over 1996 – 2011 [J]. Economic Modeling, 2013, 33 (2): 517 – 525.

[123] Reboredo J C, Ugolini A. The impact of downward/upward oil price movements on metal prices [J]. Resources Policy, 2016 (49): 129 – 141.

[124] Riggi M, Venditti F. The time varying effect of oil price shocks on euro-area exports [J]. Journal of Economic Dynamics and Control, 2015 (59): 75 – 94.

[125] Roache S. K. Commodities and the market price of risk [Z]. IMF Working Paper, 2008.

[126] Roache S K, Rossi M. The effects of economic news on commodity prices [J]. The Quarterly Review of Economics and Finance, 2010, 50 (3): 377 – 385.

[127] Roache S K. China's impact on world commodity markets [Z]. Working Papers, 2012.

[128] Robert C. Optimum consumption and portfolio rules in a continuous-time model [J]. Journal of Economic Theory, 1971, 3 (4): 373 – 413.

[129] Salsman R M. The gold-oil multiple as a forecaster of oil [J]. Investment Focus, 2013 (14): 12 – 21.

[130] Sanders, D. R. Boris, K., Manfredo, M. Hedgers, funds, and small speculators in the energy futures markets: An analysis of the CFTC's

Commitments of Traders reports [J]. Energy Economics, 2004, 26 (3): 425 - 445.

[131] Sang H K, Mciver R, Yoon S M. Dynamic spillover effects among crude oil, precious metal, and agricultural commodity futures markets [J]. Energy Economics, 2017 (62): 19 - 32.

[132] Sari R, Hammoudeh S, Ewing B T. Dynamic relationships between oil and metal commodity futures prices [J]. Geopolitics of Energy, 2007 (7): 2 - 13.

[133] Sari R, Hammoudeh S, Soytas U. Dynamics of oil price, precious metal prices, and exchange rate [J]. Energy Economics, 2010, 32 (2): 351 - 362.

[134] Satyanarayan S, Varangis P. An efficient frontier for international portfolios with commodity assets [J]. World Bank Publications, 1994 (21): 31 - 45.

[135] Sek S K, Lim H S M. An investigation on the impacts of oil price shocks on domestic inflation: A SVAR approach [C]//AIP Conference Proceedings. AIP Publishing, 2016, 1750 (1): 060002.

[136] Sek S K. Impact of oil price changes on domestic price inflation at disaggregated levels: Evidence from linear and nonlinear ARDL modeling [J]. Energy, 2017 (130): 204 - 217.

[137] Shao L G, Zhu X H, Huang J B, Li H S. Empirical study of speculation roles in international copper price bubble formation [J]. Transactions of Nonferrous Metals Society of China, 2013 (8): 2475 - 2486.

[138] Silvennoinen A, Thorp S. Financialization, crisis and commodity correlation dynamics [J]. Journal of International Financial Markets, 2013 (24): 42 - 65.

[139] Sims C. Are forecasting models usable for policy analysis? [J]. Quarterly Review, 1986 (10): 2 – 16.

[140] Sjaastad L A. The price of gold and the exchange rates: Once again [J]. Resources Policy, 2008 (33): 118 – 124.

[141] Sockin M, Wei X. Informational frictions and commodity markets [J]. Journal of Finance, 2015, 70 (5): 2063 – 2098.

[142] Sotoudeh M A, Worthington A C. Estimating the effects of global oil market shocks on Australian merchandise trade [J]. Economic Analysis and Policy, 2016 (50): 74 – 84.

[143] Soytas U, Sari R, Hammodeh S, Hacihasanoglu E. World oil prices, precious metal prices and macroeconomy in Turkey [J]. Energy Policy, 2009, 37 (12): 5557 – 5566.

[144] Streifel S. Impact of China and India on global commodity markets focus on metal & minerals and petroleum [J]. Development Prospects Group, World Bank, 2006.

[145] Sukagawa P. Is iron ore priced as a commodity? Past and current practice [J]. Resources Policy, 2010, 35 (1): 54 – 63.

[146] Sun L, Kang C. The layout characteristics of China's nonferrous metals industry and implication of industry structural adjustment innovation policy [C]. International Conference on Information Management, Innovation Management and Industrial Engineering, 2012 (10): 73 – 76.

[147] Tai M Y, Chao C C, Hu S W, Lai C C, Wang V. Monetary policy and price dynamics in a commodity futures market [J]. International Review of Economics & Finance, 2014, 29 (1): 372 – 379.

[148] Tang K, Xiong W. Index investment and financialization of commodities [J]. Financial Analyst Journal, 2012, 68 (6): 54 – 74.

[149] Telser L G. Futures trading and the storage of cotton and wheat [J]. Journal of Political Economy, 1958, 66 (3): 233 - 255.

[150] Tilton J. E. Outlook for copper prices—Up or down [J]. Commodities Research Unit World Copper Conference. Santiago, Chile, 2006, 58 (8): 16 - 20.

[151] Tokic D. Rational destabilizing speculation, positive feedback trading, and the oil bubble of 2008 [J]. Energy Policy, 2011, 39 (4): 2051 - 2061.

[152] Tsai C L. How do U. S. stock returns respond differently to oil price shocks pre-crisis, within the financial crisis, and post-crisis? [J]. Energy Economics, 2015 (54): 47 - 62

[153] Tully E, Lucey B. A power GARCH examination of the gold market [J]. Research in InternationalBusiness and Finance, 2007 (21): 316 - 325.

[154] Valcarcel V J, Wohar M E. Changes in the oil price-inflation pass-through [J]. Journal of Economics and Business, 2013 (68): 24 - 42.

[155] Wakins C, Mcaleer M. Related commodity markets and conditional correlations [J]. Mathematics and Computers in Simulation, 2005, 68 (5): 567 - 579.

[156] Wei Y, Guo X. An empirical analysis of the relationship between oil prices and the Chinese macro-economy [J]. Energy Economics, 2016 (56): 88 - 100.

[157] Working H. The theory of price storage [J]. American Economic Review, 1949 (6): 1252 - 1262.

[158] Wu Z H, Huang N E. A study of characteristics of white noise using the empirical model decomposition method [J]. Proceedings of the Royal

Society of London, 2004 (460): 1597 – 1611.

[159] Xu X E, Fung H G. Cross-market linkages between U. S. and Japanese precious metals futures trading [J]. Journal of International Financial Markets, 2005, 15 (15): 107 – 124.

[160] Ye M, Zyren J, Shore J. Forecasting crude oil spot price using OECD petroleum inventory levels [J]. International Advances in Economic Research, 2002, 8 (4): 324 – 333.

[161] Yu S W, Yen L C. Dynamic transmission effects between the interest rate, the US dollar, and gold and crude oil prices [J]. Ecomomic Modelling, 2013 (30): 792 – 798.

[162] Yue Y D, Liu D C, Xu S. Research on the price linkage between Chinese and international non-ferrous metals commodity markets based on VAR – DCC – GARCH models [J]. Transactions of Nonferrous Metals Society of China, 2015, 25 (3): 1020 – 1026.

[163] Zhang Y J, Wei Y M. The crude oil market and the gold market: Evidence for cointegration, causality and price discovery [J]. Resources Policy, 2010 (35): 168 – 177.

[164] Zhao L, Zhang X, Wang S Y, Xu S Y. The effects of oil price shocks on output and inflation in China [J]. Energy Economics, 2016 (53): 101 – 110.

[165] Zhu X H, Chen J Y, Zhong M R. Dynamic interacting relationships among international oil prices, macroeconomic variables and precious metal Prices [J]. Transactions of Nonferrous Metals Society of China, 2015 (2): 669 – 676.

[166] Zou L, Zheng B, Li X. The commodity price and exchange rate dynamics [J]. Theoretical Economics Letters, 2017, 7 (6): 1770.

后　　记

　　本书是 2016 年国家自然科学基金重点项目"经济新常态下的国家金属资源安全管理及其政策研究"（71633006）的部分研究成果，同时也是由黄健柏教授主编的《国家金属资源安全丛书》的分册之一。

　　从 2017 年承担该项目以来，课题组以金属资源价格安全为出发点，依据商品价格金融决定论，提炼金融投机、利率冲击、美元汇率以及原油价格等关键金融化因素，构造有色金属价格波动金融化影响因素的非线性理论模型；在此基础上，建立金融化因素导向和放大作用的分析范式，具体提出了金融化因素影响有色金属价格波动的作用机制，以深入考察有色金属价格波动金融化因素的微观机理，同时，本书将金融化因素纳入有色金属价格波动冲击体系，在宏观层面重点考察金融化因素导致的有色金属价格波动的行业传导机制；在此基础上，结合理论分析，主要基于 VAR 方法体系，在对有色金属金融化进行测度与实证检验的基础上，首先采用 MS－VAR 模型分析金融化因素对有色金属价格波动的非线性动态影响，考察金融化因素在不同市场走势中影响效应的差异性，其次采用标准 VAR 模型与 MS－VAR 模型实证检验以股票价格为中介的导向作用以及以羊群行为为中介的放大作用；最后，构建考虑金融化因素的多结构冲击和多经济变量的 SVAR 分析框架，考察金融化因素导致的有色金属价格波动对上中下游行业影响的相对重要性，并采用 TVP－SVAR－SV 模型评估金融化导致的有色金属价格波动对我国有色金属上中下游行业的时变效应。在综合理论分析与实证分析结果的基础上，有针对性提出有效应对有色金属金融化趋势，防范和化解有色金属价格波动风险，维护我国金属资源安全与经济安全的政策建议。相关成果发表在《资源政策》《中国管理科学》《运筹与管理》等国内外期刊上，本书正是对这些主要研究成果的梳理和呈现。

黄健柏、朱学红、文凤华、王昶、钟美瑞、邵留国、郭尧琦、张宏伟等老师为本书的构思、写作提供了诸多帮助以及建设性意见，在此深表感谢；同时也感谢王艺霖、黄宇昕、梁治朋等硕士研究生对本书校订付出的辛勤劳动。最后，对于鼎力支持本书出版的经济科学出版社的领导和编辑，也一并表示由衷感谢！

当然，由于金融化视角下金属资源价格安全研究的复杂性，以及本人知识和能力的欠缺，书中难免存在一些不足和疏漏之处，恳请各位专家学者、老师同学谅解与批评指正。

谌金宇

2020 年 10 月